PEREGRINOS DA BELEZA

MARÍA BELMONTE

PEREGRINOS DA BELEZA

Viajantes por Itália e Grécia

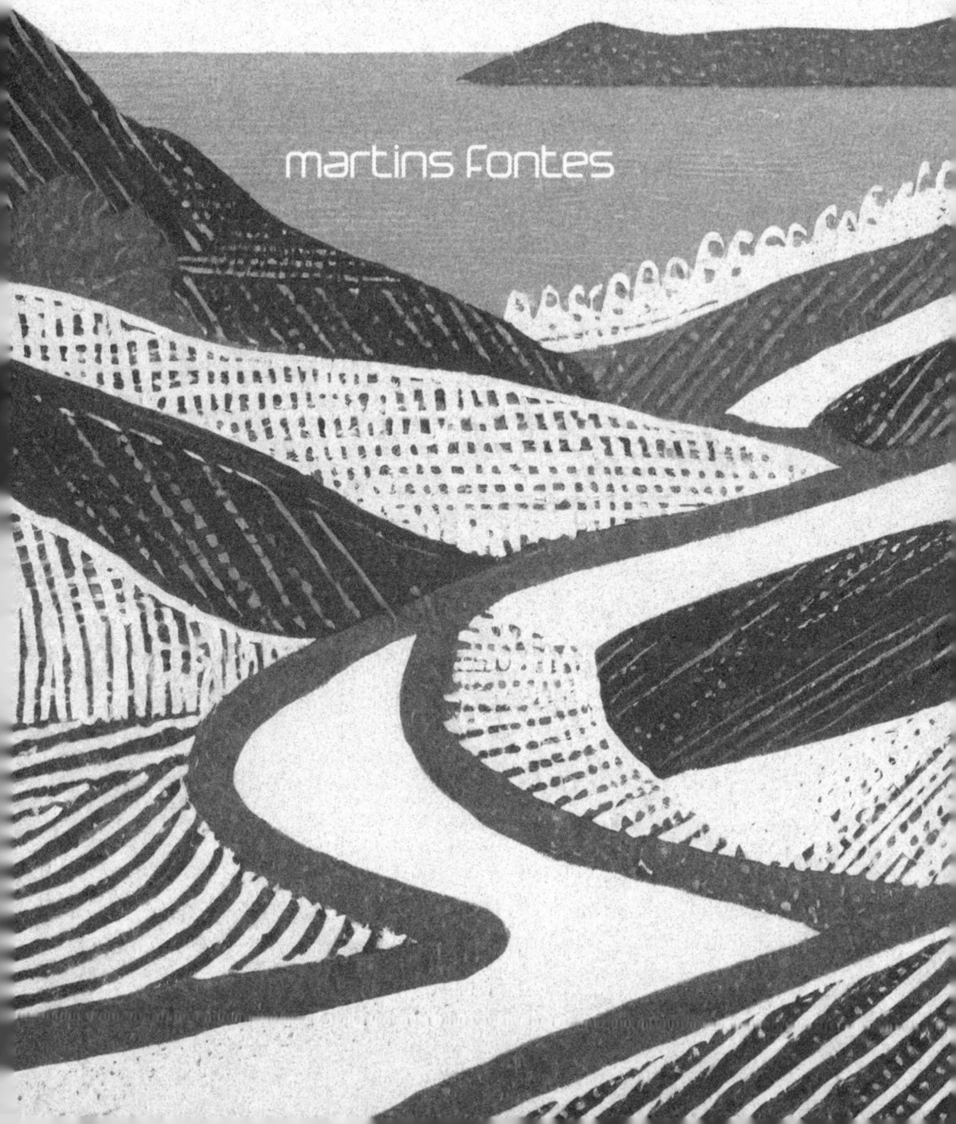

Esta obra foi originalmente publicada em espanhol sob o título
Peregrinos de la belleza por Acantilado Quaderns Crema, S.A.

Publisher *Evandro Mendonça Martins Fontes*
Coordenação editorial *Vanessa Faleck*
Produção editorial *Carolina Cordeiro Lopes*
Tradução *Sandra Dolinsky*
Revisão *Lucas Torrisi*
Ubiratan Bueno
Bárbara Parente
Capa, projeto gráfico e diagramação *Fernando Campos*

1ª edição setembro de 2024 | **Fonte** Adobe Garamond Pro
Papel Hylte Paper Creamy 60 g/m² | **Impressão e acabamento** Corprint

Todos os esforços foram feitos para creditar devidamente os detentores dos direitos autorais das imagens aqui reproduzidas. No caso de eventuais equívocos ou omissões inadvertidamente cometidos, nos prontificamos a corrigi-los em futuras edições.

Dados Internacionais de Catalogação na Publicação (CIP)
Angélica Ilacqua CRB-8/7057

Belmonte, María.
Peregrinos da beleza : viajantes por Itália e Grécia / María Belmonte ; tradução Sandra Dolinsky. – São Paulo : Martins Fontes – selo Martins, 2024.
320 p.
Biografia
ISBN 978-65-5554-080-2
Título original: *Peregrinos de la belleza: viajeros por Italia y Grecia*

1. Viajantes – Biografia 2. Artistas – Biografia 3. Artistas – Viagens - Itália 4. Artistas – Viagens – Grécia I. Título II. Dolinsky, Sandra.

24-3481 CDD 914.04

Índice para catálogo sistemático:
1. Viajantes – Biografia

Av. Dr. Arnaldo, 2076
01255-000 São Paulo SP Brasil
Tel.: (11) 3116 0000
info@emartinsfontes.com.br
www.emartinsfontes.com.br

SUMÁRIO

Para Javier, especialmente

APRESENTAÇÃO

O mundo mediterrâneo como destino de vida

– Em antigos oráculos, uma terra arcaica era chamada de "sedenta de justiça". Lá, todos os esforços dirigiam-se à ordem e a um governo perfeito. Diga-me onde se encontra agora essa terra?
– Que pergunta! Onde sempre esteve: na alma dos seres humanos.

George Eliot, **Middlemarch**

Com a chegada do inverno, a viagem ao sul tornou-se um rito de passagem para os nórdicos. Ao cruzar essa fronteira invisível assinalada pelo aparecimento de oliveiras e ciprestes na paisagem, os viajantes abandonavam as margens do mundo, penetravam o centro das coisas e se reconciliavam com as origens. Essa ideia foi expressa pelo poeta Giórgos Seféris quando, após uma visita aos templos gregos de Pesto, ao sul de Nápoles, anotou em seu diário:

> Não deixa de me surpreender como estes cenários mediterrâneos fazem que eu me sinta em casa. Às vezes, acho que fui feito para viver recluso neste microcosmo, sem desejo algum de abandoná-lo [...]

"Sentir-se em casa. Recluir-se neste microcosmo." Seféris era grego, mas, quem nasceu longe do âmbito mediterrâneo, também pode compartilhar um profundo sentimento de pertença.

No século XVIII teve início essa tradição cultural conhecida como o *Grand Tour*, segundo a qual a educação de um jovem aristocrata não era considerada completa sem a visita aos lugares da Antiguidade para contemplar *in situ* a beleza do legado greco-latino. A Itália se tornou lugar de culto e peregrinação dos nórdicos graças a livros como *Viagem à Itália*, de Goethe. Essa obra foi uma das primeiras a expressar as transformações que sofreriam os habitantes das terras do Norte ao contato com as essências mediterrâneas. Até chegar a Roma, Goethe ia em busca da cultura e da arte clássicas, mas, a partir de Nápoles, seu diário de viagem permite observar uma sutil mudança, pois, desde então, podemos ver o erudito viajante desfrutar do aspecto sensual, espontâneo, físico e até perigoso do sul. Muitos anos depois, Edward Morgan Forster expressaria delicadamente essa transformação na protagonista de seu livro *Um quarto com vista* durante sua estadia em Florença: "O sortilégio da Itália surtia efeito sobre ela, e, em vez de adquirir conhecimentos, começou a se sentir feliz". Lentamente, os mais aventureiros começaram a incluir no programa as ilhas Jônicas, o Peloponeso, Atenas e as Cíclades. O grito de Shelley, "Somos todos gregos!", lançado em plena guerra de libertação da Grécia do domínio turco, conscientizou todos os europeus de sua dívida espiritual para com o país heleno e a Antiguidade clássica. Com o descobrimento e a escavação das ruínas de Olímpia e Delfos, a Grécia definitivamente entrou no *Grand Tour*.

O Sul se revelou como a terra dos lotófagos, um território encantado ao qual se tinha acesso depois de passar pela prova dos Alpes. Era uma viagem iniciática, de regeneração, na qual se deixava para trás a personalidade anterior e se voltava diferente. Também era uma viagem cheia de incômodos, que implicava para seus protagonistas deixar-se sacolejar, durante meses, sufocados pelo pó, por condutores de carruagens, bem como extorquir por funcionários de alfândega inescrupulosos, para alojar-se, depois de jornadas extenuantes, em albergues de mais que duvidosa higiene. "Conheces o país dos limões?", escrevia um sarcástico Heine, parafraseando Goethe em suas *Elegias romanas*. "Para lá, para lá eu gostaria de ir contigo, meu amor. Mas não no início de agosto, quando, durante o dia, o sol nos embrutece e, à noite, as pulgas nos atormentam."

As viagens ao Mediterrâneo deixaram de ser patrimônio de eruditos e aventureiros quando, em meados do século XIX, Thomas Cook, empresário e apoiador da liga antialcoólica, descobriu, por acaso, a viagem organizada. A partir de então, os habitantes de sujas cidades inglesas podiam pegar um trem à noite, e, imitando os exércitos de Xenofonte, acordar de manhã ao som do ardente grito de "O mar, o mar!", nas costas da Riviera francesa ou italiana. Cada vez mais gente podia visitar o Coliseu à noite, à luz das tochas, contemplar a languidez da lagoa veneziana no inverno, a beleza imponente do Partenon sobre a Acrópole, ou desfrutar das delícias da baía de Nápoles. E, para quem não saía de casa, os melhores artistas imortalizavam em suas pinturas a luz mediterrânea e a beleza da campina romana, enquanto as melhores penas deleitavam os leitores com suas descrições das pitorescas paisagens e habitantes do Sul.

Cada viajante tinha um motivo diferente para se dirigir ao Sul: a contemplação das ruínas clássicas, os efeitos benéficos do sol, a busca por amores proibidos ou por um esconderijo para uma relação ilícita. E, para alguns afortunados, a viagem reservava insuspeitadas e gozosas descobertas. Porque o amante do Mediterrâneo vê o mar mais azul, o céu mais índigo, a silhueta das árvores mais definida e elegante na Itália ou na Grécia. Passeia em arroubo, com o olhar alterado do apaixonado e desprovido das teias de aranha do cotidiano, como o místico que contempla a beleza do mundo porque vê as coisas como se fosse pela primeira vez. Não só o olhar se torna mais agudo no amante-místico, mas também a percepção. As paragens estão cheias de significado, é possível detectar a presença do espírito do local, sentir seu cheiro, temê-lo, adorá-lo. Em lugares como a Vila de Júpiter, em Capri, naquele promontório selvagem aberto ao vento, ao céu e ao mar, podemos perder a noção do tempo e do espaço enquanto sentimos entre as ruínas a presença persistente de outros olhares.

O amante do Mediterrâneo costuma ser um devoto do passado clássico, obcecado ou não por ele, mas possuidor de uma visão própria de como se deram os fatos, conforme tenham sido seus estudos, mentores, viagens e brincadeiras. Como aconteceu com Schliemann, apaixonado pela *Ilíada* e a *Odisseia* desde pequeno, nossa Grécia e nossa Itália ficaram detidas naqueles estudos da infância, naquelas imagens que criamos de um Aquiles, de pés ágeis, que mantinha longas conversas com uma deusa guerreira que usava um elmo e portava uma lança afiada. O amante do Mediterrâneo experimenta uma espécie de *déjà-vu* e tem a capacidade de perceber a presença do passado e seus habitantes. Há lugares onde sente que já esteve antes e tem a sensação de *recordar*. O ar em que se move está cheio de sons, palavras, talvez cheio de sentimentos, de recordações, de pensamentos de outros que ali viveram. É uma sensação inquietante, mais profunda que a que normalmente nos oferece nossa consciência.

A prolífica literatura sobre o Mediterrâneo é abundante nesse tipo de epifania, *possessões* e explosões de criatividade. A visita de Yukio Mishima a Delfos, em 1952, quando tinha 27 anos, mudou o curso de sua vida. Profundamente comovido pela beleza das estátuas de *Antínoo* e do *Auriga*, voltou a seu país decidido a equiparar a inteligência com a excelência física. Aprendeu grego, tornou-se exímio nadador e possuidor de um corpo clássico digno do "belo" ritual samurai com o qual pôs fim a sua vida. Quase dois séculos antes, o ilustre historiador Edward Gibbon, após passar umas horas entre as ruínas do Capitólio, em Roma, dedicou o resto de sua vida a escrever sua volumosa obra *Declínio e queda do Império romano*. No volume dedicado à dinastia Antonina e aos cinco bons imperadores (96-138 d.C.), Gibbon proclamou que aquela havia sido a época mais feliz da humanidade. Em sua autobiografia, Marguerite Yourcenar, a quem seu pai havia ensinado latim aos dez anos e grego antigo aos doze, conta o impacto que causaram nela as ruínas do palácio do imperador Adriano – o primeiro filo-heleno da história –, em Tívoli, quando as visitou na adolescência com seu progenitor. E também conta como, quase quarenta anos depois, e fruto de uma repentina inspiração, ela escreveu freneticamente, em estado de transe, as *Memórias de Adriano* enquanto realizava uma viagem de trem pelos Estados Unidos.

A Itália, com sua acumulação de obras de arte, reserva ao viajante sensível e solitário a síndrome de Stendhal, um maravilhoso orgasmo da mente que se dá quando ela, saturada de beleza, explode em uma torrente de emoções que se manifestam em forma de pranto incontrolável, convulsões e... uma sensação de suprema felicidade. A agreste Grécia nos regala, por outro lado, com o terror pânico, essa sensação de contato com o mundo antigo que o viajante pode experimentar em alguma curva do caminho, na solidão de uma ermida de montanha ou no meio de um bosque frondoso.

Minha própria trajetória como amante do Mediterrâneo começou cedo. O primeiro livro que comprei, com nove anos, foi *Mitologia grega e romana*, de Hermann Steuding. Eu me lembro do nome porque ainda o tenho, todo rabiscado com lápis de cor, mas também todo sublinhado. Já adolescente, em Paris, escutei pela primeira vez o som da língua grega moderna na boca de um poeta. Não entendi o significado das palavras, mas me apaixonei imediatamente pela linda sonoridade daquele idioma que parecia provir de muito longe, e decidi aprendê-lo. Outro marco importante em minha carreira de "mediterranófila" foi minha primeira viagem a Florença, quando ainda era muito jovem, com um ruidoso grupo de amigos, todos amontoados em um carro velho. Chegamos à noite, e, famintos e cansados, começamos a perambular pela cidade em busca de um restaurante. Por acaso, fomos parar na praça Duomo. Ergui os olhos e vi pela primeira vez Santa Maria del Fiore recortada no céu noturno. E foi então que aconteceu. O mundo desapareceu a meu redor, inclusive meus famintos e mal-humorados amigos. Repentinamente, comecei a chorar convulsivamente; lágrimas enormes brotavam de meus olhos. Eu nunca sentira tanta felicidade. E, embora então tivesse consciência disso, naquele momento descobri que havia chegado a uma fonte antiga e perene de desejo, e que a beleza é a única coisa que salva o ser humano da absoluta solidão.

Ao longo dos anos, fruto de leituras e buscas incessantes, fui conhecendo os personagens que aparecem neste livro, a quem chamo de "peregrinos da beleza". Eles foram meus sagazes e ilustrados mentores, que apuraram meu olhar, expandiram minha percepção e guiaram meus passos pelo Mediterrâneo. Visitei as ilhas gregas de mãos dadas com Larry Durrell; subi o monte Olimpo seguindo Kevin Andrews, que fez o mesmo quando os alemães ainda não haviam retirado o alambrado na Segunda Guerra Mundial; percorri a misteriosa região de Mani com Paddy Leigh Fermor; conheci os recantos mais secretos de Capri graças a Axel Munthe... e tantas coisas mais.

É estranho como as pessoas às vezes pertencem a lugares, especialmente a lugares onde não nasceram. Quem melhor expressou essa ideia foi o escritor bósnio-croata Predrag Matvejević, considerado um mestre da "geopoética mediterrânea", em sua evocadora obra *Mediteranski Brevijar:*

> As pessoas do Norte identificam, às vezes, nosso mar com o Sul: há algo que os atrai para ele mesmo quando amam sua terra natal. Não é só que anseiem por um sol mais ardente e uma luz mais forte. Esse fenômeno talvez pudesse se chamar "fé no Sul". É possível – qualquer que seja nosso local de nascimento ou residência – chegar a ser mediterrâneo. A mediterraneidade não se herda, e sim se consegue. É uma decisão. E não um dom. Dizem que, no Mediterrâneo, há cada vez menos mediterrâneos autênticos. Não se trata apenas de história ou tradição, memória ou fé: talvez o Mediterrâneo seja também nosso destino.

ITÁ

LIA

JOHANN WINCKELMANN, PAIXÃO ROMANA

Johann Winckelmann, por Raphael Mengs

O intérprete da Antiguidade

Dize onde está Atenas? Tua cidade amada,
oh, deus enlutado! Transformada em pó,
afundou com as urnas funerárias dos Mestres
em tuas misteriosas margens sagradas?
Não resta um vestígio que, no navegante que passa,
a evoque, recorde seu nome?

Friedrich Hölderlin, **"O arquipélago"**

Enquanto estava na faculdade, tive a sorte de encontrar um professor maravilhoso que nos dava aula de história da arte. Embora pequeno e delicado, era um homem imensamente apaixonado. Nunca esquecerei uma aula dedicada a Ticiano, na qual ele falou extensamente, e quase em estado de transe, da imensa beleza encerrada nas sucessivas camadas de tinta que compõem a coxa de sua *Dânae*. Desde então, nunca mais vi uma coxa da mesma maneira. Foi ele quem nos mostrou a importância de Winckelmann, o estudioso que situou o cume da arte ocidental na Atenas do século v a.C., e cuja obra desencadeou poderosas forças que influenciaram o desenvolvimento estético do Ocidente, dando lugar ao movimento chamado neoclassicismo.

Winckelmann atingiu a cúspide da fama em Roma como antiquário papal, e, após sua trágica morte, aos cinquenta anos, exerceu, por meio de sua obra, uma imensa influência sobre seus contemporâneos. Suas famosas palavras de "nobre simplicidade e serena grandeza", atribuídas por ele à arte grega clássica, puseram a caminho do Sul milhares de nórdicos desejosos de descobrir as marcas desse antigo ideal. O mais famoso deles, Goethe, não se separou nem por um instante da obra de Winckelmann – a quem considerava seu mestre – enquanto durou sua viagem de quase dois anos pela Itália.

Em 8 de junho de 1768, a notícia de que Johann Winckelmann havia sido assassinado em Trieste causou uma profunda comoção nos círculos eruditos e acadêmicos europeus. Seu assassino, um jovem cozinheiro toscano com antecedentes criminais, declarou-se culpado durante um julgamento cheio de contradições. Condenado a morrer na roda de despedaçamento, a sentença foi cumprida publicamente em frente ao hotel onde o crime havia sido cometido.

Winckelmann nasceu em 1717, em Stendal, uma pequena cidade da Saxônia, mas nunca se cansou de repetir que seu ano real de nascimento era 1756, quando se mudara para Roma. Até então, sua existência havia sido, segundo ele, a de um morto em vida, a de um mero e patético sobrevivente. Filho único de um sapateiro, viveu uma infância de absoluta pobreza, e teria sido forçado a seguir os passos de seu pai se não fosse pela crucial intercessão e ajuda financeira de sucessivos mestres e tutores, a quem não passaram inadvertidas as andanças do garoto, que, quando não estava rebuscando restos arqueológicos nas colinas nos arredores, passava as horas na Ritterplatz, mergulhado em uma volumosa enciclopédia que mostrava monumentos da Antiguidade.

Aos dezessete anos, Winckelmann foi mandado ao Liceu de Berlim para completar seus estudos. Lá encontrou outro mentor, Christian Tobias Damm, que não tardou a se deslumbrar com os conhecimentos sobre a Antiguidade clássica daquele jovem dotado de uma insaciável sede de saber. Damm era um dos poucos homens na Alemanha que exaltavam o grego acima do latim em uma época em que o estudo dessa primeira língua e sua literatura não gozavam de prestígio, e talvez tenha chegado a intuir que aquele jovem estaria destinado a desenterrar todo um continente que jazia submerso, para expô-lo aos olhos de seus contemporâneos. Mas, para agradar tanto a seus mentores quanto a seus pais, ficou decidido que ele estudaria teologia em Halle, estudos necessários naquela época para poder optar por um cargo na administração pública. Desde o começo, Winckelmann sentiu uma profunda aversão por Halle e os estudos teológicos. Durante os sermões ou a leitura das Escrituras, sua mente continuava fixa naquele outro mundo, distante e luminoso, ao qual se transportava sigilosamente por meio do livro de um autor antigo convenientemente forrado para que parecesse um livro religioso.

Com a morte de seu mentor, ele abandonou sem dó a teologia e se matriculou na Universidade de Jena para cursar medicina e ciências, estudos que compaginava com um cargo de tutor na casa da família Lamprecht. Tinha 25 anos quando viveu sua primeira tempestade emocional. Winckelmann se apaixonou pela primeira vez. Uma situação embaraçosa, porque o objeto de seu amor era seu pupilo, Peter Lamprecht. Como amante da Grécia antiga, o ideal de beleza, o objeto de amor mais excelso para ele era, e sempre seria, um adolescente... quase se tornando um adulto. Esse ideal ele descobriria mais à frente encarnado em mármore na estátua de *Apolo do Belvedere*, em Roma, diante da qual caiu em transe na primeira vez que a contemplou.

Foi em Potsdam que ele viu a primeira exposição de estátuas clássicas. Mesmo não se tratando de mais do que modelos em gesso de cópias romanas de originais gregos, seu entusiasmo, alimentado, sem dúvida, pela presença de seu pupilo, levou-o a qualificar essa cidade de "Atenas do Norte". Sua relação com Lamprecht foi o padrão que se repetiria nas demais relações afetivas que teve durante sua vida: inícios de êxtase e exaltação, seguidos de períodos de tristeza e aflição, e finais de amargos desencantos. Dito assim, pode parecer o processo normal de quase toda relação amorosa. Mas é preciso levar em conta que Winckelmann e os homens que amavam outros homens na Alemanha do século XVIII eram considerados sodomitas (a palavra *homossexual* só foi cunhada em 1869, pelo ativista Karl-Maria Kertbeny), e a sodomia era punida com a pena de morte. De fato, a pena capital só foi abolida na Prússia em 1794, por influência da Revolução Francesa, para ser substituída por penas de prisão e trabalhos forçados, de acordo com o infame artigo 143 da lei prussiana.

A situação foi ficando insustentável, e um ano depois de sua chegada, ele abandonou seu emprego como tutor e se afastou dos Lamprecht. Quis o acaso que um antigo colega de faculdade acabasse de deixar vago um cargo de professor em Seehausen, uma pequena aldeia na Saxônia. Impressionado com o lamentável aspecto de seu amigo e por sua difícil situação, o colega mexeu alguns pauzinhos e conseguiu que lhe fosse concedido o cargo.

Assim, Winckelmann se tornou professor em uma aldeia situada a poucos quilômetros de Stendal, cidade onde havia nascido. Começou para ele um período que, mais à frente, não poderia recordar sem estremecer. Foi uma época de solidão, pobreza e tristeza. Durante o dia, ele ensinava crianças a ler e escrever, e, concluída a jornada, dedicava-se com afinco ao estudo dos clássicos. Lia até meia-noite, e, de roupa mesmo, dormia em uma poltrona até as quatro da manhã, hora em que retomava seus estudos até às seis. Nos momentos de vigília, tinha visões de um mundo ideal, muito diferente do que lhe coubera habitar. Um mundo no qual se cultivava a beleza da mente e do corpo. Um mundo de homens livres que competiam pela excelência nas palestras de Olímpia, na sagrada cidade de Élida; e, acima de tudo, um mundo no qual as *amizades heroicas* como as de Aquiles e Pátroclo, Teseu e Pirítoo, Orestes e Pílades – ou reais, como as de Adriano e Antínoo e Alexandre e Heféstio – não só não eram perseguidas como também louvadas como a mais excelsa e virtuosa forma de amar.

Assim se foram passando os anos em Seehausen. De dia era um professor solitário e maltrapilho. À noite, porém, habitava entre seus iguais nos Campos Elíseos. Mas, ao completar trinta anos, a sorte de Winckelmann deu uma guinada radical. O conde Heinrich von Bünau estava procurando alguém para organizar sua biblioteca, considerada uma das maiores da Europa, e, de quebra, ajudá-lo a escrever uma história dos Estados alemães. Winckelmann solicitou o cargo, e foi aceito. Cheio de júbilo, reuniu seus escassos pertences, e, em 10 de agosto de 1748, mudou-se para Dresden, para ficar no castelo de Nöthnitz, ali perto, às ordens de um patrão bondoso, membro destacado da corte mais refinada da Alemanha.

Os sete anos seguintes, ele dedicou às tarefas para as quais havia sido contratado, e ainda lhe restou tempo para aprender línguas, continuar seus estudos clássicos e fazer valiosos contatos. Pela primeira vez na vida, Winckelmann levava uma vida razoavelmente feliz. Comia e se vestia decentemente, vivia em um entorno agradável e recebia um salário digno. A cidade de Dresden, próxima dali, transbordava de atividade cultural; mas, para Winckelmann, tinha um defeito insuperável: era uma cidade barroca. Não se podia dar um passo por ela sem encontrar um edifício nesse estilo, e, ao passear por seus imensos jardins, era impossível não dar de cara com uma estátua de algum imitador de Bernini. E Winckelmann, o iminente teórico do neoclassicismo, sentia uma profunda aversão pelo barroco e uma ojeriza visceral por Bernini.

Enquanto isso, meio oculta em um canto, em uns pavilhões mal iluminados do parque, encontrava-se a coleção de estátuas clássicas de Augusto, o Forte; conforme escreveu Winckelmann mais tarde, as estátuas estavam apinhadas como sardinhas em lata, portanto, podiam ser vistas, mas não contempladas, e menos ainda estudadas. Com tão poucos elementos de juízo, como foram as estátuas que havia visto em Potsdam uns anos antes, as quase não vistas agora em Dresden, mais as gravuras que fora encontrando nos livros, ele escreveu, no pouco tempo que seu patrão lhe deixava livre, um opúsculo de apenas cinquenta páginas que revolucionaria a história da arte e, de quebra, acabaria com o estilo barroco. Winckelmann publicou, pagando de seu próprio bolso, os cinquenta exemplares de *Gedanken über die Nachahmung der griechischen Werke in der Malerei und Bildhauerkunst* [Reflexões sobre a imitação das obras gregas na pintura e escultura], ilustrados por seu amigo Adam Friedrich Oeser, pela pequena editora Hagenmüller, em Dresden. O livro foi publicado em sóbrios caracteres latinos e em formato *in quarto*, que passaria a se chamar winckelmanniano.

Se Bernini estimulava seus discípulos a imitar a natureza, Winckelmann defendia que ela nunca poderia estar à altura do ideal, e que, portanto, se quiséssemos atingir a perfeição, seria preciso imitar os antigos gregos. O livrinho fez sucesso, foi reeditado e traduzido para inglês e francês, e, graças a ele, Augusto III, rei da Polônia e eleitor da Saxônia, concedeu-lhe uma pensão de duzentos táleres para que continuasse seus estudos em Roma. O que Winckelmann afirmava sobre a arte grega, apesar do pouco que havia visto, ficou profundamente arraigado na consciência europeia, demonstrando que uma imaginação apaixonada pode suprir a falta de elementos de observação. Ele chegou a suas conclusões provavelmente pela via negativa, à base de sua aversão ao barroco de Dresden e da definição de qualidades como "a nobre simplicidade e serena grandeza", que eram a antítese daquele estilo. Para o catedrático de Cambridge E. M. Butler, Winckelmann escreveu o livro em estado de graça, "com uma clarividência sibilina e lançando mão de conhecimentos natos".

Mas a maré de sorte de Winckelmann estava só começando. O núncio papal da corte da Saxônia, Alberico Archinto, amigo do conde Heinrich von Bünau, ficou impressionado com a erudição que Winckelmann demonstrara em *Gedanken*, e se deu conta do valioso papel que o autor poderia desempenhar em Roma. Falou-lhe das escavações que estavam sendo realizadas em Pompeia e Herculano, da vasta biblioteca do Vaticano e dos tesouros que albergavam seus museus, e prometeu arranjar-lhe um bom cargo. Impôs apenas uma condição: ele teria que se converter ao catolicismo. Winckelmann não hesitou nem um segundo, e aceitou a oferta. Para um pagão como ele, Roma bem que valia uma missa, se com isso pudesse por fim fugir da Alemanha.

Ele escreveu uma carta a Lamprecht, instando-o a acompanhá-lo a Roma, prometendo-lhe arcar com todos os gastos. Nunca houve resposta. Em 15 de setembro de 1755, Winckelmann abandonou Dresden com destino a Roma, para nunca mais voltar.

Renascimento em Roma

> *Nada há que se possa comparar a Roma [...]. Se desejas compreender a humanidade, este é o lugar para isso – mentes de incrível talento, homens abençoados com os maiores dons, belezas de grande caráter, tal como os gregos que lhes serviram de modelo.*
>
> *Johann Winckelmann*

Archinto cumpriu sua palavra e conseguiu que Winckelmann fosse trabalhar com o cardeal Domenico Silvio Passionei, diretor da Biblioteca Vaticana. Embora o trabalho não representasse uma grande mudança na vida de Winckelmann, uma vez que mal se diferenciava do que ele realizara para o conde von Bünau, permitiu-lhe conhecer gente influente, como Raphael Mengs, considerado o melhor pintor de seu tempo, que não tardou a se tornar seu grande amigo e confidente. Mengs, com quem Winckelmann conviveu durante uma temporada, era especialista em antiguidades e arte clássica, e o introduziu no círculo dos colecionadores de arte antiga. Também lhe apresentou outras pessoas notáveis, como Giacomo Casanova.

A sorte do clérigo alemão estava prestes a mudar mais uma vez. Sua erudição chegou aos ouvidos de um dos personagens mais ricos e poderosos de Roma, o cardeal Alessandro Albani, sobrinho do papa Clemente XI. Albani, voraz colecionador de arte e antiguidades, encontrou em Winckelmann a pessoa indicada para ajudá-lo a organizar e catalogar uma enorme coleção que pretendia abrigar no palácio que mandara construir nos arredores da cidade, a Villa Albani. Com seu novo emprego, começou para Winckelmann uma laboriosa etapa de sua vida, sem dúvida a mais feliz, dedicada à arte e à arqueologia. Seu novo patrão, trinta anos mais velho que ele, era um homem amante da beleza e da boa vida. A Villa Albani era um local de recreio aonde iam os cavalheiros e as damas de Roma para passear, jogar em seus jardins e dançar nas noites de verão. Pertencia à coleção de Albani o maravilhoso busto de Antínoo com flores de lótus, desenterrado em 1734 na Villa Adriana. O *Antínoo* impressionou Henry James durante sua visita à Villa em 1876. "É estranhamente lindo", escreveu. O que também chamou a atenção de James foi um enorme fragmento do baixo-relevo de dois combatentes se atacando, um deles a cavalo, que ele resumiu em seus escritos sobre a visita à Villa Albani como "o assassinato transformado em eterna beleza".

Em uma carta a seu amigo, o conselheiro áulico Berendis, Winckelmann descreveu o prazer de sua relação com Albani:

> Limito-me a acompanhar o cardeal em seus passeios. Nenhuma amizade poderia ser tão estreita como a que mantenho com ele, carente de toda inveja e que só a morte poderá romper. Eu lhe revelo os mais ocultos meandros de minha alma e desfruto de uma confiança similar de sua parte. Considero-me um desses raros seres humanos completamente satisfeitos, porque não poderia desejar nada mais.

Ele visitou Pesto, naquela época uma região agreste e desolada, açoitada pela malária. Seus três templos dóricos quase perfeitamente conservados causaram-lhe uma grande impressão. Em 1762, publicou *Anmerkungen über die Baukunst der Alten* [Observações sobre a arquitetura dos antigos], que incluía uma detalhada descrição dos três templos gregos. Também fez várias visitas a Nápoles e às escavações de Pompeia e Herculano, onde, em algumas ocasiões, chegou a temer por sua integridade física. Os arqueólogos que trabalhavam ali detestavam-no devido às críticas que ele vertia sobre seus métodos, considerados por Winckelmann inaceitáveis e bárbaros. "Esse indivíduo tem tanto a ver com as antiguidades quanto a lua com os caranguejos", comentou ele sobre o diretor das escavações, o engenheiro militar espanhol que trabalhava para os Bourbon, Roque Joaquín de Alcubierre, cujos operários recebiam instruções de desenterrar estátuas, joias, mármores preciosos e outros tesouros para vendê-los a ávidos colecionadores.

Em 1763, quando já estava havia sete anos em Roma, e graças à intercessão de Albani, Winckelmann foi nomeado antiquário papal e *Scriptor Linguae Teutonicae* pelo papa Clemente XIII, ou seja, o responsável por catalogar a coleção alemã da Biblioteca Vaticana. Ele havia chegado ao topo. Já era não só uma celebridade em Roma, como também seu novo cargo implicava que, por suas mãos, passavam todas as antiguidades que entravam e saíam de Roma ou que eram desenterradas nos Estados Pontifícios.

Sua paixão pela beleza o fazia viver em constante êxtase. Um dia, uma pequena cabeça de fauno que havia acabado de ser desenterrada se apoderou de sua mente de tal forma que o deixou obcecado. "Essa excelsa e divina cabeça excede tudo que já vi, tudo que é possível. Penso nela constantemente, dia e noite", escreveu em uma carta. Outro dia, era o busto de uma Palas Atena o que o tomava em arroubo. A beleza de algum ser real também ocupava seus desvelos:

> [...] em geral, em agosto vivo solitário na Villa Albani, mas, este ano, eu me proponho a ter a companhia de uma

grata pessoa, pois desejo escrever acerca da beleza tendo como modelo uma beleza viva.

Sua famosa descrição do *Apolo de Belvedere* em *Geschichte der Kunst des Altertums* [História da arte da Antiguidade] revela uma sensualidade e um entusiasmo que poucos são capazes de alcançar:

> Imagem de uma eterna juventude, esse corpo, do qual nenhuma veia interrompe as formas e que não está agitado por nenhum nervo, parece animado de um espírito celeste que circula como um doce vapor em todos os contornos dessa figura admirável [...] Nos traços do *Apolo de Belvedere* se encontram as belezas próprias de todas as divindades reunidas. Parecida com os tenros sarmentos da videira, sua bela cabeleira paira ao redor de sua cabeça como se fosse suavemente agitada pelo hálito do zéfiro [...] Vendo essa maravilha, esqueço todo o universo. Da admiração passo ao êxtase; sinto que meu coração se dilata e eleva.

O humilde professor de Seehausen nunca teria imaginado, nem em seus mais febris sonhos, que chegaria um dia em que se encontraria no epicentro da beleza da Europa. Às maravilhas que circulavam graças ao pujante comércio de antiguidades somavam-se as que a terra ia dando generosamente e as que saíam à luz de antigas posses. Tudo isso desfilava diante de seus olhos em um movimento infinito, em um deleite contínuo. Os êxtases de Winckelmann eram famosos, e, sem dúvida, objeto de comentários e deboches entre seus amigos. Um deles, o pintor Mengs, decidiu, com a conivência de Casanova, fazer uma brincadeira com Winckelmann. Pintou uma excelente pseudopintura antiga que representava Zeus e Ganimedes em atitude inequivocamente erótica e a pôs em circulação em Roma, sabendo que chegaria às mãos de seu desavisado amigo. Assim foi, e Winckelmann caiu em um de seus costumeiros arroubos. Com lágrimas de emoção, declarou que era a pintura mais linda do mundo e a descreveu em seu livro *Geschichte der Kunst*. Em uma carta a um amigo, na qual descrevia o achado, dizia: "Ganimedes parece desfalecer de desejo, e toda sua existência não é mais que um beijo". Quando soube da falsificação, alguns anos depois, ele não perdoou a traição do amigo e nunca se reconciliaram.

Levar ilustres visitantes para passear era outro prazer que Roma lhe proporcionava. Como cicerone oficial da corte vaticana, Winckelmann tinha oportunidade de travar conhecimento com a nata da juventude europeia de passagem por Roma em seu *Grand Tour*. Assim conheceu o príncipe Anhalt-Dessau, "semelhante a um deus", e o não menos belo príncipe Mecklenburgo-Strelitz. Em 1762, Winckelmann viveu outro paroxismo de paixão e desespero pela conduta do jovem livônio Friedrich Reinhold von Berg, a quem havia guiado por Roma durante cinco semanas. Quando Friedrich partiu para Paris, Winckelmann lhe escreveu epístolas ardentes, que tiveram uma fria acolhida por parte do jovem. Em uma última tentativa de atrair sua atenção, dedicou-lhe seu opúsculo *Abhandlung von der Fähigkeit der Empfindung des Schönen* [Tratado sobre a capacidade de sentir o belo], obséquio que ficou sem resposta.

Mas nem tudo era alegria em seu às vezes extenuante ofício de guia artístico em Roma. Depois de um trajeto com o duque de Gordon e seu irmão, jurou a si mesmo nunca mais perder tempo com britânicos, uma vez que não só permaneciam imperturbáveis diante dos monumentos da Antiguidade, como também eram incapazes, segundo ele, de curtir a vida. Em sua correspondência, ele se estendia à vontade contra esses visitantes inoportunos. Os piores de todos, dizia, eram os franceses. Mostravam-se impermeáveis às graças da Antiguidade e eram os mais asnos dentre todos os visitantes que punham os pés em Roma.

Mas era a vida afetiva que consumia as melhores energias de Winckelmann, a ponto de parecer um milagre que lhe restasse tempo para tanta laboriosidade intelectual. Ao desengano de von Berg seguiu-se o suicídio de seu melhor amigo italiano, o abade Ruggieri, em 1763. Houve também o barão Stosch, herdeiro de uma grande fortuna e de uma enorme coleção de gemas gravadas que Winckelmann organizou e sobre a qual escreveu um tratado. Stosch havia voltado à Alemanha, e dali mantinha uma calorosa correspondência com Winckelmann. O ano de 1765 foi ocupado pelo barão Riedesel, um jovem de 25 anos, também muito rico e desejoso de explorar o Levante antes de voltar à Alemanha para cuidar de assuntos de Estado. Winckelmann também teve um *affaire* com a esposa de Mengs, o único conhecido com uma mulher, com pleno conhecimento e aprovação do marido.

À lista de amizades especiais, à qual seria preciso acrescentar pelo menos mais quatro nomes, devem somar-se os jovens que Winckelmann conhecia ocasionalmente nas ruas de Roma. Um desses encontros foi imortalizado por Giacomo Casanova. Conta o veneziano em suas memórias que, certa manhã, foi cedo à casa de Winckelmann e entrou em seu gabinete sem bater. Pego de surpresa, Winckelmann se afastou bruscamente de um rapaz realmente bonito, segundo o intruso, levantando as calças a toda pressa. Winckelmann devia tremer ao imaginar a quantidade de salões romanos, ávidos de fofocas, que disputariam a presença do famoso sedutor para escutar a história de sua boca. Pobre Winckelmann! A confusa explicação que Casanova detalha deixa transparecer a penosa situação em que se encontravam os homens com inclinações homossexuais. Na Itália, também existia legislação contra a homossexualidade, mas, na prática, era bastante tolerada, e, em Roma, havia lugares aonde se poderia ir, e para os quais as autoridades faziam vista grossa. Contudo, sendo uma personalidade pública, sua carreira profissional teria ido por água abaixo, e, como cidadão da Saxônia, sua própria integridade física estaria em perigo. A Igreja católica, para a qual trabalhava, também castigava a conduta *antinatura*, de modo que a vida amorosa de um homossexual consistia necessariamente em uma série de encontros clandestinos e perigosos e amizades íntimas mais ou menos disfarçadas, ao que se acrescentava, no caso de Winckelmann, a sublimação estética do desejo. Isso também nos permite adivinhar que as relações que mantinha com todos aqueles *filhinhos de papai* que visitavam Roma durante algumas semanas, e com quem trocava ardente correspondência depois, nunca passaram de platônicas e epistolares. Contudo, Winckelmann levava uma vida razoavelmente feliz e continuava adorando Roma, conforme se aprecia em uma carta a um fiel amigo alemão de sua época de Nöthnitz:

> Posso estar satisfeito com minha vida. Não tenho preocupações, salvo as decorrentes de meu trabalho, e encontrei alguém com quem posso falar de amor: um jovem romano, louro e bonito, de dezesseis anos, bem mais alto que eu; mas só o vejo uma vez por semana, quando ele janta comigo aos domingos à noite [...] Nada há que se possa comparar a Roma [...]. Se desejas compreender a humanidade, este é o lugar para isso – mentes de incrível talento, homens abençoados com os maiores dons, belezas de grande caráter, tal como os gregos que lhes serviram de modelo.

Mas Winckelmann tinha um espinho cravado, um desejo insatisfeito desde sua época de professor em Seehausen: visitar a Grécia, deixar pegadas nas terras onde a beleza dominava, favorecida pela benignidade do clima e o humor de seus habitantes. Poder-se-ia dizer que, desde sua chegada a Roma, o grande propósito de sua vida havia sido fazer uma viagem à Grécia, e o mesmo esperava dele a comunidade acadêmica internacional. Acaso havia alguém mais preparado que Winckelmann para fazer essa viagem? Propostas para realizá-la não lhe faltaram. Não havia uma expedição séria que se propusesse a visitar a Grécia e o Levante que não desejasse contar com Winckelmann. Mas seus medos eram mais fortes que seus desejos, e ele declinava uma oferta atrás de outra. Umas vezes, alegava que estava sobrecarregado de trabalho; outras, que estava velho demais, e sua saúde não lhe permitia, e, quando as expedições partiam sem ele ou eram abortadas, tinha uma profunda sensação de alívio. Se ir até Nápoles ou Pesto já era para ele um árduo empreendimento, a viagem à Grécia devia parecer-lhe uma aventura cheia de perigos insuperáveis.

Uma decisão funesta

Durante quase dez anos, ele recusou propostas de ir à Grécia. Em 1766, o jovem e empreendedor barão Riedesel havia acabado de voltar de uma viagem pela Sicília. Estava entusiasmado e disposto a escrever um relato sobre suas andanças com o título de *Viagem à Sicília e à Magna Grécia*, em forma de duas cartas dirigidas a Winckelmann em Roma. Em julho de 1767, Riedesel, em Nápoles, escreveu-lhe com planos totalmente traçados para irem juntos à Grécia e ao Oriente Médio. Ele arcaria com todos os gastos e – acrescentava – não admitiria um não como resposta. A primeira reação de Winckelmann foi de júbilo. Por fim realizaria seu sonho, e assim comunicou a todos seus amigos na Alemanha. Começou, inclusive, a fantasiar com a ideia de solicitar permissão à Sublime Porta para escavar a antiga cidade de Élida. Quando parecia que estava tudo decidido, surgiu um doloroso dilema. Seu amigo e benfeitor, o barão Stosch, escreveu-lhe de Berlim dizendo que padecia de uma grave doença ocular e desejava abraçá-lo de novo antes de ficar cego. Para complicar mais as coisas, o eleitor da Saxônia lhe fez uma tentadora oferta para que voltasse à pátria e trabalhasse em sua corte. O encantador príncipe Anhalt-Dessau uniu sua voz às que pediam seu regresso. A viagem à Alemanha era irresistível aos olhos de Winckelmann. Ele poderia levar sua fama para passear pelos lugares onde havia trabalhado quase como um escravo, ver-se acolhido e recebido como uma celebridade e visitar velhos amigos. O projeto de viagem ao Levante, por outro lado, era para ele carregado de ominosos pressentimentos e perigos. Enquanto Riedesel partia sozinho para a Grécia, Winckelmann abandonou Roma em 10 de abril de 1768, com destino a Berlim, em companhia do escultor italiano Bartolomeo Cavaceppi, passando por Bolonha, Veneza e Verona. Ele ainda não havia posto o pé no Tirol quando já estava mergulhado em um estado de pânico incontrolável. "Vê, amigo, vê; que paisagem mais aterradora! Voltemos a Roma!", repetia sem parar ao surpreso Cavaceppi. "Voltemos a Roma!", era a única frase que repetia, como se houvesse perdido o juízo.

Em Munique, recusou-se a seguir viagem; mas, para agradar o pobre Cavaceppi, que não falava uma palavra de alemão, concordou em ir a Viena, onde as gentis palavras do conde Kaunitz, conselheiro de Estado de Maria Teresa, não serviram para acalmá-lo. Após uma entrevista com a imperatriz, foi para a cama em estado febril. Como o estado de seu amigo só se agravava, Cavaceppi abandonou Viena por conta própria, para desaparecer dessa história. Em 14 de maio de 1768, Winckelmann escreveu a Stosch de Viena para lhe dizer que a viagem o havia feito mergulhar em um tal estado de melancolia e depressão que voltaria a Roma sem o visitar. Também escreveu ao cardeal Albani para comunicar sua iminente chegada e informar-lhe sobre a excelente recepção que a imperatriz Maria Teresa lhe oferecera. Ela lhe havia dado de presente duas medalhas de prata e uma de ouro e expressara seu desejo de que ficasse na corte, oferecendo-lhe um cargo importante. "*Io assicuro l'Eminenza Vostra*" – escreveu a Albani – "*che tutto l'oro del mondo non potrebbe movermi da Roma*"[1]. A partir de então, os acontecimentos se precipitaram.

Signor Giovanni

Como um personagem de tragédia grega, Winckelmann atraiu o desastre para si por tantos esforços que fez para esquivar-se dele. Em 28 de maio, pôs-se a caminho de Trieste, aonde chegou em primeiro de junho de 1768. Hospedou-se em frente ao porto, na Locanda Grande, um dos albergues mais populares da cidade, onde se registrou como "Signor Giovanni". Seu vizinho de quarto, que mais tarde seria também companheiro de mesa, havia chegado dois dias antes de Veneza, a pé e sem bagagem. Durante o almoço, Winckelmann perguntou ao hoteleiro se havia algum navio zarpando para Veneza ou Ancona. Ele não sabia de nenhum, mas o desconhecido com quem dividia a mesa disse estar informado de que o navio de um tal capitão Ragusini zarparia em

1 "Eu asseguro a Vossa Eminência que todo o ouro do mundo não poderia tirar-me de Roma." [N. E.]

breve com destino a esse porto. Winckelmann pediu ao homem que lhe mostrasse o navio pela janela da pensão, para, a seguir, solicitar o pequeno favor de que o acompanhasse a falar com o capitão. Para agradecer pelo incômodo a seu novo conhecido, Winckelmann o convidou a beber alguma coisa em um café. A partir de então, saíam juntos todas as manhãs e paravam para tomar o café da manhã nesse mesmo café. À tarde, iam dar uma volta, e depois jantavam frugalmente no quarto de um dos dois. Ao cabo de três dias de mútua companhia, apresentaram-se formalmente, e Winckelmann não só mostrou a seu novo amigo seu passaporte e as cartas de apresentação que havia utilizado durante a viagem, como também lhe contou que em Viena havia ganhado de presente da imperatriz umas medalhas de ouro e prata. O desconhecido, por sua vez, apresentou-se como "Francesco Arcangeli, um homem honorável".

Francesco Arcangeli era natural de Campiglio, na Toscana. Aos dezoito anos, depois de aprender o ofício de cozinheiro, passou a trabalhar para um tal conde Bardi, de Florença, onde permaneceu cinco anos. Exerceu o mesmo trabalho durante dois anos na casa de Antonio Baldinotti, e depois acompanhou um filho deste a Viena como camareiro-mor. Ali, passou a trabalhar para o conde Cottaldi, de quem roubou umas seiscentas peças de ouro. Fugiu, mas foi preso e enviado a Viena, onde, em 1767, ficou livre. No ano seguinte, o destino o levou a Trieste e a se alojar no quarto contíguo ao de Winckelmann.

Arcangeli não acreditava que seu amigo fosse tão importante como dizia, e pediu-lhe que lhe mostrasse essas medalhas que, segundo ele, havia ganhado da imperatriz. Winckelmann as mostrou, e depois conversaram sobre a partida, nessa mesma noite. Winckelmann estava tão contente com a perspectiva de seu regresso que convidou seu novo amigo a visitá-lo em Roma. Prometeu-lhe mostrar a Villa Albani e todas as coisas interessantes da cidade. Continuaram conversando, até que Arcangeli se retirou a seu quarto, voltando pouco depois alegando ter esquecido um lenço. Antes de ir, perguntou a Winckelmann por que não usava as lindas medalhas no salão de jantar, e Winckelmann respondeu que não queria chamar a atenção para si. Arcangeli insistiu, e perguntou por que não queria dizer quem era. Winckelmann, já cansado desse assunto, respondeu secamente: "Não quero que saibam quem sou", e se sentou de novo a sua mesa, dando-lhe as costas.

Então, sem uma palavra, Arcangeli passou uma corda pelo pescoço de Winckelmann, que, como uma mola, se levantou e empurrou seu agressor. Quando Arcangeli sacou uma faca para atacá-lo, Winckelmann se defendeu, e começaram a lutar. Ele caiu de costas, momento que seu adversário aproveitou para dar-lhe cinco facadas. Nesse ínterim, atraído pelo alvoroço, a cabeça de um empregado assomou, e ele ficou petrificado olhando a cena. Quando Arcangeli o viu, saiu correndo, dando-lhe um forte empurrão. O empregado saiu correndo em busca de um cirurgião, enquanto Winckelmann descia a escada pedindo ajuda. Depois de um tempo considerável, alguém tirou o nó corrediço do pescoço de Winckelmann, que já estava extremamente fraco devido à abundante perda de sangue. Ele foi levado de volta a seu quarto, e por fim chegou um médico, que examinou seus ferimentos. Winckelmann lhe perguntou se eram fatais. Dois eram, respondeu o médico. O ferido ficou em silêncio.

Confessou-se com um capuchinho, e outro sacerdote administrou-lhe a extrema-unção. Foi aberta uma investigação, mas Winckelmann mal conseguia falar. À pergunta "Quem é você?", Winckelmann apontou para seu baú de viagem, onde estava seu passaporte. Dizia em latim: "Joanni Winckelmann, Praefeito Antiquitatum Romae. In almam urbem redit" (Johann

Winckelmann, superintendente de Antiguidades de Roma. Regresse à venerável cidade). À primeira hora da tarde, ele já havia redigido seu testamento. Morreu às quatro em ponto.

Do relatório oficial, constava:

> Morreu com valor heroico e com verdadeira piedade cristã, sem proferir uma queixa contra seu assassino, perdoando-o de todo o coração e desejando ter podido apertar-lhe a mão como demonstração de reconciliação.

E o testamento ditado por Winckelmann dizia assim:

> Em oito de junho do ano do Senhor de 1768, no hotel situado na praça principal de Trieste, Johann Winckelmann, que jaz na cama, em um quarto situado em frente ao porto, grave e mortalmente ferido, mas em perfeito uso da razão, mediante o presente testamento público, dispõe de suas posses da seguinte maneira:
>
> Ordena que sejam entregues trezentos e cinquenta ducados a seu gravador em cobre, d. Magali, bem conhecido do cardeal Albani. Essa soma e o lugar onde se encontra é de conhecimento do músico Annibali. Também lega ao abade Pirenei a quantia de cem ducados. Essa soma é para a manutenção do pintor Anton von Maron. Também lega aos pobres de Trieste vinte ducados. Deixa dez escudos para que se pronunciem missas pela salvação de sua alma. E dez escudos para o camareiro do hotel. É seu desejo que se disponha do resto de seus bens segundo o critério e a vontade do cardeal Albani, seu gentil senhor e patrão.

Como se houvesse pressentido sua morte, deixou sobre sua mesa um testamento literário com instruções detalhadas para a edição futura de seu *Geschichte der Kunst des Altertums*. Seu assassino o surpreendeu quando ele estava prestes a concluí-lo. Seu corpo foi enterrado no dia seguinte no cemitério da igreja de San Giusto, em um lote pertencente a uma irmandade. Riedesel recebeu a notícia da morte de seu amigo enquanto navegava placidamente pelas ilhas Cíclades.

Arcangeli foi detido em Planina, na atual Eslovênia. O julgamento por assassinato começou imediatamente em Trieste, e, apesar de se ter declarado culpado, Arcangeli não esclareceu os motivos que o levaram a matar Winckelmann. Durante os seis interrogatórios de que foi objeto, mudou seu testemunho em várias ocasiões. Em uma delas, deu a entender que Winckelmann, depois de se vangloriar de ter transmitido uma importante mensagem a Maria Teresa, acusou-o de ser espião. Em outra, disse que queria roubar-lhe as medalhas para vendê-las e conseguir dinheiro para comprar um anel para sua esposa, a quem fazia tempo que não via porque estivera cumprindo sentença na prisão por furto. Mas logo se desdisse, e tentou manchar a reputação do sábio alemão dizendo que achava que era um judeu ou um luterano, e que havia visto um livro suspeito – na realidade, era um texto grego – em cima de sua mesa. Em 18 de junho, foi pronunciada a sentença:

> Pelo crime de assassinato, cometido contra a pessoa de Johann Winckelmann, na manhã de 8 de junho passado, o tribunal imperial decretou que sejas desconjuntado vivo, até que tua alma abandone o corpo, e que teu cadáver permaneça exposto na roda.

A sentença foi cumprida em 20 de julho, às dez da manhã.

A trágica morte de Winckelmann levanta uma série de questões que nunca poderão ser esclarecidas. Por que se hospedou em uma humilde pensão, em vez de ficar no melhor hotel da cidade? Ele tinha recursos de sobra para isso; mas talvez o fato de ver o porto e os navios da janela o fizessem se sentir mais perto de Roma e compensassem os possíveis incômodos. Por que não procurou as autoridades da cidade para se apresentar, uma vez que, sem dúvida, ao ver seu passaporte, o teriam ajudado a seguir viagem. Por que se tornou próximo de Arcangeli? Não há uma resposta clara, mas a solidão e suas reconhecidas inclinações homossexuais poderiam ter criado uma situação conflituosa. Acaso Arcangeli correspondia a esse tipo que, no jargão homossexual inglês, é conhecido como *rough trade*, e a situação escapou de suas mãos?

***

O tempo ameaça chuva enquanto subo a colina de San Giusto, em Trieste. Não me importa. Acho que o tempo ruim e a neblina combinam com esta cidade fronteiriça e melancólica. A catedral de San Giusto merece por si só uma visita. É um edifício de caráter mestiço, como a cidade. Foi construída sobre uma estrutura romana do século I, da qual ainda há restos, e é fruto da união de duas antigas igrejas românicas. Em seu interior, há belíssimos mosaicos e afrescos bizantinos do século XIII que relatam a vida do santo. A única coisa que destoa na sobriedade românica é um feio coro moderno. O estilo gótico contribuiu com uma imponente rosácea, e, na cripta, descubro com surpresa que estão enterrados quatro pretendentes carlistas ao trono da Espanha, ao lado de suas mulheres e outros familiares. Mas eu vim em busca do cenotáfio de Winckelmann, e, para vê-lo, tenho que sair da catedral e descer uma rua íngreme até o Orto Lapidario, uma espécie de museu ao ar livre com inscrições, restos de colunas, baixos-relevos, sarcófagos, lápides, torsos descabeçados e urnas. Um lugar decididamente winckelmanniano. O monumento ao malogrado sábio é inconfundível: um pequeno templo neoclássico flanqueado por quatro colunas jônicas. Em seu interior, ergue-se um cenotáfio, e não um túmulo, posto que seus restos nunca puderam ser identificados, uma vez que foram jogados no ossário público. É rematado por um grande anjo da melancolia, e, no plinto, um baixo-relevo representa o sábio alemão de toga, discursando para seis personagens mitológicos femininos, algumas das Musas. Há uma inscrição latina que, traduzida, reza assim:

> A Ioanni Winckelmanno, cidadão de Stendal, superintendente das escavações e monumentos de Roma, no auge de sua fama por sua distinta cultura, depois de visitar Viena, enquanto se dispunha a voltar para reassumir seu cargo, que foi assassinado nesta cidade por um estrangeiro traidor, no dia 8 de junho de 1768, à idade de cinquenta anos, cinco meses e trinta dias.

Os triestinos mandaram construir este monumento por subscrição pública no ano de 1832 em homenagem ao insigne intérprete da Antiguidade.

O monumento me parece tão triste quanto a história de sua construção. Um prócer da cidade, Domenico Rossetti, insistiu que esta devia prestar homenagem ao sábio alemão, e propôs que se erguesse um monumento funerário no interior da catedral. Mas sua petição foi negada. A seguir, ele realizou um projeto de monumento para que fosse erigido no cemitério principal, que também foi rejeitado. No fim, o escultor Antonio Bosa, supervisionado por Antonio Canova, realizou a obra atual que podemos contemplar no Orto Lapidario. O recinto é frio e exsuda solidão, acentuada por um grupo de cabeças de estátuas e dois baixos-relevos voltados para o monumento funerário. O busto do próprio Rossetti ergue-se à esquerda do cenotáfio. Nenhum desses restos antigos teria provocado um êxtase em Winckelmann. Eu me pergunto aonde teria ido aquela pequena cabeça de fauno que tanto entusiasmo lhe provocara. No fim, ele conseguiu tê-la, e passou a fazer parte de suas escassas posses. Quem a teria herdado? Acaso a vendeu? Eu me pergunto também que fim teria levado aquela pintura mural falsificada por Mengs, agora duplamente valiosa, por ser obra de um grande pintor e por ter servido para armar uma cilada ao erudito em antiguidades. O ardor e a paixão demonstrados em vida por Winckelmann se chocam com a marmórea frieza desse recinto. Acho que teria sido mais adequado dedicar-lhe uma estátua em frente à linda baía de Trieste. Pelo menos um monumento com vista. É o que merecia um homem a quem devemos admirar não só por sua própria obra, mas também pelo rastro que deixou atrás de si.

O clérigo de origem humilde que percorria Roma incansavelmente em busca da beleza nunca poderia imaginar a comoção que causaria, e muito menos a quantidade de autores a quem inspiraria. De fato, sem a influência de Winckelmann, grande parte da melhor literatura e poesia alemãs não teria sido escrita. Sua sombra paira sobre Goethe, Hölderlin, Lessing, Herder, Schiller, Heine, Nietzsche, Stefan George e Rilke, para citar só os alemães. Também está por trás das odes de Keats, e, sem sua influência, Shelley nunca teria proclamado "Somos todos gregos". Seu pensamento também marcou historiadores, filósofos, arqueólogos, pintores, escultores, arquitetos e sonhadores incorrigíveis, como Schliemann, o descobridor de Troia. Em outra ordem mais sutil das coisas, ao reviver o interesse pela antiga Grécia, Winckelmann não só estabeleceu um cânone estético, como também ofereceu um contexto histórico e filosófico que justificava e louvava o amor entre homens. Ele foi uma vítima de sua época, e, como tal, teve que levar uma vida dupla: idolatrar a beleza e praticar a feiura; o *Apolo de Belvedere* e os mictórios públicos; efebos de mármore e prostitutos de rua; idolatrar jovens alemães inacessíveis e morrer nas mãos de um tosco cozinheiro italiano marcado pela varíola.

Goethe, que adorava Winckelmann, anos depois da morte deste escreveu que, por ter morrido relativamente cedo, havia-se poupado das penas da velhice e da tristeza de ver dispersadas as coleções de arte que ele ajudara a criar e que tanto amara. Pobre consolo! Especialmente dito por alguém que chegou prazerosamente a octogenário e ainda teve tempo, em seus últimos anos, de perder a cabeça por uma mocinha. Ao contrário, se dermos ouvidos ao finado, na realidade ele morreu aos doze anos, os que passou em Roma, feliz. Winckelmann teria gostado de saber que Marco Pláucio Silvano, cônsul de Augusto e vencedor dos ilírios, ordenou que pusessem em seu túmulo que havia vivido apenas nove anos – os que passara em sua vila em Tívoli.

Ao concluir sua turnê pela Grécia, em 1773, Riedesel escreveu um livro que foi publicado em Amsterdã e Stuttgart com o título *Remarques d'un voyageur moderne au Levant* [Notas de um viajante moderno ao Levante]. Em suas observações, aprecia-se a presença fantasmal de Winckelmann, mas sem sua paixão nem sua capacidade de percepção. Depois da Grécia, Riedesel prosseguiu com suas "viagens de instrução" pelo Egito, Espanha, Portugal, Inglaterra e Escócia, até que foi nomeado embaixador em Viena por Frederico, o Grande, cidade onde desenvolveu uma grande carreira diplomática.

Os sinos de San Giusto começaram a repicar. É tarde. O Orto Lapidario continua completamente deserto. Não entrou ninguém desde minha chegada. Não é de se estranhar, posto que estamos no inverno e começou a chover com vontade. Também não acho que seja o lugar mais popular de Trieste. Meu celular toca. Uns amigos me chamam. Vamos encontrar-nos no Caffé di San Marco. Sei que tenho que me despedir de Winckelmann, porque, no café, toda a atenção será monopolizada pelos escritores famosos que o frequentavam no início do século xx: Joyce, Svevo, Saba. Despeço-me também de San Giusto e de seus pretendentes carlistas. Tenho uma lembrança para Joyce, que esteve nessa igreja no casamento de sua irmã Eileen, e que não se interessava nem um pouco por monumentos e ruínas. Na verdade, detestava-os. Sobre Roma, chegou a dizer que era a cidade mais idiota em que vivera, e tudo porque lhe haviam roubado a carteira. A Winckelmann, como despedida, dedico umas linhas que outro grande poeta, Rainer Maria Rilke, convidado dessa princesa de nome retumbante, Marie von Thurn und Taxis-Hohenlohe, escreveu em Trieste: "O belo não é mais que o começo do terrível". Acaso ele teria gostado das *Elegias de Duino*? Enquanto me afasto na chuva, a lembrança desse tristíssimo anjo que coroa o cenotáfio com a cabeça caída, as asas fechadas e uma tocha apagada a seu lado, oprime meu coração. Quão mais apropriado teria sido um fauno, ou um sileno sorridente e malicioso!

WILHELM VON GLOEDEN, FOTÓGRAFO DA ARCÁDIA

Wilhelm von Gloeden

"Et in Arcadia ego..."

> *Estrangeiro! Neste país de lindos cavalos,*
> *alcançaste a melhor morada da Terra.*
>
> *Sófocles*, **Édipo em Colono**

A misteriosa sentença, por estar inacabada e se desconhecer sua origem, "Et in Arcadia ego", é um *memento mori*, uma advertência sobre a fugacidade da vida. Segundo se tem notícia, apareceu pela primeira vez em um quadro de Guercino, em 1623.

A pintura representa o momento em que dois pastores descobrem um túmulo meio escondido no mato em uma paisagem idílica. Sobre a destruída laje que a cobre, ergue-se uma caveira, junto à qual se encontra um ratinho silvestre, e nela se pode ler a citada frase. Uns quinze anos depois, Nicolas Poussin realizou mais duas pinturas sobre o mesmo tema, nas quais três pastores, acompanhados de uma mulher com vestimentas clássicas, observam com curiosidade essa mesma inscrição em túmulos situados também em um cenário bucólico. A frase tem duas interpretações: "Eu, a Morte, também existo na Arcádia", ou a pessoa que agora jaz no túmulo desfrutou, em outros tempos, dos efêmeros prazeres da vida.

Com um ânimo certamente menos fúnebre, Goethe escreveu "Eu também estive na Arcádia", em referência a sua estadia de um ano e meio na Itália. Sobre Roma, disse que era a única cidade do mundo onde um artista poderia viver, e o único lugar onde não havia sofrido nenhum dos males que o atormentavam no Norte. Só em Roma era possível ser incondicionalmente feliz, embora, como um bom teutão, também escreveu que nunca deixou de ter uma sensação estranha em companhia de gente que vivia só para o prazer. Assim como Paris se tornou destino de intelectuais e artistas no período entreguerras do século XX, durante os séculos XVIII e XIX, Roma chegou a ser o local de peregrinação de todo aquele que desejasse ser alguém no mundo da arte.

A comunidade de artistas levava em Roma uma vida boêmia, descrita por Thackeray como "uma jovial colônia de indivíduos com chapéus de aba larga, longas barbas e jaquetas de veludo". Durante o dia, ocupavam-se em estúdios situados nas vielas que ficavam entre a Via del Corso e a Piazza di Spagna. À noite, encontravam-se no Caffé Greco, onde discutiam arte em um ambiente cheio de fumaça e absinto. Até a difusão da fotografia, os artistas com menos recursos podiam ganhar bem a vida vendendo, aos turistas, cópias dos antigos mestres e reproduções dos monumentos mais famosos. Em *Imagens da Itália*, Dickens imortalizou os modelos que procuravam trabalho na famosa escadaria espanhola enquanto adotavam poses, à espera de ser contratados. O espetáculo chegou a ser uma das visitas obrigatórias em Roma, até que, em 1860, foi proibido, tendo sido incluído em uma campanha papal contra a prostituição e a desordem pública.

Viagem à Itália, de Goethe, foi publicado em 1816, em plena Revolução Industrial, quando a paisagem e a sociedade da Europa do Norte estavam passando por mudanças profundas. À medida que a industrialização avançava, as almas sensíveis e de temperamento poético voltavam-se para o Sul em busca da Arcádia perdida. Os viajantes que voltavam dos países mediterrâneos, especialmente da Itália, falavam da existência de lugares idílicos, de campinas banhadas pelo sol e salpicadas de ruínas clássicas, em meio às quais ainda habitava gente simples que continuava vivendo segundo os ciclos da natureza. Os mais sonhadores julgavam reconhecer nas paisagens montanhosas italianas as tenebrosas pinturas de Salvatore Rosa. Também se viajava para o Sul por outros motivos, alguns mais conscientes, e outros menos confessáveis. Em um século – o XIX – obcecado pela "respeitabilidade", o ato de viajar tinha que ser justificado, especialmente se o destino fosse um país do Sul, como a Itália, dada a crença generalizada de que a moral se deteriorava à medida que o clima melhorava.

Em 1878, um jovem alemão de 22 anos de nome Wilhelm von Gloeden partiu rumo à Itália. No século XIX, os médicos receitavam o Mediterrâneo, de modo que pulmões delicados e uma firme vocação artística foram os motivos que justificaram sua viagem. Wilhelm havia nascido em 1857, no castelo de Volkshagen, perto da cidade báltica de Wismar, um industrioso enclave onde a principal distração dominical consistia em frequentar os ofícios da igreja e ler a Bíblia em família. Seu pai, que havia alcançado um posto destacado no ducado de Mecklemburg-Schwering, morreu quando Wilhelm era muito pequeno ainda, legando-lhe o título de barão. Sua mãe, que já tinha uma filha – Sofia – de um casamento anterior com um pastor de sobrenome Raab, tornou a se casar com o rico aristocrata Wilhelm Joachim von Hammerstein, com quem teve mais duas filhas. Wilhelm viveu uma infância feliz e abastada, cercado por suas meias-irmãs. Estudou história da arte na universidade de Rostock, e, mais tarde, matriculou-se na Escola de Artes e Ofícios de Weimar, germe da futura Bauhaus. Teve que abandonar os estudos por problemas de saúde. Recebeu um diagnóstico de tuberculose e foi mandado a um sanatório, onde lhe sugeriram que se mudasse para um clima mais quente. Com uma generosa mesada de seu padrasto, o jovem Gloeden abandonou a Alemanha com o coração leve e um exemplar de *Viagem à Itália* no bolso. Visitou Toscana, Veneza, Florença, Nápoles e Capri e passou um tempo em Roma. Nenhum desses lugares o atraiu o suficiente para ficar. Talvez houvesse neles atrativos demais, portanto, distrações demais. O que ele buscava era um lugar longe dos circuitos turísticos, onde se recluir para iniciar sua carreira de pintor.

Goethe havia escrito que "sem a Sicília não se pode compreender a Itália. Aqui se encontra a chave de tudo". Wilhelm dirigiu seus passos para lá e visitou Palermo, Segesta, Agrigento e Siracusa. Um amigo da família, o pintor Otto Geleng, havia-lhe falado de Taormina, uma pequena localidade no mar Jônico que Goethe havia posto no mapa, quando, sentado na arquibancada de seu teatro grego, afirmara que jamais público algum havia desfrutado de melhor panorama.

A Taormina a que Gloeden chegou em 1878, oito anos depois da unificação da Itália, era um povoado de caráter quase feudal e fortes contrastes. Os palácios de uma aristocracia absentista, enriquecida com o comércio do enxofre (para cuja extração se empregava mão de obra infantil) e de nomes sonoros, como duques de San Stefano, príncipes de Cerami ou duques de Bronte, conviviam com as humildes casas dos trabalhadores que ganhavam a vida como arrendatários, pescadores ou arrieiros. Havia frequentes surtos de malária, e o analfabetismo era abundante. Os poucos viajantes que paravam algumas horas para contemplar as ruínas do teatro seguiam viagem diante da ausência de alojamentos decentes.

Taormina se situa em um promontório suspenso sobre baías, enseadas, colinas e montanhas, dentre as quais se destaca o majestoso vulcão Etna, sempre ativo. Naquela época, o povoado era composto de pouco mais de uma rua principal, rematada nas duas pontas por portões fortificados, um que se abria para a baía de Giardini-Naxos, o Etna e a Catânia, e outro para a baía de Letojanni, Messina e os montes Peloritanos. A vegetação era exuberante, com bosques dc oliveiras que chegavam até o mar, pinheiros-mansos, ciprestes, amendoeiras, alfarrobeiras, figueiras-da-índia, agaves e buganvílias.

Gloeden se apaixonou por Taormina. Alugou uma pequena vila na rua que leva ao teatro grego, e, apesar do desconforto e da falta de tudo aquilo a que um jovem de boa família estava acostumado, sua saúde se restabeleceu por completo pouco depois de chegar. Nada o teria impedido de começar sua carreira de pintor se uma arte incipiente não se houvesse interposto em seu caminho. Seu primo, Wilhelm Plüschow, da mesma idade, havia aberto, com grande sucesso, um estúdio fotográfico em Nápoles, e ganhava a vida vendendo nus. Também fazia fotografias por encomenda, como as que fez de Nino Cesarini, o jovem amante do barão Jacques d'Adelswärd Fersen na vila que este tinha em Capri. Naquela época, a fotografia era utilizada pelos pintores como meio auxiliar para seus motivos pictóricos. Gloeden deve ter pensado que não perderia nada aprendendo a técnica, mas, pouco a pouco, os utensílios de pintura foram sendo relegados, para dar lugar a um estúdio de fotografia que se tornaria um dos mais famosos da Europa.

Dado os aparatosos equipamentos da época, a fotografia de estúdio era a mais praticada, mas Gloeden adorava fotografias de exteriores, com o poderoso sol mediterrâneo como única fonte de iluminação. Há uma gravura que representa um fotógrafo de meados do século XIX que faz lembrar um xerpa do Himalaia, carregando uma espécie de laboratório portátil que incluía, além da câmera, o tripé, uma barraca a modo de quarto escuro ambulante, um banquinho e produtos químicos. Felizmente para Gloeden, a técnica foi-se simplificando, e, com ela, o equipamento que precisava transportar. Mas isso não evitava que suas expedições fotográficas fossem laboriosas e requeressem um ajudante. Foi assim que Pancrazio Buciunì, apelidado de "Il Moro", devido a sua pele escura, entrou em sua vida. Tinha quinze anos e ficou sua vida inteira com Gloeden atuando como factótum e modelo ocasional.

"Na Sicília, renovou-se meu entusiasmo pelos estudos da vida dos antigos e por autores como Teócrito e Homero", escreveu Gloeden em um dos poucos textos que deixou, sempre relacionados à fotografia. O poeta Teócrito, nascido em Siracusa por volta do ano 300 a.C., foi o iniciador desse poderoso ideal poético que perdura até nossos dias: o mito da Arcádia. Ele idealizou em seus chamados "idílios" os rústicos pastores sicilianos, a quem retratava como dedicados a torneios poéticos no meio de uma natureza feral e arborizada, uma paisagem ainda afastada do brutal desmatamento que a Sicília sofreria na época romana. O único vestígio que resta hoje dessa Sicília verde e ensombrada, percorrida pelos rumorosos riachos que Teócrito descreve, temos que buscar nos montes Nebrodi, situados ao nordeste da ilha e onde se encontra o faial mais meridional da Europa. O poeta latino Virgílio utilizou esses mesmos pastores e seus amores para compor suas Écoglas ou *Bucólicas*, e os situou na Arcádia, lugar idílico e de eterna primavera, onde os habitantes dedicavam todo seu tempo ao ócio e ao amor. Mas a Arcádia da Antiguidade era uma região agreste e montanhosa da Grécia, abundante em lobos, onde seus habitantes levavam uma vida isolada e precária. Havia um famoso templo dedicado a Apolo Lício, ou Lykeion, ou seja, Apolo dos Lobos. Segundo a tradição, os adolescentes eram abandonados a sua sorte nesse lugar para que sobrevivessem à natureza e às feras como rito de passagem obrigatório para se tornarem adultos. Daí vem nossa palavra "liceu".

Gloeden encontrou em Taormina um paraíso sob medida. Ele era rico, e dispunha de todo o tempo do mundo para recriar sua Arcádia particular: um mundo fechado, atemporal, onde só havia lugar para a beleza masculina, encarnada no corpo nu dos rapazes de lá. Pescadores, arrieiros ou aprendizes de sapateiro eram transformados pela câmera de Gloeden em pastores, faunos ou heróis homéricos em troca de remuneração. Em 1893, ele ganhou sua primeira medalha de ouro na Exposição Internacional da Photographic Society of London, com imagens com títulos como *O beijo do sol*, *Sesta grega*, ou outros intermináveis como *Fotografia artística que evoca ambientes arcádicos da antiga Grécia: um adolescente nu posa de perfil, sentado diante de uma gruta. Às suas costas aparece retratado um rapaz vestido de pastor, com o busto voltado para seu companheiro.*

Estúdio W. V. Gloeden "*entrée libre*"

A biografia romantizada que Roger Peyrefitte escreveu sobre Gloeden em 1949, com o nome de *As amizades particulares*, contribuiu para recuperar a imagem e a obra de um personagem que havia caído no esquecimento. Homossexual como Gloeden, Peyrefitte se estabeleceu em Taormina por um tempo para coletar informações sobre o barão fotógrafo entre as pessoas que o haviam conhecido ou trabalhado para ele. O barão Karl von Stempel foi o principal fornecedor de informações, em quem o autor francês se baseou para reconstruir a Taormina *gay* de início do século XIX e para romantizar uma vida marcada pelo prazer, o culto à beleza e o sucesso. Não há dúvida de que os primeiros tempos de Gloeden em Taormina foram muito prazerosos. Ele comprou uma vila em frente ao convento de San Domenico. Era um edifício simples, de um andar só, caiado de branco e com um grande jardim. Ali conviviam parreiras, glicínias, palmeiras, passifloras, plumbagos, limoeiros e laranjeiras plantados em vasilhas de barro de todos os tamanhos; azinheiras, colunas, ânforas, frisos de cores desbotadas que imitavam as sanefas gregas, uma pérgula e, como pano de fundo, o sempre fumegante Etna. Os bancos de pedra colocados em cantos ensombrados e os arcos cobertos de guirlandas de flores contribuíam para a recriação luxuriante e silvestre de seu mundo clássico particular. Nessa Arcádia de *atrezzo* moravam seus adolescentes tardios, nus ou de toga; com flores no cabelo ou na boca; triunfantes e despreocupados em sua juventude, dedicados à indolência meridional, a viver o momento presente em um eterno *dolce far niente*. Rapazes deitados, relaxados, que mal sorriem, de corpo exposto ao sol em jardins, montanhas ou junto ao mar, habitantes de um mundo que nega a laboriosidade nórdica, mas que, depois da sessão fotográfica, voltavam a seus extenuantes trabalhos físicos. Falsos pastores bucólicos de aspecto desleixado, às vezes com o ventre volumoso devido à má alimentação, de mãos e pés grandes e toscos e pele curtida pela intempérie. Contudo, terrivelmente belos em sua exultante nudez e juventude. Nessa absurda contradição se encontra justamente a fascinação que continuam provocando imagens que convidam a uma dupla leitura: ao passo que insinuam um passado distante, também implicam os prazeres eróticos oferecidos em Taormina.

As fotografias de Gloeden tiveram sucesso imediato. Ele logo passou a ser um personagem conhecido e a receber visitas de compradores ou de gente que queria conhecê-lo.

"Não se sabe o que mais admirar nele: a gentileza ou a cordialidade, a desenvoltura ou a modéstia que o fazem ser aristocraticamente cortês", escreveu uma dama russa de passagem por Taormina, depois de comparecer a um jantar na casa de Gloeden, cujo prato forte foi oferecer às visitas uma dança de tarantela em seu jardim, iluminado com lanterninhas de papel para a ocasião. Outros visitantes falavam de noites musicais, nas quais se cantavam *lieder* ou recitavam versos de Goethe, em um ambiente eminentemente artístico. Peyrefitte deixou outra versão, não menos esclarecedora, das noites de Gloeden. O barão fotógrafo havia travado uma boa amizade com dom Giuseppe Intelisano, pároco de uma cidadezinha próxima, Castelmola, e com dom Manuele, pároco de Letojanni. Sempre segundo Peyrefitte, o primeiro se vangloriava de ter dezoito filhos, e o segundo, mais modesto, quatro ou cinco. A natureza era pródiga em Taormina.

Os dois padres tinham casa no sopé do monte Ziretto, que domina a cidade. A de dom Giuseppe, maior e mais luxuosa que a de dom Manuele, era conhecida como a "Casa Vermelha", por ser pintada de vermelho Pompeia. Ali se reuniam para almoçar ou jantar os bons párocos com suas mancebas, acompanhados às vezes de Gloeden e um dos seus modelos. Ao cair da tarde, após a discreta partida da facção religiosa, Gloeden ocupava a vila e se entregava, com seus companheiros, diz Peyrefitte, a "atividades embriagadoras". Um popular barítono alemão de nome Ludwig

Wüllner, invejoso da felicidade alheia, construiu outra vila não longe da Casa Vermelha, e, de modo não muito criativo, chamou-a de "Casa Branca". "Nas noites passadas na Casa Branca" – diz Peyrefitte que Gloeden disse –, "vivi noites felizes, quando conheci todas as voluptuosidades".

Sobreviveram duas fotografias de Gloeden com o pároco dom Giuseppe Intelisano. Em uma delas, ambos posam em uma rua de Taormina. O padre aparece de batina e chapéu saturno, e Gloeden está de terno e bengala. Devia parecer um dândi andando pelas empoeiradas ruas sicilianas. Embora sua aparência física possa ser descrita com facilidade definindo-o como uma pessoa alta, esbelta e de porte elegante, seu rosto se mostra mais escorregadio, devido, talvez, a seu gosto por fantasias. Apesar de terem chegado ao nosso tempo mais de uma dúzia de autorretratos dele, é difícil guardar suas feições depois de contemplá-los. Em um, ele aparece como o Nazareno, de cabelo louro comprido e cacheado, barba dividida ao meio, mãos juntas, como se estivesse guardando algo muito valioso. Em outros dois, como um nobre árabe, barba e bigode bem cuidados, túnica bordada e turbante botticelliano; e, em outro, como bandoleiro siciliano, com olhar ameaçador e trabuco ao ombro. Também há um autorretrato dele fumando, com jeito de artista boêmio, mas com um toque aristocrático, cachecol e boina de lado. Há o retrato oficial, feito em 1891, aos 35 anos. Nele vemos um homem jovem e de boa aparência, com um elegante casaco escuro, camisa branca e laço, barba e bigode muito bem cuidados, sentado de lado, com as mãos entrelaçadas e olhando para a câmera com segurança. Foi a época em que ele recebeu sua primeira medalha de ouro na Grã-Bretanha, e foi premiado, ainda, em exposições em Milão, Cairo e Budapeste, além de ser aceito como membro de várias sociedades artísticas. Foi também a época em que aconteceu o primeiro infortúnio sério em sua vida.

Em 1895, seu padrasto, o barão Hammerstein, viu-se envolvido em um escândalo financeiro. As autoridades confiscaram todos seus bens, e, com isso, desapareceu para sempre a generosa mesada de que Wilhelm desfrutava. De *hobby*, a fotografia passou a ser uma profissão para ganhar a vida, e Gloeden começou a comercializar suas fotografias em forma de cartões-postais.

Na Alemanha e na Suíça haviam começado a surgir revistas que pregavam as virtudes do nudismo e da vida ao ar livre. Gloeden mandou uma fotografia a uma delas, na qual se via um grupo de crianças e jovens nadando e brincando na praia. O correio voltou com um pedido de mil cópias e uma pergunta: acaso ele teria mais negativos desse tipo? As revistas homossexuais alemãs, como *Die Schanheit*, *Der Eigene* e *Die Freundshaft* também começaram a publicar com regularidade fotografias de Gloeden como representação do ideal de beleza masculina. Para os iniciados, o homoerotismo de sua obra transmitia uma mensagem com implicações estéticas e políticas. As revistas ilustradas acolhiam com fervor suas fotografias, e começaram a chover pedidos. Taormina estava começando a ser conhecida no mundo por meio de imagens de "dançarinos de tarantela", "meninos mendigos", "aguadores", "pescadores", "cocheiros em charretes pintadas", e especialmente por seus nus. Ele recuperou a estabilidade econômica, e, com ela, surgiu uma nova mudança importante na vida de Gloeden. Sua meia-irmã Sofia Raab foi morar com ele em Taormina, impondo uma nota de respeitabilidade à vila. A unidade familiar passou a ser composta por Wilhelm, Sofia, "o Mouro", dois cães e um monte de pássaros exóticos que ocupavam grandes viveiros no jardim. Na entrada da casa, um novo rótulo: ESTÚDIO W. V. Gloeden – ENTRÉE LIBRE.

O sucesso de Gloeden foi paralelo à ascensão de Taormina como sofisticado centro de férias para as pessoas abastadas do *fin de siècle.* Foram inaugurados hotéis de luxo, como o Timeo, perto do teatro grego, ou o San Domenico, aberto pelo príncipe Cerami e onde se sucediam as festas de gala. Foi construído um porto esportivo, onde atracavam assiduamente iates de luxo, como o Hohenzollern, do cáiser Guilherme II, ou o Varion, do multimilionário Vanderbilt. Foi construído o funicular, que ainda hoje une a estação ferroviária ao centro urbano. A nobreza construiu vilas nos arredores. A infraestrutura da cidade melhorou, e, enquanto os sicilianos emigravam para a América, os taormineses ofereciam aos *stirrati* – "gente sem terra", "nômades" – o trabalho que não estavam mais dispostos a fazer.

Tão seguros estavam de si mesmos que em um édito municipal de 1899, que reelegia um prefeito muito respeitado, podia-se ler: "Se nos tempos clássicos duas cidades foram grandes, Atenas sob Pendes e Roma com Augusto, Taormina é grande sob Salvatore Cacciola, que a elevou a uma altura moral como nunca teve, embelezando-a também com obras úteis". Em janeiro de 1903, entrou em funcionamento o trem de luxo Berlim-Taormina-Palermo. Representou a consagração da importância que tinham a capital da Sicília e a transgressora Taormina entre as classes altas da Europa. Os teatros Massimo, de Palermo, e Bellini, da Catânia, disputavam as melhores cantoras do momento, de nomes enjoados como Mary Fleur, Ivonne De Fleuriel, Olimpia d'Avigny, Nini Bijou, e a então considerada mulher mais bonita do mundo, a soprano Lina Cavalieri.

Ilustres visitantes começaram a frequentar assiduamente Taormina. Depois de ver o teatro grego, passavam pelo estúdio de Gloeden para adquirir suas "ilustrações de Teócrito e Homero", como ele chamava suas fotografias. O livro de visitas de Gloeden continha as assinaturas de Oscar Wilde e seu amante, lorde Alfred Douglas, Anatole France, Rudyard Kipling, Gabriele d'Annunzio,

Eleonora Duse, Richard Strauss, o rei do Sião, o rei Eduardo VII da Grã-Bretanha e o rei Alfonso XIII da Espanha, bem como de banqueiros e magnatas como Morgan, Krupp, Vanderbilt e Rothschild. Em 1910, a revista italiana *Varietas* publicou a seguinte matéria:

> Foi concedida a medalha de ouro, pelo Ministério de Instrução Pública, a Wilhelm von Gloeden, cujas maravilhosas fotografias artísticas foram entregues em um álbum a sua majestade Vítor Emanuel III, que ficou muito contente com o presente e elogiou a técnica do artista.

Em 1911, a prefeitura de Taormina condecorou Gloeden com uma medalha, em reconhecimento a sua valiosa colaboração para que a cidade se transformasse em um dos *resorts* da moda na Europa. De fato, Taormina chegou a ser, junto com Capri, um dos destinos prediletos dos homossexuais ricos em busca de amizades socráticas, atraídos pela lendária beleza dos homens italianos. O poeta August von Platen, levado pelo entusiasmo, havia exaltado os italianos em seus escritos, acrescentando que era possível viajar um ano inteiro pela Alemanha sem ver tantos rostos atraentes como em uma única tarde na Itália. Goethe se permitiu admirar os torsos nus dos gondoleiros venezianos e ficou impressionado com a naturalidade das amizades homossexuais em Roma. Há uma gravura satírica de fins do século XIX que representa um turista, de idade avançada e carnes fartas, negociando com um rapaz o preço de uma visita guiada à Gruta Azul de Capri. Nessa mesma época, Graham Bell e sua mulher visitaram o estúdio de Gloeden. Compraram vários negativos, que, ao voltar aos Estados Unidos, doaram à *National Geographic*. A prestigiosa revista contribuiu para a difusão da obra de Gloeden nos Estados Unidos ao publicar, em outubro de 1916, uma extensa matéria intitulada "Italy, the Gifted Mother of Civilization", que continha mais de oitenta ilustrações, entre as quais se encontravam suas fotografias.

A Primeira Guerra Mundial pôs fim à *belle époque* e interrompeu temporariamente a prazerosa existência de Gloeden. Terminado o conflito bélico, ele voltou à Sicília para retomar a vida, mas o mundo arcádico que havia recriado em suas fotografias havia mudado para sempre. Um bom número de seus *ragazzi* haviam perecido, vítimas da guerra.

Gloeden deu continuidade a sua carreira fotográfica. Os modelos iam-se sucedendo à medida que cresciam, e, embora o negócio continuasse prosperando durante um tempo, o estilo amaneirado e acadêmico de Gloeden, com suas guirlandas, turbantes, sandálias de tiras, ânforas e flautas de Pã, foi saindo de moda e entrando em um lento declive. Em 1930, urgido por uma angustiante escassez de dinheiro, Gloeden cedeu sua vila ao taorminês Salvatore Bambara, em troca de uma renda vitalícia de duas mil liras anuais. Ele não pôde aproveitar muito a tranquilidade financeira. Morreu em 16 de fevereiro de 1931. Sua irmã Sofia morrera poucos meses antes. Ambos estão enterrados no cemitério de Taormina, no setor destinado aos não católicos. Gloeden legou a Pancrazio Bucuinì todos seus negativos e sua câmera – que na época já era uma peça de museu –, bem como os pássaros. Dois anos depois da morte de Gloeden, em 1933, a polícia italiana recebeu uma denúncia anônima de que Buciunì possuía pornografia. Em 1936, a denúncia se repetiu, e ele foi preso. O assunto foi-se arrastando, até que, em 1942, celebrou-se o julgamento em Messina. Uma vez mais, Buciunì demonstrou que sabia virar-se perante os juízes. Armado com as medalhas, menções, revistas e artigos relacionados a Gloeden, e reforçado por críticos de arte e acadêmicos, conseguiu convencer o tribunal de que este não estava capacitado para julgar a arte do barão fotógrafo. Buciunì saiu vencedor e foi declarado inocente; mas, no caminho, ficaram destruídos mais de quatro mil negativos de vidro dos sete mil que havia herdado.

A perversa inocência do barão von Gloeden

Em 1999, uma exposição de fotografias de Gloeden na Martin Browne Fine Art Gallery, em Sidney, foi visitada pela polícia devido a queixas feitas pelo reverendo Fred Miles, para quem as imagens constituíam um delito de pederastia e pornografia. Apesar de tudo, a exposição não foi fechada. Peyrefitte, entusiasta da vida e obra de Gloeden, como fica refletido em sua biografia romantizada, põe na boca do fotógrafo uma conversa entre ele e um suposto cliente, que lhe pergunta se não teria algo "mais forte" em seu catálogo. "Mas como!" – exclama Gloeden –, "por acaso não tem imaginação?" A seguir, o fotógrafo lhe mostrou a fotografia que para ele era a mais sugestiva: trata-se do busto de um jovem, com a cabeça coroada de jasmins, segurando contra o peito um ramo dessas mesmas flores. "Toda minha intenção está em seu olhar, levemente baixo; mal se distingue, mas se adivinha, e constitui um milagre de inocente perversidade". Em outra ocasião, sempre segundo Peyrefitte, um visitante disse a Gloeden: "O senhor é um homem terrível! Faria corar até os anjos com uma fotografia de um menino na primeira comunhão". E o barão respondeu: "Nunca me fizeram um elogio que mais me agradasse. Meu empenho consiste, efetivamente, em sugerir, e considero esse o fim de toda arte".

Jovem siciliano com a cabeça rodeada por uma coroa de flores, por Wilhelm von Gloden.

Os nus de Gloeden não ofendiam o numeroso público que adquiria suas fotografias em forma de postais, ou que as via publicadas em inúmeras revistas. A sociedade vitoriana, obcecada pelas aparências e que não hesitava em fazer vista grossa diante de fenômenos sociais como a prostituição e o trabalho infantil, fez seus os ideais clássicos de Winckelmann, e considerava a mitologia e os nus helenizantes um pretexto para dar uma alegria aos olhos com a contemplação de corpos jovens e belos de homens e mulheres. Pintores como lorde Frederic Leighton ou Jean-Hyppolitte Flandrin esgrimiam os nomes de Homero, Teócrito, Plutarco e Virgílio como inspiração de pinturas que captavam brilhantemente a nostalgia vitoriana e o anseio da idade de ouro da antiga Grécia e Roma. Em pinturas como Ícaro e Dédalo, *Vênus despindo-se para o banho*, ou *Greek Girls Picking up Pebbles*, Leighton descrevia uma visão idealizada do passado que cativava a sensibilidade da época. Quanto a Flandrin, suas cenas mitológicas apresentavam jovens solitários em entornos tranquilos e serenos, como *Polytes, filho de Príamo, observando os movimentos dos gregos*, ou *Jovem nu sentado à beira-mar*, em que Gloeden se inspirou para sua famosa fotografia *Caim*. *O nascimento de Vênus*, do pintor "*pompier*" Alexandre Cabanel, causou sensação no Salão de Paris de 1863, que passou a ser conhecido como o Salão das Vênus, pela quantidade de deusas nuas ali apresentadas. O quadro foi adquirido por Napoleão III para sua coleção pessoal.

Mas Gloeden também teve detratores. Eles achavam suas fotografias anatômicas demais, apesar do pretexto artístico da mitologia, e as consideravam a realização de sonhos viciosos. Otto Geleng, o pintor que havia descoberto Taormina para Gloeden e que, com o tempo, foi-se transformando em um prócer da cidade, era um católico de moral rígida e pai de família numerosa. Criticou publicamente o estilo de vida homossexual do fotógrafo. Gloeden o processou por difamação e ganhou a causa (31 de julho de 1894). Em fins do século XIX, os escândalos homossexuais frequentemente ganhavam as páginas dos jornais. Um dos mais divulgados, e que indiretamente respingou em Gloeden, foi o do famoso fabricante de armas alemão Friedrich Krupp, considerado o homem mais rico da Alemanha. Casado e pai de duas filhas, Krupp construiu uma vila em Capri, de onde chegou a ser nomeado cidadão de honra em 1900. Ali, ele manteve inúmeras relações com garotos e homens, e foi muito unido a Adolfo Schiano, um barbeiro e músico amador. Enquanto as aventuras afetivas de Krupp eram toleradas em Capri, seus inimigos na Alemanha começaram a maquinar contra ele. O detonador de sua queda foi uma matéria satírica que insinuava sua vida "imoral" em Capri e que saiu na imprensa de Nápoles com o título de "Il Capitone" (termo comum para "enguia", mas com conotações fálicas no jargão local). Um jornal socialista alemão publicou uma matéria intitulada "Krupp em Capri", acusando-o de corrupção de menores e de reviver a figura de Tibério em orgias fantásticas. Uma das provas apresentadas contra ele foram as fotografias dos rapazes nus de Gloeden. Krupp processou o jornal por difamação, enquanto o governo italiano o proibia de voltar ao país. Krupp se suicidou na Alemanha, e o cáiser foi a seu funeral acompanhando a viúva e suas filhas.

A homofobia também se fez sentir na imprensa siciliana da época. Em maio de 1908, o jornalista Humberto Bianchi publicou no *Corriere di Catania* uma matéria incendiária contra os homossexuais alemães na Itália, intitulada "Erva daninha nunca morre: de Capri a Taormina". Na matéria, Bianchi conclamava a extirpar a homossexualidade por meios tão radicais quanto o do incêndio para a bebedeira, e falava de "mercado de carne humana". Bianchi se perguntava:

> Que tipo de cura? Que profilaxia se pode aplicar para essa doença moderníssima, que, nascida na Alemanha [*sic*], se agiganta à sombra do escudo imperial, e se quer implantar e aumentar suas sucursais em nosso país?

Bianchi citava Krupp e Eulenburg, mencionava as "investigações artísticas" que aconteciam na Gruta Azul de Capri e, por fim, entrava em Taormina para lançar sua artilharia contra Gloeden. E prosseguia:

> Mas há mais. Há as excitantes fotografias de Gloeden, que continuam sendo mostradas nas vitrines, disfarçadas, entende-se, de estudos do natural, de poses clássicas ins-

> piradas em Fídias. Quem diria, Praxíteles, que sua pura escola serviria, um dia, de disfarce helênico para a religião de Sodoma?

Dessa vez, Gloeden não respondeu aos ataques. Foram os próprios sicilianos que receberam a matéria de Bianchi com revolta e atacaram o jornalista, por sua vez, por ter levantado temas sobre os quais não se devia falar. Na Itália do século XIX e início do XX, existia um "pacto social" entre o Estado italiano e os homossexuais. Em troca de lhes oferecer uma relativa impunidade, o Estado exigia que não questionassem a supremacia do modelo de vida heterossexual. A "vida dupla" não só era possível e tolerada, como também socialmente fomentada. As aventuras homoeróticas entre jovens eram toleradas porque desapareciam com o casamento, e, de quebra, serviam para salvaguardar a honra das mulheres que levavam uma vida vigiada pelos homens da família. Os supostos escândalos de Gloeden teriam sido encobertos pela *omertá* e pela decisão coletiva de não permitir que estourassem escândalos como os que afetaram Oscar Wilde, tão frequentes nos países protestantes. Por outro lado, o primo de Gloeden, Wilhelm Plüschow, não se saiu tão bem. Acusado em Nápoles de corrupção de menores, foi preso e, mais tarde, obrigado a abandonar a Itália para sempre.

Quem foram os garotos de Taormina que posaram de modelo para o barão? Em uma palestra dada na Sociedade Fotográfica Livre de Berlim, em 1899, Gloeden relatou assim sua relação com seus modelos:

> Eram camponeses, pastores e pescadores. Era preciso muito tempo para fazer que confiassem em mim antes de poder observá-los na natureza, para depois selecioná-los

> e inspirá-los com as lendas de Homero, com a ajuda de meu conhecimento do dialeto siciliano... Muitos se divertiam posando, e não viam a hora de contemplar os resultados.

Gloeden afirmou, certa vez, que queria fotografar "estátuas", e, em uma ocasião, levou vários modelos seus ao Museu Arqueológico de Nápoles para que admirassem as esculturas da época clássica: "Nem sempre foi fácil" – dizia – "fazer meus modelos compreenderem minhas intenções (eram peões e gente do povo), e convencê-los a adotar uma expressão mais parecida possível àquilo que eu pretendia obter".

Em 1979, durante umas escavações na ilha de Mozia, em frente a Marsala, Sicília, encontrou-se uma estátua, hoje conhecida como *Il Giovinetto di Mozia*. Trata-se de uma monumental obra de mármore branco de 1,90 m de altura que representa um jovem nu, na flor da vida, coberto por uma túnica transparente, a mão direita apoiada no quadril e o cabelo adornado por uma fita. Gloeden teria ficado entusiasmado com a descoberta, e, sem dúvida, teria sorrido diante da semelhança da pose de alguma fotografia sua (com túnica transparente e tudo) com a da estátua.

Nem os pais nem os próprios modelos jamais expressaram uma queixa contra Gloeden, mas seus descendentes tentaram fazer que Taormina esquecesse a figura do barão. Em 1951, Jean Cocteau escreveu em seu diário:

> Taormina tenta sobreviver a sua antiga fama, mas não consegue. Contei a Somerset Maugham a história de um pescador quarentão furioso contra uma loja do centro porque exibe fotografias de seu avô completamente nu, com uma coroa de rosas na cabeça. A Taormina de estilo

taitiano já não existe. É algo que desagrada à nova geração, que olha de soslaio para os turistas achando que só pensam em lhes fazer propostas.

***

Na Taormina do século XXI, só restam pegadas de Gloeden. Paralelamente ao crescimento de sua fama e ao reconhecimento de sua arte – foi objeto de muitas exposições no mundo, especialmente na Itália e recentemente em Nova York –, a cidade que Gloeden amou lhe deu as costas. Já não resta nada daquele turismo aristocrático nem da "teia de aranha", como chamavam os homossexuais que iam, especialmente no inverno, a Taormina. Agora, em uma manhã qualquer de verão, é quase impossível abrir caminho pela Corso Umberto, a artéria principal, literalmente tomada pelos visitantes. Em uma lojinha no centro, em um cantinho entre cartões-postais e *souvenirs* baratos, descobri umas imagens dos *ragazzi di Gloeden* que o tempo tornou cândidas. De uma viagem anterior a Taormina, eu lembrava que esse mesmo comércio vendia apenas as fotografias de Gloeden em forma de cartões-postais, calendários ou livros de grande formato. A loja pertence ao colecionador local Nino Malambrì, que conseguiu salvar parte do legado de Gloeden; mas o grosso de placas de vidro recuperadas da polícia de Mussolini encontra-se agora no arquivo fotográfico dos irmãos Alinari, em Florença, depois de ter ficado durante decênios debaixo de uma cama de Taormina, em meio à indiferença geral. A senhora Malambrì atende de má vontade aos turistas, mas se anima quando, entre uma venda e outra, eu a interrogo sobre Gloeden. Como se adivinhasse o que lhe quero perguntar, ela me diz: "O barão Gloeden era uma bela pessoa! Todo o mundo o amava em Taormina". Espero enquanto ela vende uns postais, e repete pela enésima vez para um turista distraído que não vende selos, sem se dar o trabalho de explicar onde os poderia adquirir. "Ele nunca foi motivo de escândalo" – prossegue –, "e sempre manteve boas relações com as autoridades civis e religiosas." Ponto. É tudo que ela tem a dizer.

Dali me dirigi à Piazza San Domenico. A casa-estúdio de Gloeden e seu maravilhoso jardim desapareceram após um bombardeio aliado na Segunda Guerra Mundial. Seu lugar está ocupado, agora, por um feio edifício moderno que abriga a delegacia de polícia. A casa ao lado, que durante um tempo abrigou a discoteca *gay* Perroquet, permanece intacta, tal como aparece nas fotografias antigas. Em frente, encontra-se o elegante hotel San Domenico, cujo claustro, perfeitamente conservado, Gloeden utilizou tantas vezes como cenário fotográfico. Eu entrei e me sentei para esperar um amigo fotógrafo, também de passagem por Taormina, com quem eu havia marcado de tomar um café e falar sobre Gloeden. O lugar continuava emanando paz e tranquilidade, e as hordas de turistas que lotavam o não muito distante Corso Umberto pareciam distantes e irreais. Sorri diante da lembrança da fotografia de cinco rapazes nus, assomados ao poço que eu tinha a minha frente. O claustro foi-se enchendo de fantasmas de efebos taormineses brincando de ser gregos. O último dos modelos de Gloeden morreu na década de 1970. "Gloeden era um pervertido", provoca meu amigo sem pensar duas vezes. Fico surpresa. "Pense na fotografia do menino enfiando o dedo na boca de um peixe!", acrescenta. Eu comento que não há nada explícito nas fotografias de Gloeden, e lhe pergunto se gosta de Mapplethorpe. "Claro" – responde –, "Mapplethorpe foi um provocador." Ponto.

A conversa que tive um pouco mais tarde com Alessandro, um estudante de arte de Roma que no verão trabalha no hotel onde estou hospedada, foi mais animadora. Alessandro adora Gloeden e não entende por que Taormina não lhe dedicou um museu. Atualmente ele está trabalhando em um documentário sobre o fotógrafo, e falava disso com entusiasmo. A conclusão é que com Gloeden não há meio-termo. Ou se o ama, ou se o odeia. Suas fotografias de nus fizeram que o resto de sua obra caísse no esquecimento, como as geniais *Un frate indovino che predice i numeri del lotto* [Um frade adivinho que prevê os números da loteria] ou *La confessione*, ambas com claras nuances fellinianas. Ele também foi um delicado paisagista da beleza da Sicília, como demonstrou nas fotografias de Segesta, Palermo, do mercado de Catânia e, especialmente, da costa de Taormina, com suas amendoeiras em flor, fontes e ermidas solitárias. Foi um refinado retratista, como se aprecia em *Ritratto di ragazza*, imagem da belíssima Maria Intelisano, sobrinha do pároco e fotografada à la Eleanora Duse adolescente. E um grande repórter, como demonstrou nas fotografias do terremoto de Messina de 1908. A intitulada *Orfanelli di Messina* [Orfãozinhos de Messina] foi escolhida em Londres uma das melhores fotografias do ano de 1909.

"A arte de Gloeden" – escreveu Roland Barthes – "é uma aventura dos sentidos: reproduz um mundo que é ao mesmo tempo autêntico e inverossímil, real e falso, anatômico e sublime." Se as imagens de efebos com guirlandas e sandálias podem parecer agora um tanto *kitsch* e até certo ponto ridículas, suas fotografias de adolescentes tardios nus e sem adornos continuam sendo fascinantes e perturbadoras. Como sempre é o nu humano. Foi nessas imagens que Gloeden conseguiu plasmar o ideal erótico-estético de Winckelmann encarnado no *Apolo de Belvedere*.

O tabu voltou a pesar sobre o nu masculino depois de 1945. O olhar público se dirigiu quase exclusivamente ao corpo da mulher. A arte de Gloeden se tornou um ícone *gay*, e sua figura passou a ser reivindicada como de um pioneiro lutador pelos direitos dos homossexuais. Segundo seu biógrafo Charles Leslie, "Gloeden foi um desses raros homens do século XIX que não quiseram renegar sua natureza mais íntima e se recusaram a aceitar a autoaniquilação para ser admitidos em sociedade".

Valendo-se de camponeses italianos nos quais a revista *National Geographic* ainda apreciou "a graça de pose e a simetria de formas de seus antepassados de dois mil anos atrás", Gloeden recriou, à medida de seus sonhos, uma Grécia que nunca existiu e que celebrava a eterna juventude e a beleza dos efebos. Um paraíso terrestre que representava a pátria perdida dos homossexuais.

AXEL MUNTHE, O EXILADO DE CAPRI

Axel Munthe

> *Dizem-me, e me surpreende, que há gente que nunca viu um duende. Não se pode menos que lamentar por elas. Tenho certeza de que devem ter algum defeito de visão.*
>
> *Axel Munthe,* **O livro de San Michele**

Rumo à terra do verão e do cólera

Em 1930, Axel Munthe, um médico sueco de 73 anos, meio cego, insone e misantropo, tornou-se um dos europeus mais populares do mundo. Fazia anos que seu amigo Henry James lhe havia dado o seguinte conselho: "Não há nada melhor para quem quer esquecer a própria miséria, para quem não consegue dormir, que escrever um livro". Ao longo de dez anos, Munthe escreveu *O livro de San Michele*, do qual foram vendidos mais de trinta milhões de exemplares e que foi traduzido a quarenta idiomas, chegando a alcançar tanta popularidade quanto *E o vento levou* ou *Doutor Jivago*. Dos personagens deste livro que escrevo, Axel Munthe foi o primeiro com quem travei conhecimento. *O livro de San Michele* fazia parte da biblioteca de meus pais, e foi um dos primeiros livros que eu li na adolescência. Minha fascinação foi total e absoluta. Acho que suas descrições de Capri ou do mundo mediterrâneo não me impressionaram muito naquela época. Por outro lado, ficou profundamente gravado em mim seu relato de uma séria conversa mantida com um gnomo durante uma viagem a pé pela Lapônia. Também fiquei fascinada com a artimanha que, durante essa mesma viagem, sua jovem guia lapã lhe contou; segundo ela, para evitar ser devorada por um urso, bastava mostrar ao animal que era mulher erguendo a blusa de pele de rena e baixando a calcinha. O urso se retirava sem causar nenhum mal. O fato de só funcionar com o sexo feminino causou-me uma íntima satisfação.

Axel Munthe nasceu em 1857, em Oskarshamm, Suécia, em uma família de origem flamenga. O pai, Fredrik Munthe, foi um farmacêutico empreendedor e multifacetado, com grandes inclinações musicais que soube transmitir a seus três filhos, Arnold, Axel e Anna. Axel não se destacou como um bom estudante, mas sim por ter uma vontade de ferro e um caráter nada acomodatício.

A história de amor de Axel Munthe com o Mediterrâneo começou em 30 de outubro de 1876, quando, um dia antes de completar 19 anos, ele pegou o expresso de Estocolmo rumo ao sul da França. Ele havia acabado de terminar um curso preparatório que lhe permitiria estudar medicina, mas uma tuberculose incipiente o obrigou a mudar de planos. Desde meados do século XIX, a Riviera italiana e o sul da França haviam-se transformado em um enorme sanatório. Em 1881, Henry James se queixava de que os hotéis de San Remo estavam abarrotados de tuberculosos. Após a estadia, em 1882, da rainha Vitória da Inglaterra e de seu filho doente, o príncipe Leopoldo, a cidade francesa de Menton havia-se transformado em um famoso centro de saúde. A alta temporada para os viajantes nórdicos que iam para o Sul para curar suas doenças pulmonares começava em novembro e acabava com os primeiros calores. Acreditava-se que o Mediterrâneo era uma fonte de benesses de dois tipos: físicas, porque curava o corpo, e psíquicas, porque as obras de arte provocavam ações morais e melhoravam o espírito das pessoas. Esses visitantes não se misturavam com a população local e se consultavam com os médicos estrangeiros que se instalavam nos diversos locais da moda à medida que a demanda por seus serviços crescia. A segregação permanecia também na morte, e, nesses mesmos centros de férias, foram surgindo cemitérios para os não católicos.

O Mediterrâneo foi clemente com Axel Munthe. Ele se curou e se fortaleceu prontamente, o que aumentou ainda mais o prazer da revelação inesperada e chocante que representou seu encontro com uma cultura e uma paisagem que amaria pelo resto da vida. Em Menton, conheceu o catedrático de ginecologia Amedée Courty, que não teve que fazer grandes esforços para convencê-lo a estudar medicina na universidade de Montpellier, onde ele era professor. Antes de começarem as aulas, Axel fez sua primeira viagem a Capri. De um estúdio fotográfico de Nápoles, procede uma de suas raras fotografias, na qual Munthe, muito jovem, aparece com chapéu, pincenê, uma sombra de bigode e um satisfeito ar boêmio.

Durante seus primeiros meses em Montpellier, Puck entrou em sua vida. Era um grande dinamarquês cinza, e o primeiro de uma longa saga de cães que o acompanhariam durante toda sua vida. Três anos depois, concluídos seus estudos, ambos se mudaram para Paris, onde Axel queria fazer doutorado em medicina. Em 2 de agosto de 1880, defendeu sua tese doutoral sobre ginecologia: *Profilaxia e tratamento das hemorragias pós-parto*. Na banca examinadora estavam duas eminências: Charcot, especialista em transtornos nervosos de La Salpêtriére, e Charles Richet, prêmio Nobel de Medicina. Em uma época marcada pelos sentimentos patrióticos e antigermânicos – a França ainda não havia esquecido a guerra franco-prussiana de 1871 –, a banca atacou Axel por apresentar os médicos alemães como modelos a seguir. O doutorando se defendeu com veemência e enfrentou a banca por algo que considerava uma causa justa: melhorar os métodos de parto. "Se eu soubesse que a política fazia parte importante deste trabalho científico, não teria deixado de incluir uma declaração de lealdade política em minha tese sobre um ramo da obstetrícia", exclamou perante a banca. Por fim, seu trabalho foi reconhecido e coberto de elogios, e Axel Munthe se tornou o médico mais jovem da história da França. Ele tinha 23 anos e uma personalidade aventureira, obstinada e temerária.

Eram anos de avanços na medicina. No mesmo ano em que Axel defendeu sua tese, 1880, Pasteur estava pesquisando sobre a raiva, e, cinco anos depois, foi testada uma vacina, pela primeira vez, em um ser humano. A primeira cirurgia de sucesso de uma úlcera gástrica foi realizada em 1881, e, no ano seguinte, levou-se a cabo a primeira intervenção para eliminar um cálculo biliar; a primeira operação de apendicite foi realizada em 1886, e o primeiro eletrocardiograma, em 1887. Experimentavam-se os primeiros medicamentos contra a tuberculose e o cólera. Era uma época de otimismo e de inesgotável fé no progresso.

Axel se estabeleceu em Montparnasse. Ali vivia a colônia de artistas suecos que logo se tornaram seus pacientes. Ele mal cobrava por seus cuidados, e, quando podia, ajudava-os financeiramente. O escultor Ville Vallgren o descreveu assim naqueles anos de Paris:

> O doutor Munthe era alto, esbelto, imponente com seu bigode e cavanhaque. Usava óculos escuros porque sofria da vista. O que mais o distinguia era sua simpatia. Aonde quer que fosse, sentia-se um calor irradiar de sua nobre personalidade. Não era de se estranhar que fizesse tantos amigos.

Essa é uma das primeiras menções aos problemas de vista que o atormentaram por toda a vida. Em consequência de um surto de escarlatina sofrido na infância, sua visão do olho direito havia sido prejudicada para sempre. Vallgren prossegue:

> Se um de nós adoecesse, procurava o doutor Munthe. Ele não só não nos cobrava, como também colocava vinte francos em nosso bolso. Se mais tarde lhe quiséssemos pagar, ele dizia: "Está louco? Você não me deve nada".

Sua recusa a cobrar dos pacientes, especialmente dos que não tinham meios econômicos, foi uma qualidade que durou sua vida toda.

A colônia sueca de Montparnasse aumentou com a chegada de Ultima Hornberg, a linda filha de um farmacêutico de Estocolmo que aspirava a ser pintora. Três meses depois de se conhecerem, Axel e Ultima se casaram. Ele tinha 23 anos, e ela, 19. O destino escolhido para a lua de mel foi Capri. Axel queria mostrar à sua mulher aquele que considerava o lugar mais bonito do Mediterrâneo, e uma nova recaída de sua afecção pulmonar os incentivou a se estabelecer na ilha permanentemente. Naquela época, Capri era uma ilha muito pobre, habitada por pescadores e camponeses que levavam uma vida mísera. Faltava água, e praticamente toda a população, salvo padres e professores, era analfabeta. Em março de 1881, um violento terremoto sacudiu a vizinha ilha de Ísquia. Axel foi prestar socorro, mas teve que voltar depressa a Capri, onde havia estourado uma grave epidemia de febre tifoide devido às precárias condições higiênicas da ilha. Axel colaborou como voluntário, e foi durante essa longa estadia que assentou as bases de sua popularidade entre o povo de Capri, que, com o passar dos anos, chegaria a considerá-lo uma espécie de santo. Em 1882, foi nomeado Cavalheiro da Ordem da Coroa da Itália, em reconhecimento por seu trabalho em Ísquia e Capri. Ele tinha 25 anos.

No outono de 1883, os Munthe voltaram a Paris, onde Axel pretendia abrir um consultório. Por insistência de Ultima, estabeleceram-se em um amplo apartamento de uma área elegante, no número 90 da Avenue de Villiers. Nessa época, Axel conheceu, por meio de um parente, Georg Sibbern, eminente político e diplomata que exercia o cargo de embaixador da Suécia e Noruega em Paris. Axel se tornou seu médico pessoal, e logo se estabeleceu entre eles uma relação paterno-filial. O casal Sibbern acolheu Axel e Ultima como os filhos que não tinha e os ajudou financeiramente a montar um consultório luxuoso. Com sua boa sorte habitual e os excelentes contatos que ia fazendo na alta sociedade por meio dos Sibbern, Axel não tardou a se tornar um médico famoso, e seu consultório se encheu de mulheres ociosas que dedicavam parte de seu abundante tempo a se curar de doenças inexistentes e a se apaixonar por seu médico. Apesar de Axel as tratar duramente e recriminar sua vida de desperdício e ociosidade, as damas o continuavam procurando em tropel, e seu consultório se tornou um dos lugares da moda da alta sociedade parisiense. Ele passou o verão de 1884 sozinho em Dalarna, Suécia, uma região mal tocada pela mão do homem. As coisas com Ultima não andavam bem; talvez nunca houvessem andado. Sete anos antes de se casar, Axel havia conhecido Sigrid von Mecklenburg, esposa do barão de mesmo nome, e se apaixonara por ela. Ele a reencontrara, e, dessa vez, o romance se materializara. Axel havia-se casado com Ultima em uma tentativa de esquecer Sigrid, mas não havia dado certo. Ele confessou em carta sua situação a Sibbern, e lhe disse que seu casamento era insustentável. No último dia de sua estadia na Suécia, Axel leu em um jornal que havia estourado uma epidemia de cólera em Nápoles. Sem pensar duas vezes, mandou um telegrama para Ultima dizendo-lhe que se ofereceria como médico voluntário. Parou em Paris o tempo necessário para que Sibbern lhe emprestasse mil francos, e depois pegou o expresso para a Itália. O trajeto entre Roma e Nápoles foi feito em um trem totalmente vazio que fedia a ácido fênico, enquanto na cidade afetada pela epidemia a multidão se amontoava nas plataformas e abarrotava as estradas em uma desesperada tentativa de abandoná-la.

O cólera asiático, originário da Índia, só chegou à Europa em 1817, mas, a partir de então, as epidemias foram periódicas. Em 1884 houve um novo surto virulento. A infecção se propagava pela água, comida e roupa suja de excrementos. Causava febre alta, violentos ataques de vômito e diarreia, que desidratavam o paciente. A morte podia chegar em poucas horas. Não era uma doença democrática. Prosperava em bairros insalubres e estômagos malnutridos. Nas pessoas bem alimentadas, o vírus era destruído pelos sucos gástricos.

No verão de 1884, um navio de guerra propagou o vírus em Toulon. Dali se espalhou para Marselha e La Spezia, até chegar a

Nápoles, que foi o epicentro e produziu o maior número de vítimas. Naquela época, Nápoles era uma cidade de meio milhão de habitantes, dos quais trezentos mil viviam na parte baixa, o que equivalia a uma densidade populacional de 130 mil habitantes por quilômetro quadrado, número elevadíssimo, se o compararmos com os treze mil de Londres ou os 28 mil de Roma. Nos bairros mais pobres, como os de Porto, Mercato, Pendino e Vicaria, as pessoas se apinhavam em cubículos de cinco metros quadrados chamados *fondaci*, *bassi* ou *soterrani*, onde a luz do sol não chegava nunca e só se podia ficar em pé. Havia também as *locande*, ou pensões. As mais baratas não tinham camas. Ofereciam uma corda que passava de um lado a outro do quarto para apoiar a cabeça e os braços. O famoso ditado "Ver Nápoles e depois morrer" havia adquirido conotações pouco adequadas para os guias turísticos. Como a alta temporada começava em novembro, e a epidemia durou outubro inteiro, as autoridades não quiseram divulgar o número real de vítimas. A Comissão Italiana de Saúde informou que foram dez mil doentes e cinco mil mortos. *The Times* calculava que o número de vítimas era o dobro. No fim de setembro, 150 mil pessoas, um terço da população, haviam fugido da cidade. Ironicamente, quem tinha recursos para fugir era quem corria menos risco de contrair o cólera. Entre os que ficaram – fundamentalmente uma população analfabeta e supersticiosa –, o pânico tomou conta. Corriam rumores de que os médicos ganhavam por paciente morto de cólera, e que recebiam uma pensão quando o total chegava a mil. Houve incidentes violentos e confusão de todo tipo. Desatou-se uma loucura generalizada contra os médicos, a polícia e as autoridades em geral. Todos os projetos realizados para modernizar a cidade mais populosa da Itália haviam fracassado. O ministro da Saúde clamava que era preciso desventrar Nápoles, ou seja, extirpar os bairros miseráveis que ofereciam condições perfeitas para a propagação do cólera, porque neles a pobreza era impressionante, e as condições de vida, terríveis: não havia sistema de esgoto, a água potável estava contaminada, e o atendimento à saúde era péssimo. Hospitais e cemitérios entraram em colapso, e foi preciso improvisar apressadamente valas comuns, onde os cadáveres eram jogados a carretadas. Foi esse o panorama que Axel Munthe encontrou quando por fim pôs os pés na plataforma da estação de Nápoles, em 5 de outubro, uma vez mais, em companhia de Puck.

"Ter compaixão e um pouco de coragem são duas coisas que garantem uma vida aventureira", escreveu Axel Munthe sobre sua incursão em Nápoles durante a epidemia de cólera. Assim que chegou, ele se ofereceu como médico voluntário. Trabalhava 24 horas por dia, sem se permitir descanso. Quando não se aguentava mais em pé, buscava refúgio na igreja de Santa Maria del Carmine, onde caía dormindo em um dos bancos. Além de compaixão e coragem, Axel Munthe sentia uma irreprimível atração pelo perigo e a morte, pelos lugares e situações em que a vida estivesse por um fio. Educado no cristianismo evangélico, Axel havia desenvolvido um exacerbado senso de dever. O mesmo senso de dever que o impedia de se divorciar de Ultima o havia arrastado a Nápoles como parte de um plano de pagamento de uma dívida moral contraída com a Itália. O país lhe havia devolvido a saúde quando era um jovem tuberculoso, e agora ele o amava com paixão. Mas uma razão ainda mais profunda de sua ida a Nápoles era que esperava que o cólera acabasse com ele. Seu casamento fracassado, que ele considerava indissolúvel, e seu amor impossível por Sigrid o fizeram mergulhar em uma profunda depressão, da qual só encontrava alívio em situações de extremo perigo.

Para ajudá-lo a transportar o equipamento médico, alimentos e alguns brinquedos, Axel comprou uma pequena burra, Rosina, quase do tamanho de seu cão Puck, que também o acompanhava a todo lado. Eles deviam compor um trio bem curioso, o médico louro e alto, o burro e o cachorro gigante, enquanto percorriam o caos dos bairros afetados. Em uma ocasião, ele se aventurou a entrar na prisão de Nápoles, um edifício antigo e insalubre cujos muros adentravam o mar. As condições dos presos eram inenarráveis, e praticamente haviam sido abandonados a sua sorte. Ele também viveu uma experiência pavorosa no convento das Sepolte Vive, cujas freiras haviam começado a contrair a terrível doença, uma após a outra. Só quando a madre superiora caiu doente foi que permitiram a entrada de um médico nos veneráveis muros do convento. Axel ficou aterrado diante do que viu, e pediu à abadessa que autorizasse a evacuação do edifício, cujo abastecimento de água estava contaminado. Um dia, Puck desapareceu misteriosamente enquanto Axel visitava um de seus doentes. Depois de procurá-lo desesperadamente, ele soube que o cão havia sido sequestrado. Tudo acabou bem, graças à intervenção da Camorra, que controlava a parte baixa da cidade, e, evidentemente, às idas e vindas do médico e de seus peculiares assistentes.

O perigo e o sofrimento humano funcionaram como catalisador e estimularam sua capacidade criativa. Para liberar a tensão, Axel Munthe começou a escrever suas aventuras em Nápoles em forma de cartas, e as enviou ao *Stockholm Dagblad*, um dos jornais de maior tiragem da Suécia. O sucesso foi imediato. Entre outubro e dezembro de 1884, Axel enviou um total de treze cartas ao jornal, tornando-se um personagem extremamente popular na Suécia. O público sueco devorava as andanças de Axel, Rosina e Puck por Nápoles. Na primeira carta, que ele assinava como Puck Munthe, Axel fazia uma declaração de amor incondicional à Itália e falava da dívida moral contraída para com o país, pelo qual estava disposto inclusive a morrer. Escreveu também sobre as freiras enclausuradas em um convento erguido sobre uma antiga vila romana, sobre os milagres efetuados pelos santos patronos de alguns bairros e sobre os banhos do médico e sua equipe na praia de Mergellina, ao amanhecer, para repor as forças antes de enfrentar um novo dia. No frio outono sueco, os leitores liam com avidez a descrição da embriaguez de amor e vinho que pairava no ar de Nápoles durante a epidemia de cólera.

> Haviam todos se embriagado com o vinho novo, ou enlouquecido de voluptuosidade diante da morte? Onde quer que esse equilíbrio se perturba por uma causa acidental, seja peste, terremoto ou guerra, a vigilante natureza logo começa a trabalhar para reajustá-lo e chama novos seres para ocupar o lugar dos caídos. Cingidos pela irresistível força de uma lei natural, homens e mulheres caem nos braços uns dos outros, os olhos vendados pelo desejo, sem perceber que é a morte quem preside sua união, com um afrodisíaco em uma mão, e um narcótico na outra.

Os críticos foram unânimes em seus elogios ao estilo de Munthe, e os leitores sentiam-se capturados pela empatia transmitida pelas descrições, fossem de pessoas, animais ou paisagens. Mas ele também criou inimigos, como Strindberg, o prócer das letras suecas, que se sentiu diretamente atacado em uma das cartas em que Axel criticava os autores que descreviam as misérias humanas sentados no conforto burguês de seus estúdios. O sucesso das cartas foi tão grande que imediatamente foram publicadas em forma de livro. O resultado das vendas foi parar nos animais de Nápoles, nos órfãos e nos pescadores desfavorecidos da cidade.

Em fins de outubro, a epidemia de cólera cedeu. Em 13 de novembro, Munthe foi precipitadamente para Paris, onde o cólera também havia aparecido, embora de forma breve e controlada. Nas cartas a seus amigos, ele descrevia a si mesmo em Paris como um prisioneiro em uma linda jaula. As fortes experiências que havia acabado de viver em Nápoles chocavam-se com o ideal banal de vida doméstica que Ultima desejava para eles. Após os terrores do cólera, ele mergulhou em uma rotina diária que detestava e mal podia suportar. A única coisa que o salvava era sua nova faceta de escritor, que, além de lhe provocar uma enorme satisfação, servia-lhe para escapar da melancolia e tristeza provocadas por uma vida em uma cidade onde o destino o levava inexoravelmente a ser o médico da moda.

Quando adoecia fisicamente ou era atacado pelo que ele chamava de *bacillus niger* – a depressão –, sua cura consistia em forçar seu organismo ao limite, exigir dele as mais duras provas de resistência. De Paris, ele voltou os olhos para os Alpes. Em setembro de 1886, foi para Chamonix disposto a escalar o Montblanc. A temporada de escaladas já havia acabado, e os guias desaconselhavam tentar subir nessa época do ano. Com sua habitual obstinação, ele conseguiu fazer que dois guias o acompanhassem. O bom e fiel Puck também fazia parte da expedição. Conseguiram chegar sem problemas ao cume, mas, na descida, foram pegos por uma tempestade de neve e, mais tarde, sepultados por uma avalanche. O que poderia ter sido uma morte certa acabou em uma falange dos dedos dos pés amputada por congelamento. Enquanto isso, seu consultório continuava cheio de damas elegantes que se apaixonavam por ele e queriam prestar-lhe seus cuidados. Sua situação financeira ganhou um belo empurrão quando o príncipe Eugênio da Suécia e Noruega chegou a Paris para estudar pintura, e o rei pediu a Axel que fosse seu médico.

Em abril de 1887, Axel recebeu uma notícia que o encheu de satisfação. As cartas de Nápoles foram publicadas na Inglaterra com o título de *Letters From a Mourning City*, pela editora John Murray, uma das mais antigas e prestigiosas daquele país. A crítica britânica também se desfez em elogios, e se falava das cartas de um peculiar idealista do extremo norte, uma espécie de Sterne escandinavo na Itália. O primeiro-ministro Gladstone demonstrou publicamente seu entusiasmo e sua desolação pela situação das penitenciárias em Nápoles. Também o célebre poeta e crítico Matthew Arnold expressou sua admiração. Sua carreira de escritor na Grã-Bretanha não poderia ter começado melhor.

Apesar de seu sucesso profissional e literário, Axel se sentia profundamente infeliz, e a vida pesava sobre ele como uma lápide. A única solução era romper com tudo e começar de novo na terra que amava, Itália.

Exílio em Capri

No Natal de 1887, tendo acabado de completar trinta anos, Axel abandonou Paris, e, com isso, sua mulher e seu consultório. Distraiu-se viajando pela Itália, até que, em fevereiro de 1888, chegou a Capri. Alugou uma casa simples em Anacapri, a parte alta da ilha, com um terreno para poder cultivar uma horta. Não faltava trabalho para um médico na ilha. Ainda havia muito tifo, e, pouco depois de ele chegar, estourou uma epidemia de varíola por causa de um navio procedente da Sicília. Todos os estrangeiros de passagem também o procuravam, mas, quando o rei Oscar II da Suécia e Noruega visitou Capri e quis vê-lo, Axel ficou escondido até que o navio real se afastou. "Os reis não fazem parte desta paisagem", escreveu a seu amigo Sibbern. Quando era médico residente em um hospital de Paris, Axel havia descoberto que suas mãos tinham poderes de cura, e que, com elas, era capaz de provocar estados de profundo relaxamento e hipnose em seus pacientes. Seu dom se propagou pela ilha, e logo começaram a levar para ele doentes mentais e pessoas com desequilíbrios psíquicos para que as curasse. A população de Capri sentia veneração pelo *dottore*, que sempre tinha uma palavra gentil para todos e nunca cobrava.

Nessa época, Axel começou a ler Tolstói e Schopenhauer. Do primeiro, leu *Minha religião*, obra com a qual se identificou profundamente. Sua fascinação pela religião provinha da infância, e ele compartilhava com o escritor russo seu ceticismo com a Igreja oficial e seu espírito reformista. O que o atraiu em Schopenhauer foi a visão pessimista da vida humana, marcada pelo sofrimento, bem como o amor pelos animais e a consideração da música como a mais elevada das artes. Tornou-se radical em seus costumes; considerava o luxo imoral, vivia frugalmente, trabalhava a terra e não cobrava de seus pacientes. Escreveu de Capri a seu amigo Sibbern: "Aprendi a grande regra da sabedoria: não devemos tentar satisfazer nossas necessidades, e sim reduzi-las. Os antigos filósofos fizeram isso, e Jesus Cristo também".

Depois de uma viagem fugaz a Paris para cuidar de assuntos profissionais, ele sentiu de novo o chamado das montanhas, e dessa vez se dirigiu a Grindelwald, onde contratou um guia para fazer uma travessia de vários dias pelos Alpes. Como sempre, Puck fez parte da expedição. Uma tempestade os deixou presos durante doze horas em uma geleira do Monte Rosa, em circunstâncias tão dramáticas que poderiam ter sido fatais para todos. Puck ficou manco, e Axel e o guia tiveram que descê-lo até Zermatt. Cinco dias depois, ele mandou um telegrama a seu amigo Sibbern, do passo do Simplon. "Estou tão triste que não consigo escrever mais nada: Puck morreu." Puck havia-se tornado tão célebre na Suécia pelas aventuras em Nápoles e nos Alpes narradas por seu dono em forma de cartas que sua morte foi mencionada na imprensa sueca.

Não faltaram também as críticas dos leitores acusando-o de imprudência e temeridade desnecessárias.

Axel voltou a Capri em busca de silêncio e refúgio: "O silêncio é o que valorizo acima de qualquer outra coisa. Aqui se vive com tranquilidade e calma, e não tenho que me encontrar com gente arrogante e chata". Havia acabado de começar seu segundo ano em Capri, e sua vida parecia cada vez mais com a de seus habitantes. Ele trabalhava a terra durante várias horas por dia, visitava seus pacientes, e, à noite, ensinava sua criada Giovannina a ler.

Na primavera de 1889, Axel escreveu ao poeta Carl Snoilsky:

> Vivo nas mesmas condições que os pobres que me rodeiam, e as barreiras artificiais que me separavam deles estão caindo uma atrás da outra. Como o mesmo que eles, uso as mesmas roupas, e minha mente, antes inquieta, apega-se agora, tranquila e mansamente, aos mesmos pensamentos que o *contadino*, fixos nas tarefas do dia para satisfazer as necessidades do momento. Trabalho várias horas por dia em um campo e na vinha, cuido dos doentes, escrevo cartas para eles e leio as esperadas respostas [...]. Assim vão passando as semanas, sem que eu troque uma palavra com alguém que saiba ler ou escrever [...]. Os dias passam voando em uma espécie de calma indolor cujo nome correto suponho que seja letargia. A única sensação que tenho e que posso definir é meu crescente amor pela natureza, e notei que uma estreita relação com ela é uma necessidade vital para mim – não creio que possa tornar a viver em uma grande cidade.

Médico da moda em Roma

Quando ia completar o segundo ano de seu retiro em Capri, Axel recebeu a visita de seu mentor, Georg Sibbern, já transformado em uma benevolente figura paterna. Preocupado com o bem-estar de Axel, Sibbern queria convencê-lo a voltar a exercer a medicina em uma cidade grande, uma vez que, em sua opinião, o rapaz estava desperdiçando a vida naquela ilha atrasada. Além do mais, sua situação financeira era desastrosa, coisa que o próprio Axel corroborou ao lhe mostrar os poucos francos que guardava em uma meia. Sibbern havia encontrado uma solução atraente. Axel seria médico em Roma durante os meses de inverno, quando a colônia estrangeira se estabelecia na cidade, e, na primavera, poderia voltar a Capri. Para sua surpresa, Axel aceitou. Havia acabado de assinar um contrato de aluguel de uma nova casa em Anacapri pelo preço irrisório de mil liras ao ano, de modo que contava com um *pied à terre* para voltar a sua ilha quando a servidão da cidade se tornasse insuportável demais. Como já havia feito quando Axel se estabelecera em Paris, Sibbern ofereceu adiantar-lhe o dinheiro para se estabelecer em Roma. Precisava comprar ternos novos, fazer cartões de visita e encontrar um local adequado para abrir um consultório. Sibbern mexeu seus privilegiados pauzinhos e rapidamente encontraram a casa perfeita: o número 26 da Piazza di Spagna, em Roma, lugar onde havia vivido e falecido o poeta John Keats. No início de novembro de 1889, a *família* Munthe, composta por Axel, Giovannina e sua irmã Rosina, vários cães e uma coruja, abandonou a ilha e se estabeleceu em Roma.

Como Sibbern havia vaticinado, Munthe encontrou o sucesso assim que abriu o consultório em Roma. Uma dama da colônia britânica estava havia algum tempo prostrada na cama depois de ter caído de um cavalo. Depois de examiná-la, Munthe viu que poderia curá-la com massagens e reabilitação. Três meses depois, a mulher foi vista em uma rua de Roma, descendo de um táxi e andando com a ajuda de uma bengala. Imediatamente, o consultório da Piazza di Spagna ficou lotado, fundamentalmente de pacientes do sexo feminino que, como havia acontecido anos antes em Paris, se apaixonavam pelo doutor e lhe enviavam poemas e cartas de amor. Os salões da alta sociedade de Roma se abriram de par em par para Munthe, enquanto, paralelamente, crescia o ódio dos médicos estrangeiros, que estavam praticamente sem trabalho. No verão seguinte, quando Munthe conseguiu devolver a Sibbern metade da soma que lhe havia adiantado, em sua carta de agradecimento escreveu: "Não esqueço que tenho que agradecer tudo a Sua Excelência".

Em Sorrento, ele conheceu o lorde Dufferin, embaixador da Grã-Bretanha em Roma. Frederic Temple Hamilton-Temple--Blackwood, quinto lorde Dufferin e primeiro marquês de Dufferin e Ava (1826-1902), foi um dos estadistas britânicos mais importantes do século XIX, e, entre outros cargos, ocupou o de governador geral do Canadá, embaixador em São Petersburgo e em Constantinopla e vice-rei da Índia de 1884 a 1888. Pertencia ao partido liberal, e tanto ele quanto sua esposa, *lady* Hariot Dufferin, estavam envolvidos em causas sociais. Como havia acontecido seis anos antes em Paris com os Sibbern, o casal Dufferin tomou o jovem médico sob sua proteção e lhe apresentou a mais seleta sociedade romana. Mas o que unia especialmente os dois homens era sua paixão por velejar. Lorde Dufferin havia navegado sozinho até a Islândia e escrito um livro, *Letters from High Latitudes*, no qual descrevia sua aventura. Fazia tempo que Axel sonhava em possuir um barco. E, como se nessa época a vida não parecesse disposta a lhe negar nada, um paciente britânico, para demonstrar sua gratidão por seus bons cuidados, deu-lhe de presente um *cutter*, um pequeno veleiro de regata de quase dez metros, que ele batizou de Lady Victoria, em homenagem à filha pequena de lorde Dufferin. Quando acabava a temporada de inverno em Roma, Axel voltava a Capri navegando; em Sorrento, seu amigo Dufferin o esperava com o Lady Hermione, para chegarem à ilha disputando uma regata.

Embora sua situação econômica houvesse melhorado notavelmente, Alex continuava sendo um desastre para administrar suas finanças. Na maioria das vezes, esquecia de mandar a conta a seus pacientes, ou continuava cobrando em espécie. Em uma ocasião, granjeou a inimizade de duas damas por lhes cobrar dessa maneira. De uma, exigiu que lhe entregasse uma maravilhosa capa Loden, e, de outra, um lindo vestido vermelho de Worth, que, por sua vez, ele deu de presente a outra dama. Seu tratamento para as mulheres ociosas, a maioria doentes imaginárias cujo principal problema era o tédio, continuava sendo invariavelmente o mesmo: obrigava-as a fazer exercício físico, aconselhava-as a comprar um cachorro e lhes recomendava entregar parte de sua fortuna aos necessitados. Uma de suas pacientes, a princesa russa Nadina Shakhovskaya, conhecia *Letters from a Mourning City*, e, desde que Axel a tratara de uma afecção na garganta, havia caído sob o feitiço dele. Junto com o proeminente doutor italiano Angelo Celli, Axel e a princesa decidiram fazer algo pelos pobres da cidade e movimentaram Roma inteira para fundar a iniciativa "Soccorso e Lavoro". Foram organizados bazares e bailes no Grand Hotel para financiar o projeto. O resultado foi a abertura de refeitórios beneficentes, lares para crianças abandonadas e uma clínica infantil, bem como um ambulatório no Trastevere. Entre suas melhores amigas em Roma estavam as Piccole Sorelle dei Poveri, a quem fazia doações e com quem colaborava como médico.

Um dia, com estranheza, Axel recebeu a visita de um dos médicos da colônia estrangeira, que lhe rogou que fosse a sua casa ver alguém muito querido. Quando Axel lhe perguntou por que recorria a ele, o homem respondeu que não confiava em mais ninguém para tratar desse caso. O paciente em questão era um babuíno chamado Billy, que havia escaldado o corpo todo ao cair sobre um recipiente com água fervendo. O doutor Campbell era cirurgião, e confessou que podia cortar em pedaços tranquilamente seus semelhantes, mas era incapaz de curar Billy, a quem amava como a um filho. Billy melhorou, e, durante uma das visitas a seu novo paciente, Axel encontrou ambos bebendo, par a par, uma garrafa de uísque; e, a julgar pela quantidade de garrafas que enchiam a sala, não era a primeira vez que faziam isso juntos. Quando Campbell teve que se ausentar de Roma, pediu a Axel que cuidasse de seu amigo. Campell nunca mais voltou, e, assim, Billy passou a fazer parte da família Munthe. Com o tempo, Billy se curou do alcoolismo, e chegou a ser um babuíno bastante respeitável, cuja tarefa principal era tirar as pulgas dos cães do doutor, trabalho ao qual se entregava com grande dedicação.

Durante uma de suas estadias em Capri, Axel foi convocado ao hotel Quisisana. Uma dama muito importante queria que ele lhe atendesse. A dama era Vitória, a princesa herdeira do trono da Suécia e Noruega. Nascida em 1862 como princesa de Baden, aos dezenove anos se casou com Gustavo, príncipe herdeiro da Suécia e Noruega. Depois de dar à luz seu terceiro filho, sua saúde havia-se deteriorado tanto que ela passava grande parte do ano indo a balneários e viajando pelo sul da Europa em busca de sol.

Axel e Vitória tomaram o café da manhã juntos e conversaram durante um longo tempo. A princesa abriu seu coração e falou de seu casamento infeliz e de seu amor pelo barão Von Blixen-Finecke. Poucos meses depois, Vitória solicitou oficialmente que Axel fosse seu médico pessoal. Ele aceitou, dando uma nova guinada radical em sua vida. Só impôs como condição que lhe fosse permitido passar temporadas em Roma, para cuidar de seu consultório, e os verões em Capri. Assim começou uma relação que durou até a morte de Vitória, 37 anos depois, e que deu lugar a todo tipo de fofocas e rumores.

Apesar de agora ganhar dinheiro durante os três meses da temporada de inverno, sua situação financeira continuava desastrosa. Sua posição de médico famoso o obrigava a ter uma charrete para se locomover por Roma, o que o obrigava a ter cocheiro e cavalariço, de modo que o dinheiro, quando se lembrava de cobrar, escorria por entre seus dedos como água. Para complicar mais a situação, o banco de Roma, onde estavam depositadas suas economias, quebrou em 1894, e, com isso, Axel perdeu todo seu capital, que chegava a 7.500 francos. Porém, depois de pouco tempo, voltou a sofrer um daqueles extraordinários golpes de sorte que o acompanharam durante a vida toda. Em uma carta para sua amiga Margaretta MacVeagh, filha do embaixador norte-americano em Roma, escreveu: "Desde que a vi pela última vez, ocorreu uma mudança em minha vida. Agora sou financeiramente independente e posso viver onde quiser, sem me preocupar com ter que ganhar a vida". Nunca se soube a procedência do dinheiro, mas deve ter-se tratado de uma soma considerável. Talvez Georg Sibbern, que não tinha filhos, lhe tenha legado sua fortuna; ou talvez tenha sido Vitória, querendo que seu médico fosse livre para se dedicar a ela sem impedimentos. A verdade é que, a partir desse momento, Axel Munthe dispunha dos meios para tornar realidade um antigo e querido projeto.

O sonho de San Michele

Minha casa estará aberta ao sol, ao vento e às vozes do mar, como um templo grego – e luz, luz, luz por todo lado.

Axel Munthe, **O livro de San Michele**

Durante sua primeira viagem a Capri, quando ainda era estudante, Axel subiu a pé os 777 degraus da chamada Scala Fenicia, a única via de acesso ao porto que os habitantes de Anacapri tinham, até que, em 1877, foi construída a estrada atual. Após cruzar a Porta della Differenza, símbolo da ancestral inimizade entre Capri e Anacapri, Axel viu-se em um lugar chamado Capodimonte, onde parou para repor as forças e contemplar a magnífica vista que se abria sobre o golfo de Nápoles. Dali divisavam-se as vizinhas Ísquia e Prócida, a cidade de Nápoles, o Vesúvio, a planície de Sorrento, resguardada pelo monte Sant'Angelo, e, como pano de fundo, os Apeninos ainda cobertos da neve do inverno. O terreno estava ocupado por uma casinha e uma vinha onde *mastro* Vincenzo, seu dono, trabalhava com afinco. Vicenzo convidou o jovem estrangeiro a beber um copo de vinho em seu jardim, salpicado aqui e ali de restos romanos. Quando Axel lhe perguntou sobre a procedência daquelas ruínas, Vincenzo respondeu que se tratava de "*roba di Timberio*", um jeito de denominar todos os achados romanos que apareciam no pedregoso solo da ilha. Caso estivesse interessado, disse, ele ia jogando no penhasco toda a "*roba di Timberio*" que aparecia em sua vinha. E, se quisesse, também poderia mostrar-lhe um quarto subterrâneo, pintado de vermelho vivo, com figuras de homens e mulheres dançando nus. O coração do jovem começou a bater violentamente. Naquele lugar existira uma vila romana, provavelmente de Augusto ou Tibério, que chegara a possuir dez vilas na ilha durante os doze anos que vivera retirado em Capri. Ao longe, encravada sobre as rochas da encosta do monte Barbarossa, erguia-se uma capelinha em ruínas. "Como se chama essa capela?", perguntou. "San Michele", respondeu *mastro* Vincenzo. Axel se despediu prometendo voltar logo e dizendo a si mesmo que um dia construiria sua casa ali.

Acredita-se que a Villa Capodimonte era uma "vila rústica" ou complementar das vilas romanas maiores, onde se produzia vinho e azeite. Durante sua primeira visita, Axel havia desenterrado uma moeda com o retrato de Augusto e a inscrição "DIVUS AUGUSTUS PATER", que conservou até que lhe foi subtraída de seu consultório em Roma. Sob a vinha de *mastro* Vincenzo encontravam-se salas com paredes de *opus reticulatum*, decoradas com figuras em vermelho Pompeia e pisos de mosaico branco e preto. A história da capela dedicada a são Miguel (Michele) não era menos fascinante. Antigamente, havia sido um templo pagão e fazia parte da vila romana. Com a chegada do cristianismo, tornou-se capela consagrada a são Miguel e foi destruída em 1560 durante o saque da ilha pelo pirata Barba Ruiva. Quando os britânicos ocuparam Capri, em 1804, toda a área se tornou fortaleza defensiva. Dois anos depois, em 1806, os franceses se apoderaram da ilha e utilizaram a capela como paiol.

No fim da primavera de 1895, *mastro* Vincenzo se cansou de trabalhar na vinha e foi viver com seus filhos em Sorrento. A família Alberino ofereceu a Munthe a possibilidade de comprar a casa e a vinha. O contrato de compra e venda foi assinado em primeiro de junho de 1895. Nesse mesmo dia, Axel comprou a capela próxima de um tal de conde Papengouth e uns terrenos adjacentes da família Ferraro. Eu me atreveria a dizer que a construção da Villa San Michele durante cinco longos verões foi o período mais feliz da vida de Axel Munthe. A equipe, composta por Axel, *mastro* Nicola e seus três filhos, mais meia dúzia de garotas que levavam a terra em grandes cestos que equilibravam sobre a cabeça, trabalhava desde o nascer do sol até o ocaso. Quando os sinos da igreja davam meio-dia, sentavam-se todos ao redor de uma grande mesa para comer um enorme prato de salada de tomate e macarrão, para logo voltar ao trabalho até o entardecer. Durante essa época, Axel dormia profundamente todas as noites. Levantava-se ao alvorecer, corria para tomar banho no farol de Punta Carena e estava de volta quando os outros apareciam para começar a labuta do dia. Com os trabalhos de construção, foram aparecendo mais restos romanos, que eram incorporados ao novo edifício. Assim, o piso de mosaico emoldurado de folhas de videira *nero antico* e outro de mármore avermelhado quebrado passaram a ocupar o centro da grande galeria. Uma coluna estriada de mármore *cipollino* sustentava a pequena galeria do pátio interno. Apareceu também uma cabeça de Augusto mutilada e partida ao meio, que ainda adorna a galeria. Axel desenhou uma longa alameda, coberta por uma pérgula e flanqueada por ciprestes, que ligava a casa à capela, onde construiu sua biblioteca. A obra terminada foi descrita assim por Munthe:

> A casa era pequena, os cômodos, poucos; mas havia *loggie*, terraços e pérgulas para contemplar o sol, o mar e as nuvens (a alma precisa de mais espaço que o corpo). Poucos móveis nos cômodos, e, os que havia, não podiam ser comprados só com dinheiro. Nada supérfluo, nada feio, nada de bugigangas nem quinquilharia. Alguns quadros dos primitivos, uma gravura de Durero e um baixo-relevo grego nas paredes caiadas. Dois tapetes antigos sobre o piso de mosaico, alguns livros nas mesas, flores por todo lado em brilhantes vasos de Faenza e Urbino. Os ciprestes da Villa d'Este que conduziam à capela já se haviam transformado

> em uma alameda de árvores majestosas, as mais nobres do mundo. A própria capela que havia dado seu nome a minha casa por fim era minha. Acabar-se-ia tornando minha biblioteca. Cadeiras antigas de um coro acompanhavam as paredes brancas; no centro, uma grande mesa de refeitório coberta de livros e fragmentos de terracota. Sobre uma coluna estriada de *giallo antico* erguia-se um enorme Hórus de basalto, o maior que já vi, trazido da terra dos faraós por algum colecionador romano, talvez pelo próprio Tibério. Acima da mesa, a cabeça de mármore da Medusa que encontrei no fundo do mar olhava-me de sua antiguidade do século IV a.C. Sobre um enorme console de lareira do *Cinquecento* florentino erguia-se uma Vitória alada. Sobre uma coluna de mármore africano, a mutilada cabeça de Nero olhava para o golfo onde ordenara que sua mãe fosse surrada até a morte por seus remadores. Sobre a porta de entrada brilhava o lindo vitral do *Cinquecento* dado a Eleonora Duse pela cidade de Florença, e que, por sua vez, ela me deu de presente, como recordação de sua estadia em San Michele.

No verão de 1899, a vila estava terminada. Um dos primeiros convidados foi Henry James, que Axel havia conhecido em Roma durante a primavera. James descreveu a vila a um amigo da seguinte maneira: "Uma criação da mais fantástica beleza, poesia e inutilidade como jamais havia visto reunidas". A visita inspirou a James seu relato "The Saint's Afternoon", no qual elogia a vila e seu criador:

> Tudo que a Itália pode dar-me foi oferecido, com toda certeza, naquele dia e nos seguintes no maravilhoso agrupamento e dispersão de habitações, esquinas, pátios, ga-

> lerias, pérgulas, arcadas, brancos e longos corredores e panoramas vertiginosos. O maior encanto de todos foi, talvez, que graças às condições peculiares do lugar, a Itália parecia abundar, transbordar em direções das quais eu nunca tivera a oportunidade de contemplá-la tão livre.

Quando, em 17 de março de 1899, a princesa Vitória visitou San Michele, o *Corriere di Napoli* referia-se à casa como a Villa Tiberiana, o que talvez seja um sinal da obsessão que Munthe desenvolveu pelo imperador Tibério. Já terminada a vila, no verão de 1899, Axel havia comprado terrenos embaixo de sua propriedade, bem como as ruínas do castelo de Barba Ruiva. Dois anos depois, adquiriu La Foresteria, antiga residência dos bispos de Capri a cinquenta metros de sua casa, e, em 1904, concluiu a compra de terrenos em Capodimonte ao adquirir o próprio monte Barbarossa, que transformou em santuário para aves migratórias. Ao longo dos anos, Munthe foi adquirindo mais vilas em Anacapri: Torre di Materita, Torre della Guardia, Torre Damecuta e Villa Sole, o que lhe valeu o apelido de "Tibério" – coisa que não o desagradava em absoluto. Munthe sentia admiração pelo velho imperador e achava que os escritos difamadores de Tácito e Suetônio, que o apresentam como um depravado libertino, não eram mais que libelos sem fundamento algum. Quando, anos depois, escreveu sobre o imperador em *O livro de San Michele*, parece estar fazendo uma descrição de si mesmo e de sua própria trajetória de vida:

> Sua vida na ilha foi a de um velho solitário, farto de um mundo ingrato; de um taciturno idealista, dolorido e amargurado (hoje, poderíamos chamá-lo de hipocondríaco), mas de magnífico intelecto e raro senso de humor, ainda sobrevivendo a sua confiança na humanidade.

A Villa San Michele foi uma bênção e uma maldição na vida de Munthe. Uma vez concluída, tornou-se um marco turístico da ilha, e não havia viajante que pisasse em Capri que não fosse até lá com intenção de visitá-la e de conhecer o famoso doutor Munthe. Artistas, escritores, pintores, aristocratas, membros da realeza e um ou outro aproveitador e perturbado foram recebidos em San Michele. Os problemas oculares de Munthe foram se agravando, e, com o passar dos anos, a luz do sol foi-lhe fazendo cada vez mais mal, a ponto de ele ter que limitar suas saídas às primeiras horas da manhã e ao entardecer. A Villa San Michele, construída como uma homenagem à luz do Mediterrâneo, deixou de ser um lugar conveniente para ele; e, além disso, havia a praga de visitantes batendo nas portas. Para se livrar do assédio, retirou-se à Torre di Materita, a três quilômetros ao sul de San Michele. Materita havia sido um mosteiro franciscano, e, diferentemente da vila, mal tinha vãos nas paredes, talvez porque seus moradores haviam estado mais preocupados em encontrar a luz interior que em contemplar as belezas da paisagem. Lá ele recuperou a vida de retiro que havia levado outrora em Capri, cercado apenas por seus cães, seus livros e um piano. Mas, como era um personagem tão popular, sempre recebia convidados em alguma das suas vilas, e alguns lhe deram mais de uma dor de cabeça. Certa vez, ele emprestou a Torre della Guardia a uma dama russa sem eira nem beira, que dizia ter poderes telepáticos e era mãe de dois filhos, um deles paralítico. O que, a princípio, seria uma estadia de dois meses se prolongou durante um ano, e, embora Axel lhe oferecesse alugar-lhe uma casinha, ela se recusava a se mudar.

Enquanto Munthe fazia o que podia para se livrar da inquilina russa, apareceu outra, mais temível ainda, talvez a personagem mais extravagante que já pisou em Capri: a marquesa Luisa Casati. Amante do dramaturgo e esteta Gabrielle d'Annunzio, Casati era uma mulher riquíssima que considerava a si mesma e sua vida obras de arte. Alta e muito magra, com penetrantes olhos pretos contornados com muito rímel, tinha um rosto de traços finos arrematado por uma cabeleira leonina vermelha. Dona de vários palácios, era famosa pelas *performances*, noites orientais e bailes à fantasia que organizava no palácio Venier dei Leoni, no Grande Canal de Veneza (mais tarde comprado por Peggy Guggenheim e transformado em museu). O palácio havia-se transformado no decadente cenário de suas extravagâncias: pássaros mecânicos cantavam em gaiolas douradas, estátuas clássicas eram banhadas a ouro e um dos empregados tinha a missão exclusiva de alimentar um pavão branco para que ficasse parado no parapeito de uma janela, onde compunha uma atraente silhueta. Em seus passeios noturnos pela Praça de São Marcos, era acompanhada por um lacaio negro provido de tochas para iluminar a ela, completamente nua sob seu volumoso casaco de pele, e seus dois guepardos. Munthe conhecera Casati durante uma recepção em Roma, e deve tê-la convidado a conhecer a Villa San Michele. O que ele não esperava é que ela aparecesse em uma noite de verão, e sem avisar. Ele estava jantando em Materita quando lhe comunicaram que uma estranha comitiva estava tentando entrar na vila. Ao ir ver o que estava acontecendo, encontrou a marquesa, o lacaio negro, os dois guepardos, dois galgos, uma jiboia, dois papagaios, duas gazelas, uma coruja e um incontável número de baús. Munthe deve ter ficado aterrorizado diante de tamanha invasão. E, mais tarde, quando insistiu para que a marquesa abandonasse a vila, ela respondeu que tinha todos os direitos legais de ficar, visto que ele lhe havia dado sua permissão. De fato, os advogados dela já estavam redigindo um contrato, e, por mais estranho que fosse, a lei deu razão a ela. Diante do desconsolo de Munthe, a marquesa tomou posse da Villa San Michele. Retirou todos os objetos, estátuas e tapetes, tão amorosamente colocados por seu dono, para dar lugar a seus móveis de ébano. Cobriu os mosaicos do piso com tapetinhos pretos e pendurou pesadas cortinas de veludo preto e cortininhas de renda nas janelas. No piso da sala colocou uma enorme pele de urso, com cabeça e tudo, e, em uma das paredes brancas, escreveu em grandes letras o lema: "OSER. VOULOIR. SAVOIR. SE TAIRE". Os únicos objetos que permaneceram no lugar foram a cabeça da Medusa e a esfinge egípcia. O jardim se encheu de flores de cristal provenientes especialmente de Murano. A estadia de Casati foi se transformando em um verdadeiro pesadelo para Munthe. A indesejável inquilina usava a vila para passar os verões, mas a lei a impedia de entrar nela durante o resto do ano. Os detalhes grotescos foram-se acumulando. O lacaio negro, de proporções consideráveis, precisava de dois frangos por dia para se alimentar, e, em tese, Munthe era responsável por fornecê-los. Quando se queixou desse absurdo a seu amigo, o escritor Compton Mackenzie, este lhe respondeu, com sarcasmo: "Se você não lhe der as aves, provavelmente ele acabará comendo os papagaios da marquesa". A paciência de Munthe havia-se esgotado fazia tempo: "É uma das piores mulheres que já conheci na vida" – queixou-se amargamente a seu amigo Mackenzie. "Tenho vontade de pegá-la pela peruca vermelha, arrancar-lhe a cabeleira e jogar seu corpo degenerado pelo barranco." Mas não precisou chegar a isso. Depois de quatro anos de batalhas judiciais, a marquesa abandonou Capri para prosseguir sua carreira de musa em outras paragens. A Villa San Michele foi devolvida a seu estado original, mas o lema iniciático da parede jamais foi apagado.

De volta à escuridão

Poucos amigos, poucos livros, pouquíssimos, e um cão, é tudo que necessitais ao vosso redor, desde que tenhais a vós mesmos.

Axel Munthe, **O livro de San Michele**

Construída como um templo ao sol, a Villa San Michele logo se revelou como um lugar inadequado para um homem cuja vista se deteriorava cada vez mais. No início do século XX, Axel sofreu um descolamento de retina, e, em consequência, perdeu um olho, que foi substituído por um de vidro. O médico que o reconstruiu comentou sobre a imensa dificuldade que teve para encontrar um azul de um tom tão estranho.

Axel foi paulatinamente abandonando o consultório da Piazza di Spagna e concentrando-se apenas em seu trabalho como médico pessoal da princesa herdeira. A relação entre eles não era a habitual entre médico e paciente. Pelo menos é o que se depreende de uma carta que Vitória lhe dirigiu em 1906:

> Queria poder-me ajoelhar para lhe agradecer essa maravilhosa carta que me enviou antes de abandonar a Suécia. Você não sabe como tocou meu coração, como me fizeram gritar de alegria essas palavras tão carinhosas que me dirige, meu querido, que enche meu coração e minha alma e toda minha vida. Deus o abençoe por essas benditas palavras que foram diretamente para meu coração e fizeram que tudo se iluminasse a meu redor quando as li.

Em 1907, ocorreram mudanças fundamentais na vida de ambos. Vitória subiu ao trono da Suécia (a Noruega havia-se tornado independente em 1905), ao lado de seu marido Gustavo, e Axel se casou secretamente em junho desse mesmo ano, quase duas décadas depois de se divorciar de Ultima. A única pessoa a ser comunicada foi a baronesa Ebba Åkerhielm, encarregada do guarda-roupa da rainha, a quem disse, por carta, que se casara de novo porque precisava de alguém que cuidasse dele, pois se encontrava doente e desvalido. Axel recebera muitas propostas de casamento ao longo da vida. Seu sucesso com as mulheres continuava enorme, e seu poder de sedução permanecia intacto, apesar dos achaques e da idade. Quando tinha consultório em Roma, as damas mandavam suas filhas para que pescassem o doutor Munthe, e seus filhos para que os curasse do alcoolismo. Aos cinquenta anos, e dono de uma fortuna respeitável, talvez houvesse chegado a hora de ter herdeiros.

A escolhida foi Hilda Pennington-Mellor, de 30 anos, filha de John e Catherine Pennington-Mellor. Hilda e Axel haviam-se conhecido treze anos antes, em Roma, no consultório da Piazza di Spagna, quando a família dela fazia o *Grand Tour* pelos lugares emblemáticos do sul da Europa. O noivo impôs condições draconianas para o enlace, e a noiva as aceitou sem reclamar: não viveriam juntos mais que metade do ano, não viajariam juntos, e Axel não perderia um pingo de sua liberdade. “Quero estar perto de você, e me contentarei em vê-lo mesmo que só um pouquinho por dia [...] serei feliz esperando-o em casa até que volte, cuidando dela para você [...]”, escreveu a submissa Hilda em uma carta antes do casamento. Também não houve muito romantismo na cerimônia, que foi celebrada em Londres, em 16 de maio de 1907, em uma pequena igreja perto de Hyde Park. No mesmo dia do enlace, Hilda se deu conta de que o casamento seria um assunto a três (ou quatro, se incluirmos o rei Gustavo). Axel abandonou Londres nessa mesma tarde para dirigir-se a Baden, onde Vitória se encontrava seriamente doente. Três meses depois, fizeram uma apressada lua de mel pela Suécia, durante a qual Axel levou Hilda a Dalarna para que conhecesse as paisagens que ele amava de seu país natal. Exatamente um ano depois do casamento, nasceu seu primeiro filho, Peter – fraco e doentio –, e, dois anos depois, veio ao mundo Malcolm, forte, aventureiro e fantasioso como o pai.

A relação do casal não tardou a se deteriorar. Afora o distanciamento imposto por Axel, os ciúmes amargavam a vida de Hilda, que via aventuras amorosas de seu marido por todo lado. Embora continuassem casados *de facto*, logo começaram a viver separados praticamente o ano todo. Hilda se estabeleceu em Biarritz com seus filhos e também passava temporadas na Suécia, onde Munthe havia construído uma linda casa para a família, que ele nunca chegou a habitar. Durante a Primeira Guerra Mundial, também acabaram as relações com Vitória. Axel era profundamente pró-britânico, e Vitória, alemã de nascença, defendia tão ardentemente seu país que quase causou um conflito diplomático na Suécia, que se manteve neutra. Sozinho e com problemas crescentes no único olho que lhe restava, Axel aplicou em si mesmo mais uma vez o remédio que sempre funcionava: levar-se ao limite física e psiquicamente. No início da guerra, serviu durante alguns meses como anestesista em uma ambulância. Em 1915 e 1916, passou nove meses no *front* e esteve presente nas batalhas de Verdun, Somme e Arras. Quando a situação de seus olhos não lhe permitiu continuar na frente de batalha, mudou-se para Londres, onde trabalhou em um hospital para doenças nervosas, e, durante os meses de setembro e outubro de 1915, visitou os hospitais de campanha britânicos na França. "Eu achava que a morte lenta pelo cólera era a pior visão que um homem poderia ter, mas é uma morte caritativa comparada à agonia inventada pelos alemães com seu gás", escreveu em uma carta datada de 1916.

Terminada a guerra, Hilda se estabeleceu com os filhos em San Michele, enquanto Munthe continuava vivendo em Materita. Essa foi a última estadia de Hilda em Capri, pois, em fevereiro de 1919, ela abandonou para sempre o marido, acusando-o de traí-la com a garota que lia para ele toda noite. Axel sentiu alívio quando Hilda o deixou, mas também uma profunda amargura por se ver separado dos filhos, a quem a partir de então só veria fugaz e ocasionalmente ao longo dos anos. No verão de 1921, reencontrou Vitória na Suécia. Retomaram a amizade, e Axel voltou a assumir seu cargo de médico real. Durante o tempo em que ficaram afastados, Vitória havia estabelecido uma relação epistolar com Hilda, e o tema de que ambas tratavam era, invariavelmente, Axel Munthe.

Em 1928, ele escreveu uma carta a seu editor londrino, John Murray, dizendo: "Escrevi um livro chamado *O livro de San Michele*, o nome de minha linda vila em Capri, da qual fui expulso pela deslumbrante luz do sol. Contra minhas intenções, acabou-se tornando a história de minha própria vida". E, para convencer Murray a publicar o livro, Munthe acrescentou que também falava da Itália e de animais, "temas muito do agrado dos leitores britânicos". Do relato de sua vida, Munthe omitiu todo o tópico de relações familiares e afetivas. Ele se apresenta como um solitário, cercado de livros e animais, e a única alusão afetiva que se permite é a uma condessa francesa, casada com um homem mais velho – representação de Sigrid von Mecklenburg, o amor a que teve que renunciar em sua juventude. As únicas mulheres pelas quais mostra simpatia no livro são as humildes camponesas de Capri, suas criadas Giovannina e Rosina, e as freiras e enfermeiras com quem trabalhara na França e na Itália.

Em 17 de abril de 1929, deu-se o lançamento oficial de *O livro de San Michele* na Grã-Bretanha. Em 26 de abril, foi mencionado brevemente no *The Times*. Em 2 de maio, recebeu uma crítica longa e positiva no *The Times Literary Supplement*. "*The Observer* não disse nada?", perguntava-se Munthe, fervendo de impaciência. Em 23 de junho, esse jornal publicou uma crítica do respeitado político e escritor Robert Cunninghame Graham, que seria decisiva para o destino do livro:

> Raramente li algo mais comovente, terno e mais cheio de respeito humano [...]. Tem estilo, imaginação, humor e grande conhecimento do mundo, mesclados com essa estranha simplicidade intelectual que costuma ser o atributo do gênio.

Antes que acabasse o ano, o livro já estava na sexta edição. Durante o ano de 1930 inteiro, *O livro de San Michele* ocupou o primeiro lugar da lista dos mais vendidos nos Estados Unidos, o segundo lugar durante todo o ano seguinte, e teve mais de cem reedições. Enquanto isso, na Europa, todos os países queriam comprar os direitos de publicação. Se quarenta anos antes Munthe era uma celebridade em Roma, agora o era em nível mundial. "O sucesso lhe subiu à cabeça" – escreveu Vitória a Hilda –, "ele se comporta como uma criança insuportável, algo totalmente impróprio." A edição sueca saiu em março de 1930, dedicada a Vitória. A rainha mal teve tempo de ver um exemplar, visto que morreu no mês seguinte, em Roma. De um lado de sua cama se encontrava Gustavo, e, do outro, Axel. No momento de expirar, ela se voltou para este último, que segurava sua mão, e murmurou: "Venha logo". Assim acabou uma relação que durara 37 anos.

Mas Axel não teve pressa para acompanhar Vitória ao Além. Aos 73 anos, começava para ele outra trepidante etapa de sua vida. Um oftalmologista suíço o operou e devolveu a visão a seu olho. A notícia do sucesso da operação saiu em todos os jornais do mundo.

Seus admiradores lhe escreviam cartas de todos os cantos expressando-lhe seu apreço. Por influência do livro, milhares de pássaros foram liberados de suas gaiolas – supostamente, com consequências catastróficas para a vida deles. E Mussolini, também influenciado pela obra, proibiu por decreto a caça de pássaros em Capri. Apesar de seu amor pela solidão, Munthe adorava a fama e os elogios. Curtia como uma criança as boas críticas, e ficou feliz quando Kipling afirmou que *O livro de San Michele* era o livro que ele gostaria de ter escrito. Definitivamente estabelecido em Torre di Materita, Axel continuou recebendo a visita das celebridades que passavam pela ilha. Greta Garbo quis conhecê-lo e visitar San Michele, e, quando as sombras iam-se cingindo sobre a Europa, Stefan Zweig, a caminho da América, passou três horas em Anacapri com Munthe, que escreveu, em *O livro de San Michele:* "Durante o almoço e as sobremesas ele me perguntou sobre diversos métodos de suicídio, quais eram indolores e por quê. Eu nunca havia encontrado ninguém tão obcecado com a morte". Poucos anos depois, Zweig e sua esposa se suicidaram no Brasil.

Munthe achava que poderia esperar o desenlace da Segunda Guerra Mundial entrincheirado em Torre di Materita, mas a situação em Capri ficou tão delicada devido à escassez de alimentos e à invasão do sul da Itália pelos alemães que ele teve que abandonar a ilha. A balsa que o levou a Nápoles foi bombardeada, mas conseguiu chegar ao porto sem grandes consequências. Uma vez em Roma, Axel se dirigiu à embaixada da Suécia, e dali o levaram de avião a Estocolmo. Munthe sempre quis voltar a Capri para acabar seus dias lá, mas nunca voltou. Seu coração estava muito fraco, e ele temia que uma viagem de avião acabasse sendo funesta. A ideia de voltar a Capri se tornou uma obsessão. As agências de viagem de Estocolmo o temiam, porque ele as oprimia com consultas sobre as diversas possibilidades de viajar para Nápoles, que sempre acabava descartando. Seu último contato com Capri desapareceu quando teve que permitir que Vittorio Massimino, filho de sua governanta e seu cuidador em Estocolmo, regressasse à ilha, porque o rapaz estava terrivelmente infeliz na Suécia. Gustavo v lhe cedeu dois aposentos na ala mais afastada do palácio de Estocolmo. Munthe concordou em se estabelecer ali com a condição de que fosse liberado de qualquer protocolo. Na velhice, a vida reuniu Axel e Gustavo, que se viam uma vez por semana para almoçar e conversar. "Gostamos de nos entediar juntos", Munthe costumava dizer; mas, na verdade, os dois anciãos passaram a curtir a companhia um do outro. Seu âmbito de ação foi-se reduzindo cada vez mais. Já raras vezes abandonava o palácio, e, com o passar do tempo, seus aposentos. Redigiu seu testamento e, depois de muito pensar, legou San Michele ao governo sueco com a condição de que transformasse a vila em um centro para promover as relações entre Suécia e Itália. Distribuiu o resto de suas posses entre seus filhos e doou o dinheiro aos lapões e a organizações de proteção animal, as duas causas que ele apoiara durante toda sua vida. O médico que não tinha medo da morte, mas sim do processo de morrer, faleceu enquanto dormia, em 11 de fevereiro de 1949, aos 91 anos. A seu pedido, não se celebrou nenhum tipo de ofício religioso. Seus filhos espalharam as cinzas em frente a uma desolada ilha do mar do Norte, onde se ergue um farol chamado Pater Noster.

Uma visita a San Michele

Cheguei a Capri em um entardecer de início de primavera, na balsa que liga Sorrento à ilha, depois de ter percorrido a pé a costa amalfitana. Olhando de um dos caminhos dessa costa espetacular, conhecido como "caminho dos deuses" – Sentiero degli

Dei –, a perspectiva fazia que Capri aparecesse como um caprichoso remate da península sorrentina, e não como uma dessas três agônicas excrecências dos Apeninos que, junto a Ísquia e Prócida, se erguem no golfo de Nápoles. Capri é uma ilha pequenininha de apenas seis quilômetros de comprimento por 2,8 quilômetros de largura. No ano 29 a.C., tornou-se propriedade dos imperadores de Roma, e Augusto construiu lá uma grande vila. Tibério, seu sucessor, mudou sua corte para a ilha, e construiu mais dez vilas, uma mais luxuosa que a outra. Após a queda do Império romano, Capri compartilhou o malfadado destino de todas as ilhas do Mediterrâneo e conheceu a fome, pragas, o acosso dos piratas, conquistas e reconquistas. Após o redescobrimento da Gruta Azul, no século XIX, Capri se tornou local de residência de artistas e ociosos e balneário ocasional. No *Harper's Bazaar* de 1888, lia-se: "Quem visita Capri encontra em seu céu cor de anil, seu ar límpido e nos cumes de seus montes um refúgio para os transtornos bronquiais, a febre e outros males físicos". Foi nessa época que se construiu o Grand Hotel Quisisana, que literalmente significa "Aqui se cura".

Na manhã seguinte, eu estava ansiosa para visitar San Michele. Em um primeiro momento, minha intenção era subir a pé os quase oitocentos degraus da Scala Fenicia para imitar o jovem Munthe, mas a sensatez de Mario, o gentil recepcionista de meu hotel, acabou-se impondo. Com um expressivo gesto italiano com a mão, e sem uma palavra, ele me disse: "Está maluca?". De modo que lhe dei ouvidos e peguei o ônibus que liga Capri a Anacapri, o povo de baixo com o da montanha, unidos por uma sinuosa estrada, mas separados por uma velha e incurável inimizade desde que Frederico de Aragão, chamado para decidir sobre as discórdias entre os habitantes das duas vilas, posicionou-se a favor do pessoal de Capri.

Depois de dez minutos, o ônibus me deixou na Piazza Vittoria, em Anacapri. Em seu livrinho *Capri*, Alberto Savinio escreve que a Villa San Michele é algo como uma mistura de mesquita, igreja protestante e túmulo nobre. Em minha imaginação, eu sempre a representara como uma espécie de palácio encantado pairando sobre o mar, com um oloroso jardim mediterrâneo transbordante de maravilhosos restos arqueológicos. Ou seja, o paraíso mediterrâneo por excelência. Mas o edifício branco que apareceu diante de mim quando acabei de percorrer o Viale Munthe parecia mais um convento, ou uma fortificação. A porta estava aberta. Paguei os seis euros da entrada e comecei a visita. Era bem cedinho, e não havia mais ninguém na cozinha, primeiro cômodo em que entrei. Era pequena e rústica, e estava bastante escura. Esse era o feudo de Giovannina e Rosina. Ali elas preparavam o macarrão do doutor e de seus convidados, que deixaram registro por escrito sobre o caráter espartano da vida na Villa San Michelle. Macarrão, salada de tomate e vinho branco de Capri constituíam a quase invariável dieta doméstica. Em uma vitrine estavam conservados os belos pratos de cerâmica de Gubbio nos quais Munthe gostava de comer. Fui para o pátio, que, ao contrário, estava inundado de luz. Dali se tem acesso a todos os aposentos da casa e também ao andar superior, por uma linda escada que acaba em uma galeria de arcos sustentados por colunas estriadas. No centro, reconheci a borda do poço, de mármore branquíssimo, procedente do convento das Sepolte Vive de Nápoles, feito do que em outros tempos foi uma pilastra, um altar romano, com seu lindo relevo de frutas e flores expressando sensualidade e alegria de viver. Também achei o pátio pequeno, como quando você volta, já grande, a um lugar que havia magnificado com seus olhos infantis. Entrei em uma sala que continha fotografias e painéis grandes que explicavam a vida de Munthe como médico, como esteta e como amante dos animais.

Uma sombra atravessou velozmente o aposento. A essa altura, eu já me havia acostumado a ter a vila só para mim. Fantasiando que era uma convidada, entrei no espaçoso quarto de Munthe. Havia uma cama de casal, com uma cabeceira renascentista siciliana, segundo dizia a etiqueta informativa – que, junto com o cordão vermelho que impedia que eu me aproximasse demais, devolveu-me à realidade, fazendo-me recordar que estava em um museu. Na antessala próxima à cama, montava guarda uma estátua clássica de um jovem deus nu, de tamanho natural. A porta-balcão estava protegida por grossas cortinas que mantinham o quarto quase na penumbra, como se ainda quisesse proteger da luz seu antigo morador. Também havia muitos livros, distribuídos em estantes e prateleiras. Peguei um ao acaso. Era *Elegias de Duino*, de Rilke. Da outra ponta do quarto, a enorme cabeça da Medusa me observava com seu olhar enlouquecido e a boca entreaberta. Uma companhia pouco recomendável para uma noite de insônia, pensei. Na sala veneziana, a misteriosa inscrição da marquesa Casati destacava-se acima do grande sofá onde ela recebeu, deitada e completamente nua, o escritor Compton Mackenzie quando este atendeu ao pedido de Munthe e foi rogar a ela que abandonasse a vila de uma vez para sempre.

Foi agradável ir à grande galeria e sentir a luz e o calor do sol. Ali, o mais destacável é a estátua de bronze do deus Hermes sentado, representado como um jovem pensativo. Ele não está sozinho. Está cercado por uma multidão de cabeças e torsos de figuras masculinas e femininas que observam o visitante de suas órbitas vazias. São os lares e penates da Villa San Michele.

Uma surpresa me aguardava no fundo do jardim. Todos os turistas estavam concentrados na praça circular onde se encontra a esfinge egípcia, que continuava olhando imperturbável o infinito enquanto uma grande multidão batia fotos ao lado de suas ancas. Embora a vista dali seja impactante, passei reto, apressada, e me dirigi à capela de San Michele. No caminho, encontrei a chamada esfinge etrusca, na realidade uma harpia, guardiã do submundo, metade ave, metade mulher. Como a egípcia, contemplava o infinito à beira do penhasco, só que na direção contrária, e, diferentemente daquela, carecia totalmente de admiradores. O etrusco sempre teve muito menos apelo que o egípcio. Chega-se à ermida por um estreito caminho ornado de ciprestes. Uma estátua do arcanjo guerreiro dá as boas-vindas ao visitante. A capela foi transformada por Munthe em biblioteca, sala de leitura e de música. Agora, só pode ser contemplada de fora, e, quando você se aproxima do limiar da porta, automaticamente as luzes se acendem e começa a tocar música de piano. Apesar das vicissitudes, a capela foi conservada exatamente como Munthe a deixou. Continuam ali as cadeiras do coro que servem de assentos para ler, a grande mesa de madeira abarrotada de livros, o piano ao fundo e, ao lado da janela, presidindo tudo, o grande Hórus de basalto, esse pássaro negro que os oficiais acompanhantes de Goering pediram a Munthe que o desse de presente ao lugar-tenente de Hitler quando este visitou a vila com intenção de comprá-la.

Minutos depois, enquanto descia para a Marina Grande pela Scala Fenicia, pensei que San Michele era uma verdadeira vila romana, ou, melhor ainda, que era a mais romana das vilas italianas, mesmo que houvesse sido construída por alguém proveniente de *Ultima Thule*. De fato, tudo em Capri continua sendo romano. Até na igreja de San Costanzo refulgem oito colunas de mármore que outrora adornavam uma luxuosa vila.

Ir embora de Capri sem ver a Gruta Azul é como ir embora do Egito sem ver as pirâmides. Era o que eu me dispunha a fazer quando, no dia seguinte, tive que escolher entre duas grutas. Munthe cita a Gruta Azul em *O livro de San Michele* como uma das maravilhas da ilha, mas menciona outra, de nome misterioso, como sua preferida. Quando sigo as pegadas de um personagem que me é querido, a viagem se transforma em uma espécie de peregrinação aos Lugares Santos, de modo que me decidi, sem hesitar, pela gruta de Matromania. Além do mais, essa tinha o atrativo extra de ser o único lugar mencionado por Nietzsche quando visitou Capri, durante sua estadia de um ano em Sorrento. Não há consenso acerca da origem do nome. Alguns acham que provém do deus Mitra, visto que, ao que parece, encontrou-se dentro dela uma estatueta que o representava. Mitra gozou de popularidade especial nos ambientes militares romanos, e seu culto instava à honestidade, pureza e coragem entre seus adeptos. Outros, porém, afirmam que o nome Matromania vem da Mater Magna, a deusa Cibele dos gregos, a "Senhora dos Animais" que habitava cavernas e montanhas. Capri é uma ilha para se andar. Talvez por isso a maioria dos visitantes não passe do pequeno núcleo composto pela Piazzeta de Umberto II e as ruas comerciais ao redor (ou optam por pegar uma lancha para visitar a Gruta Azul). Eu me afastei do centro pela Via Matromania em direção ao Arco Naturale, o primeiro marco de meu trajeto. Segundo a guia, essa espetacular formação geológica é o que resta de uma enorme gruta que antes adentrava os penhascos. A ação do mar foi ampliando a entrada, ao mesmo tempo que levava embora os escombros. Durante o Paleolítico, quando a ilha se elevou, a gruta ficou livre da ação do mar, mas o vento e a chuva continuaram fazendo seu trabalho, até obter o espetacular efeito que vemos hoje. Do Arco Naturale, o caminho, transformado em degraus, desce vertiginosamente até tornar a serenar, transformando-se em uma gentil trilha. Em um desvio que levava ao mar, o caminho conduzia à casa do escritor Curzio Malaparte, pseudônimo literário de Kurt Erich Suckert, autor de romances como *Kaputt* e

A pele – este último incluído durante um tempo no índice italiano de livros proibidos. "*Casa come me*" é o nome que Malaparte deu a sua vila em Capri, construída em 1938 em Punta Massullo, o escarpado promontório em frente ao qual eu me encontrava naquele momento. A entrada é proibida, mas dá para se aproximar o suficiente para curtir a vista e notar que a arquitetura moderna pode brigar com a paisagem e, ao mesmo tempo, encaixar-se maravilhosamente nela. Pelo menos aquela casa pintada de vermelho tijolo, com a escadaria externa em forma de pirâmide truncada e o telhado plano rematado por um muro curvo branco, havia conseguido. Voltei para o caminho principal e, por fim, cheguei à gruta de Matromania. Surpreendeu-me o fato de que fosse tão grande, e sua entrada, tão ampla. Não sei se foi habitada em tempos pré-históricos, mas tudo que resta agora é obra dos romanos. Tem dois níveis, aos quais se chega por degraus entalhados na rocha, e, na parede do fundo, altíssima, restam dois grandes nichos, outrora decorados com gesso. O reputado arqueólogo Amedeo Maiuri escreve em *Storia e monumenti* que a misteriosa gruta foi transformada pelos romanos em um luxuoso ninfeu:

> A gruta, de formas irregulares, foi consolidada pelos romanos com poderosas obras para assumir a forma de uma sala retangular com absides, fechada nas laterais com dois muros que sustentavam o teto abobadado da gruta, ao passo que o fundo era formado por dois nichos semicirculares e pela parede natural da rocha da qual brotava um manancial: uma escadaria permitia subir até a límpida e linda fonte.

Maiuri acrescenta que a decoração não era menos bonita: tesselas coloridas que compunham sofisticados mosaicos, incrustações que imitavam estalactites e madrepérola e gessos policromados que cobriam as paredes dos muros e a abóbada, segundo a moda das mais suntuosas vilas romanas. A beleza selvagem do lugar, entre bosques e rochas, escreve Maiuri, teria propiciado a celebração de ritos orgiásticos em homenagem à deusa Cibele. Tentei imaginar as dançarinas executando danças coribânticas em uma gruta profusamente decorada, mas o máximo que consegui foi evocar essas bacantes de teatro, mocinhas com pouca roupa que dançam mais ou menos freneticamente nas cenas de bacanais dos peplos de Hollywood. Subi os dois lances de degraus e cheguei ao fundo da gruta. Ao me voltar, o sol da manhã tremeluzia no mar, criando um forte contraste com a penumbra da gruta. Enquanto saía, reparei nos restos de muros de pedra e argamassa que haviam ficado arrasados e despojados de qualquer adorno. Essa visão me comoveu profundamente, e, de repente, eu me senti embargada por uma estranha emoção. Tudo que havia visto no dia anterior na Villa San Michele fundiu-se com aqueles restos despidos do naufrágio dos séculos, e, durante alguns instantes, perdi a noção de tempo e espaço. Então, compreendi. Munthe não havia sido arrancado de San Michele só pelo excesso de luz, mas também pelo excesso de beleza. Há de se pagar um alto preço por viver em tão estreito contato com o sublime. Por isso, Munthe havia-se resguardado entre os grossos muros de Torre di Materita, cercada, por sua vez, de um denso bosque, de costas para tudo. Fiquei um bom tempo na entrada da gruta, perto do caminho, incapaz de abandonar o lugar. A meu redor, a primavera resplandecia por todos os lados, provocando esse "murmúrio cósmico que só existe em Capri" de que Norman Douglas fala em *Siren Land*. Senti uma intensa mescla de gratidão e felicidade. Gratidão àquelas velhas pedras romanas que me haviam permitido vislumbrar a beleza durante alguns instantes. E a Axel Munthe, por ter materializado a essência eterna do Mediterrâneo.

Enquanto tomava o caminho de volta, eu me perguntava aonde teria ido parar o espírito de Munthe. Tinha certeza de que não ficara vagando pelo farol de Pater Noster. Frio demais, escuridão demais. Eu não tinha dúvida de que havia voltado para Capri, e essa gruta podia ser um dos lugares que frequentava, além das vilas romanas e a fazenda do velho Pacciale de que tanto gostava, situada sob as ruínas de Damecuta. Enquanto eu me aproximava do mirante de Tragara, lotado de gente querendo curtir o primeiro verdadeiro dia de primavera e a vista dos famosos Faraglioni, recordei as palavras de Henry James em *Horas italianas*: "Não há nada como a solidão para convocar o espírito do lugar". Também me dei conta de que estava faminta. Talvez você vá embora de Capri sem ver a Gruta Azul, disse a mim mesma, mas não sem provar o espaguete do restaurante Da Gemma, o mais famoso da ilha. Não, esse pecado eu não estava disposta a cometer. Além do mais, naquele momento, não me ocorreu melhor maneira de reequilibrar o corpo e o espírito.

D. H. LAWRENCE, O ADORADOR DO SOL

I am that I am from the sun, and people are not my measure.

D. H. Lawrence, **Aristocracy of the Sun**

Em agosto de 1820, seis meses antes de sua morte em Roma, John Keats escrevia a um amigo: "Creio que ainda não é tuberculose, mas será se eu ficar neste clima o inverno todo; de modo que estou pensando em ir para a Itália". Durante o século XIX, a busca e exposição ao sol estava reservada a tuberculosos e outros "casos de pulmão", enquanto o resto dos mortais (pelo menos os de pele branca e classe social abastada) considerava o sol uma força perigosa que devia ser evitada a todo custo. Os jovens britânicos que viajavam para o Levante eram alertados por suas mães a evitar as três coisas mais perigosas que poderiam encontrar lá: o vinho, as mulheres e o sol. A heliofobia era uma parte essencial do sistema de classes, para distinguir as pessoas finas das menos finas, e, nas colônias, os administradores dos administrados.

Com o novo século, surgiram as primeiras mudanças de atitude em relação ao sol. Em 1902, André Gide descreveu, em *O imoralista,* os benefícios que o tuberculoso Michel obteve tomando sol nu na Itália, em uma das primeiras manifestações literárias de heliofilia, uma tendência que, a partir de então, seria incontida. Hermann Hesse, imitando Michel, foi para a Itália tomar sol para se curar de suas enxaquecas e da gota. Os cartazes dos trens britânicos começaram a lançar mensagens como "O sol é vida" e "Venha à Riviera", com sedutoras imagens de lugares idílicos banhados de sol e salpicados de palmeiras que convidavam a provar os prazeres da vida. Durante a Primeira Guerra Mundial, os soldados presos nas trincheiras do norte da França ou Bélgica, consumidos pelo frio, a umidade e, alternativamente, pelo medo e o tédio, não sonhavam com lugares exóticos e distantes, e sim com as delícias de Capri, Portofino ou Menton, aonde fugiriam assim que o pesadelo da guerra terminasse. Em 1917, Norman Douglas publicou *Vento sul*, romance que atingiu uma enorme popularidade e cuja trama se desenrola na mediterrânea ilha fictícia de Nepenthe, cópia de Capri. Lá o sol brilhava todos os dias, e era a causa do "paganismo, da nudez e do riso", em contraste com o que acontecia nos países do Norte, "terras propícias somente para os lobos".

"O sol é minha necessidade mais íntima"

Desde 1911, aos 26 anos, o fantasma da tuberculose ameaçava a D. H. Lawrence, de modo que não é de se estranhar que repetisse como um mantra: "O sol é minha necessidade mais íntima", ou que fizesse do sol o eixo de sua existência e de suas peregrinações pelo mundo. David Herbert Lawrence, Bert para a família e os amigos, nasceu em 11 de setembro de 1885, em Eastwood, Nottinghamshire, Inglaterra. Foi o quarto filho de um desventurado casal formado por um minerador e uma mocinha provinciana com ares de grandeza. Bert foi um menino enfermiço e delicado. Na escola, buscava a companhia das meninas e evitava brincadeiras e esportes violentos. Aos olhos de seus colegas masculinos, era um molengão, e mais de uma vez levou surras por isso. Mas Bert tinha recursos próprios: era inteligente, destacava-se em matemática e brilhava em redação; e, ainda por cima, pintava e escrevia poemas. Aos dezesseis anos, ganhou as três modalidades de um concurso literário local apresentando-se sob seu próprio nome e o de duas amigas. Assim ganhou suas primeiras três libras com a literatura.

Sua mãe queria que ele fosse professor, e, graças a suas boas notas, pôde entrar na Nottingham High School, instituição na qual foi o segundo filho de minerador a ser aceito. Na faculdade, começou a escrever febrilmente poesia, relatos curtos e o esboço do que seria seu primeiro romance, *O pavão branco*. Escreveu também um ensaio sobre Chesterton e tornou-se membro de uma "sociedade para o estudo dos problemas sociais". Leu Schopenhauer, o evolucionista Ernst Haeckel e William James e declarou-se agnóstico. Aos 23 anos, arrumou emprego em uma escola do distrito londrino de Croydon. Era a primeira vez que se afastava da família e de Nottingham. O romancista e editor Ford Maddox Ford publicou os poemas de Lawrence na revista que dirigia, a esquerdista e radical *The English Review*, e o introduziu no círculo literário de Londres, onde, além de conhecer H. G. Wells, W. B. Yeats e Ezra Pound, manteve contato com o círculo psicanalista. Aos fins de semana voltava para Eastwood, onde sua mãe estava gravemente doente de câncer. Pouco antes de ela morrer, ele pôs nas mãos dela um exemplar de seu primeiro romance, especialmente encadernado para ela. A mãe mal lhe dirigiu o olhar. Ela sabia que aquele livro significava não só o abandono da carreira profissional que ela havia escolhido para seu filho, como também sua independência moral e intelectual. Bert nunca se livraria do fantasma da mãe e do casamento infeliz dela, e consagrou grande parte de sua obra a tentar desentranhar como deveriam ser relações satisfatórias entre homens e mulheres. Começou a escrever um novo romance, *Filhos e amantes*, no qual verteu todas suas experiências da infância, e a contemplar a ideia de ir para o exterior e viver da literatura. No inverno de 1911, pegou pneumonia e caiu gravemente doente.

Ficou um mês entre a vida e a morte, mas, milagrosamente, conseguiu sobreviver. O que ficou evidente após a experiência foi que sua vida seria curta, de modo que decidiu vivê-la ao máximo.

Surge "Ela"

Na primavera de 1912, aos 26 anos, Lawrence se sentia sozinho, doente, triste e sem rumo. A única coisa que o mantinha vivo era a compulsão de escrever. Ele havia tido relações afetivas com três garotas de seu entorno de Nottingham, e às três havia prometido casamento, voltando atrás pouco depois. Com todas elas havia mantido as tímidas relações que podia consentir uma garota daquela época que quisesse chegar virgem ao casamento. Lawrence ansiava abandonar a Inglaterra, cujo clima e ambiente lhe pareciam asfixiantes, e pediu assessoria a seu antigo professor de francês, Ernest Weekley, sobre a possibilidade de lecionar em uma universidade alemã. Weekley era um afável professor de línguas modernas da universidade de Nottingham, que gentilmente convidou seu aluno – a quem considerava um gênio – a almoçar em sua casa. Lawrence declinou o convite porque não queria incomodar, mas tornou a ser convidado pela própria esposa de Weekley. Dessa vez, não pôde recusar.

Frieda Weekley, nascida baronesa Frieda Johanna von Richthofen, veio ao mundo em 1879, em Metz, então Alemanha. Era uma mulher atraente, de cabelos louros e tez branca, nariz fino e pômulos pronunciados em um rosto de traços harmoniosos. Era alta e de formas opulentas, algo muito admirado em uma época que relacionava as amplas curvas à voluptuosidade, à saúde e inclusive à riqueza. Ernest Weekley a havia conhecido durante umas férias na Selva Negra, e tinha 34 anos quando, em 29 de agosto de 1899, se casou em Friburgo com a virginal Frieda, de apenas vinte. O casal recém-casado foi para Nottingham, e ali nasceram seus três filhos. Frieda era razoavelmente feliz: tinha um marido que a adorava, três crianças louras e encantadoras e todas as comodidades da vida burguesa das províncias. Mas morria de tédio.

Na Alemanha, sua irmã mais velha, Else, era o protótipo da mulher emancipada. Em 1900, havia-se tornado uma das primeiras mulheres doutoradas em economia pela universidade de Heidelberg, com uma tese sobre os direitos dos trabalhadores orientada pelo eminente sociólogo Max Weber. Mais tarde, Else conseguiria o cargo de inspetora de fábricas do estado de Baden, supervisionando as condições trabalhistas das mulheres.

Frieda, enquanto isso, quando os filhos já haviam crescido o suficiente, começou a passar temporadas cada vez mais longas com sua família na Alemanha, onde surgiam incessantemente ideias e movimentos revolucionários. Na primavera de 1907, apresentaram-lhe o deslumbrante Otto Gross no bairro de artistas e boêmios de Munique. Com a avassaladora franqueza que a caracterizava, Frieda pediu a Gross que fosse seu amante. Gross, neurologista e psiquiatra, contava então com trinta anos e era considerado, ao lado de Jung, o discípulo mais brilhante de Freud. Havia publicado obras extremamente originais sobre o tipo de ideias que o entusiasmavam: a libido, o simbolismo sexual, o caráter prejudicial da repressão e a diferença psicológica entre homens e mulheres. Era alto, de intensos olhos azuis e cabelos louros emaranhados, ao que se acrescentava uma personalidade imensamente carismática que enlouquecia as mulheres. Levava uma vida agitada e hiperativa tanto emocional quanto profissionalmente, e era viciado em morfina e cocaína. O que em princípio havia sido uma experimentação médica lhe estava fugindo ao controle, a ponto de acabar com ele poucos anos depois. Gross era casado e amante de Else, a irmã mais velha de Frieda, que esperava um filho dele quando sua irmã mais nova o conheceu. Com a total aquiescência de suas outras duas mulheres, Gross começou com Frieda uma tormentosa relação amorosa. Ele havia encontrado a mulher de seus sonhos, totalmente desinibida, pouco preocupada com a reputação e eroticamente inovadora: era a encarnação de todas suas esperanças em uma nova ordem sexual mundial. Em troca de tanta plenitude, Gross apresentou a Frieda as teorias de Freud e a fez ler Nietzsche. Também a convenceu de que seu destino era ser uma musa erótica para consolo e libertação do homem de gênio.

Assim era a mulher que cinco anos depois, em março de 1912, esperava a chegada do jovem aspirante a professor, que, um tanto assustado e vestindo seu melhor terno, mal podia imaginar que naquela vila vitoriana de aspecto honorável estaria prestes a acontecer um cataclismo. Vinte minutos após se conhecerem, Frieda já havia levado Lawrence para a cama. Sabemos disso porque ele mesmo conta todos os detalhes em seu romance autobiográfico *Mr Noon*, publicado oito anos depois: "Uma experimentada sedutora literalmente capturando sua presa a caminho da sala de jantar". Em um encontro que necessariamente deve ter sido breve, devido às circunstâncias, os dois novos amantes tiveram tempo de alcançar os mais altos cumes da paixão erótica. Ele, por fim, conheceu "o maravilhoso, violento e genuíno desejo", e ela teve tempo de lhe dar duas pistas rápidas: que era infiel a seu marido por princípios e que nenhum amante poderia jamais ousar equiparar-se a Otto Gross. Também falaram de Nietzsche, de Freud e do assunto de Édipo, sem que ela soubesse ainda que aquele jovem estava escrevendo um romance sobre um filho apaixonado pela mãe. Em contrapartida, Lawrence a convenceu de que ela estava desperdiçando a vida em um medíocre entorno burguês. E, se lhe disse ou não nesse momento, ele já havia decidido que Frieda seria sua mulher, fosse o que fosse que acontecesse.

Os 25 minutos de atraso de Weekley para chegar a casa foram, talvez, os mais intensos da história. Ele havia esquecido totalmente o compromisso com seu antigo aluno, e se demorara mais que o habitual em seu escritório para concluir umas tarefas profissionais. Quando chegou, seu casamento havia terminado.

Apesar da hesitação inicial de Frieda, na sexta-feira, 3 de maio de 1912, os dois amantes se encontraram às duas da tarde diante da sala de espera da estação de Charing Cross para pegar o navio noturno para Ostende. Ele tinha onze libras no bolso e esperava receber cinquenta no fim do mês por seu segundo romance, *The Trespasser*. Nenhum dos dois se importava com posses materiais ou com dinheiro: o que valorizavam acima de tudo era a palavra escrita. Na bagagem, ele levava o manuscrito de *Filhos e amantes* que lhe propiciaria o reconhecimento definitivo como escritor; ela, as cartas de Otto Gross.

Em Munique, Else os acolheu e lhes recomendou que se dirigissem à Itália, país que durante gerações havia sido refúgio de amantes em fuga, divorciados, homossexuais e de todo aquele que quisesse fugir do asfixiante clima moral da Inglaterra. E, além de tudo, a vida lá era barata. E por que não fazer a viagem a pé? Else era uma alpinista consumada, e sugeriu a eles a rota que atravessa os Alpes desde Munique até Verona pelo passo do Brennero. Em 5 de agosto de 1912, puseram-se a caminho. Cobriam distâncias de quarenta quilômetros em três dias, e, a seguir, faziam longos trajetos de trem. Dormiam em palheiros e em capelas iluminadas à luz de velas. Quando encontravam uma aldeia de que gostavam muito, ficavam nela uma semana para se recompor. Juntaram-se a eles dois amigos da Inglaterra, David Garnett, filho do então editor de Lawrence, e Harold Hobson, um jovem atraente, bronzeado e muito simpático. Em menos de dois dias, Frieda já havia seduzido Hobson, certa manhã em que Lawrence e David haviam passado estudando a flora silvestre. De novo sozinhos, seguiram viagem a pé. Frieda não pensou em um momento melhor para confessar a ele sua infidelidade do que um entardecer frio, quando estavam cansados e, além do mais, haviam-se perdido. Foi uma declaração de intenções de quem não estava disposta a ter restrições no amor, por mais que houvesse abandonado o marido e os filhos por ele. Uma declaração de alguém que, falando pela boca de Otto Gross, louvava o estilo de vida que se praticava em lugares como Ascona, um dos centros do amor livre e do nudismo. Ali se ensinava que o sexo tinha poder redentor, que o casamento era repressivo e que o ciúme era uma manifestação do egoísmo.

Chegaram por fim a Bolesano, lugar de que não gostaram, por ser austríaco demais; seguiram até Trento, e, na estação de lá, viram uma placa anunciando Riva del Garda. Essa era a imagem do sul quente e luminoso com que sonhavam. Estavam com uma aparência horrível, sujos e sem dinheiro, mas fazia sol, e tudo reluzia como se fosse novo.

Crepúsculo na Itália

A Itália foi generosa com Lawrence. De cara, deu-lhe um nome novo: o anódino Bert foi substituído pelo vistoso e elegante "Lorenzo". Deu-lhe sol a rodo, algo que ele considerava vital para sua saúde maltratada. Permitiu-lhe viver em lugares que ainda eram escandalosamente lindos (e baratos). E, em Florença, escreveu e publicou o livro que muito mais à frente o tornaria definitivamente rico e famoso, *O amante de lady Chatterley*. Em troca, ele lhe dedicou três dos livros de viagens mais curiosos e apaixonados jamais escritos: *Twilight in Italy*, *Sea and Sardinia* e *Sketches of Etruscan Places*. E, além de tudo, ele a amou acima de todos os lugares do mundo.

Em setembro de 1912, Lawrence e Frieda se estabeleceram naquela que seria sua primeira casa juntos, a Villa Igea, em Gargnano, uma vila pintada de rosa com portas-balcões que davam para o lago de Garda e cujo nome significa "saúde". Lawrence escrevia sem parar, e Frieda fazia o papel de musa. Praticavam juntos o *dolce far niente*, estudavam italiano, e suas cartas se encheram de "pequenos bosques de oliveiras, laranjeiras e limoeiros, figos, pêssegos, uvas azuis-escuras e um lago da mesma cor, claro como um diamante". Também descobriram as praças e as fontes, os passeios à beira do lago, a vida na rua e o aroma dos pinheiros e limoeiros que impregnava tudo.

Em 14 de julho de 1913, durante uma breve visita à Inglaterra, casaram-se em um tribunal do sul de Londres, com seus amigos Katherine Mansfield e John Middleton Murry como testemunhas, e "com nevralgia no olho esquerdo e o coração pelo chão", segundo escreveu a um amigo. Nesse mesmo ano se mudaram para Fiascherino, uma pequena aldeia de pescadores no golfo de La Spezia, a uma hora a pé de San Terenzo, onde viveu e de onde zarpou em sua última viagem o poeta Shelley.

Viver na Itália também afetou sua aparência. Ele deixou crescer a barba para disfarçar seu semblante de tísico com pômulos afundados e queixo proeminente. O terno escuro e os sapatos foram substituídos por camisas brancas e alpargatas, e inclusive se atreveu a ditar moda, como diriam hoje nossos *fashion victims*, usando terno com alpargatas e sem meias.

O relato de sua primeira experiência italiana está registrado no livro de viagens *Twilight in Italy*. Sem mencionar Frieda em momento algum, Lawrence narra sua viagem a pé pelos Alpes e seus primeiros vislumbres do Mediterrâneo, ainda em terras suíças, quando começam a aparecer as primeiras oliveiras e ciprestes. Mas por que esse crepúsculo do título, se a seus olhos tudo era radiante, novo e imensamente bonito? Vemos uma pista no capítulo intitulado "The Lemon Gardens", no qual narra a visita a uma antiga mansão cujo proprietário lhe mostra a casa e o jardim, de onde se contemplam enormes campos de limoeiros que se estendem até o lago. O que para Lawrence é pura beleza, para o proprietário é uma carga, uma vez que não gera mais dinheiro. "Ah, *signor* Lorenzo", diz ele, "vocês ingleses têm o carvão, as máquinas e a riqueza, nós só temos o sol." Contudo, como tantos outros viajantes do Norte antes dele, além do sol, Lawrence ia em busca de um mundo antigo, ideal, de um paraíso inalterado pela modernidade. As palavras de seu anfitrião, somadas à melancólica visão dos limoeiros descuidados, fizeram-no dar-se conta de que a Itália da idade de ouro estava com os dias contados.

O livro termina com uma deliciosa imagem de Lawrence sentado em um café na Piazza del Duomo, em Milão, tomando um *bitter* Campari. Ele não gostou da catedral, que lhe parecia um porco-espinho de pedra. Em geral, nunca prestava muita atenção aos "monumentos". Era sábado à tarde, e a praça estava abarrotada de gente passeando, conversando e bebendo animadamente. Por uns instantes, a vida humana lhe parecia perfeita em toda sua intensidade.

Mas a perfeição italiana durou pouco para Lawrence. Estourou a Primeira Guerra Mundial, e, com ela, viram-se obrigados a voltar à Inglaterra. A experiência não poderia ter sido mais amarga, nem o reencontro com o clima de Londres mais prejudicial: crises de bronquite, resfriados que não curavam nunca. O cinza da cidade caiu sobre sua cabeça. Para piorar, estavam sem dinheiro, e tinham que viver de favor na casa de amigos. Frieda também tinha sua própria cota de amargura: Weekley não a deixava ver suas crianças, e Lawrence fazia todo o possível para que as esquecesse. As brigas entre o casal começaram a ser lendárias.

Desde a publicação de *Filhos e amantes*, Lawrence havia sido catapultado ao olimpo dos escritores, e, em Londres, todo o mundo queria conhecê-lo. Também começaram a temê-lo, porque ele não se envergonhava de transformar em material literário tudo que seus amigos lhe contassem. "Selecione alguns detalhes de destaque, utilize palavras precisas, explique o menos possível, mantenha um ritmo rápido, evite moralizar ou se deixar levar pelo sentimentalismo e baseie os personagens em gente conhecida" foram os conselhos que deu a uma amiga para escrever relatos. O último ponto fez que *lady* Ottoline Morrell ameaçasse processá-lo por difamação ao se ver refletida na desagradável Hermione de *Mulheres apaixonadas*, e Bertrand Russell deixou de falar com ele para sempre por se ver ridicularizado como seu simiesco amante. O compositor Philip Heseltine também se sentiu ultrajado ao se ver retratado, com sua mulher Puma, como os personagens Halliday e Pussum na mesma obra, e conta-se que sua vingança consistiu em usar como papel higiênico um dos ensaios de Lawrence de que não havia cópias.

Lawrence não era uma pessoa fácil. Podia passar de um sujeito encantador a um indivíduo sisudo e intratável. Tinha ataques de cólera repentinos, cujo alvo costumava ser Frieda, que os suportava com estranho estoicismo, mesmo quando a bronca degenerava em agressões físicas. Um dia, ele chegou inclusive a jogar uma taça de vinho em sua cara durante um jantar com amigos. O mais curioso era que depois de meia hora podiam estar de novo conversando animadamente, e que, no dia seguinte, ele continuava levando para ela, pontualmente, o café da manhã na cama, sem se esquecer de incluir uma rosa.

Quando seu romance *O arco-íris* foi proibido por obscenidade, ele decidiu que tinha que fugir de novo para o Sul, para um lugar quente, longe da guerra e da fealdade do mundo moderno. Concebeu a ideia de fundar uma sociedade utópica que chamaria de Rananim, nome tomado de uma canção hebraica de seu amigo Kotelianski. Lawrence demonstrava o entusiasmo de uma criança ao explicar sua ideia, cujo emblema era uma ave fênix sobre fundo preto:

> Quero reunir vinte almas e zarpar deste mundo de guerra e sordidez e fundar uma pequena colônia na qual não haja dinheiro, e sim uma espécie de comunismo para atender às necessidades da vida, e onde reine uma verdadeira decência.

Mas negaram-lhe o passaporte, e o casal teve que se conformar com se estabelecer na Cornualha, em uma velha casa de campo à beira do mar. A provinciana população de Padstow não estava acostumada com estranhos, e menos ainda artistas. Logo começaram os falatórios sobre Frieda. Sua roupa de cores espalhafatosas, e, especialmente, seu sobrenome alemão, não tardaram a se transformar em francas acusações de espionagem. Quis o acaso que um navio britânico fosse afundado em frente a essas costas por um submarino alemão, e o povo de lá se empenhou em atribuir o fato a sinais enviados da casa dos Lawrence por meio da roupa estendida no varal. Houve denúncias, abriu-se uma investigação, e, depois de uma vergonhosa revista em sua casa, deram-lhes três dias para abandoná-la.

A fuga incessante

No total, ficaram cinco anos na Inglaterra por causa da guerra. Assim que teve o visto em seu poder, Lawrence voltou à Itália, e, dessa vez, sozinho. Frieda e ele haviam-se separado depois de outra discussão por causa dos filhos dela. Ele se estabeleceu em Florença, que não lhe poderia ter oferecido uma recepção mais calorosa. Ali estava também sua amiga recém-divorciada Rosalyn Baynes, em companhia de suas três filhas. Durante um mês, encontraram-se todas as noites na vila de Rosalyn, que, com seus doces olhos castanhos e formas rotundas, mais tarde seria a modelo de Constance Chatterley.

Mas, acima de tudo, Lawrence se considerava um "homem casado", e mandava constantemente a Frieda, de Florença, cartões-postais pedindo-lhe que se juntasse a ele – o que por fim ela fez, depois de visitar sua família na Alemanha. Após uma curta estadia em Capri, dirigiram-se a Taormina, onde os aguardava a Fontana Vecchia, uma vila construída por volta de 1650 d.C. utilizando silhares de um aqueduto romano ali perto. Situada a dez minutos a pé da cidade, a vila era o sonho de todo exilado mediterrâneo. Dois andares, aposentos espaçosos e ensolarados, um enorme jardim cheio de flores e pássaros e bosquezinhos de laranjeiras e oliveiras que desciam em terraços até o mar. E se ter "vista" era algo muito apreciado pelos viajantes que peregrinavam para o Sul, a Fontana Vecchia, suspensa em frente ao mar Jônico e com o vulcão Etna fumegando na distância, oferecia, talvez, uma das mais espetaculares da Itália. Em um canto afastado do jardim havia um manancial com uma velha fonte que dava nome à casa. Um cipreste com um túmulo romano a seus pés dava as boas-vindas e protegia a entrada.

Na Fontana Vecchia Lawrence levava uma vida de eremita epicurista. Com seu imenso poder de captar o espírito do lugar, ali ele o absorvia das pedras, das árvores, do vulcão que carinhosamente chamava de "bruxa malvada", do vinho e do azeite, da cor das ondas. Ele mantinha uma estreita relação com a alfarrobeira centenária que guardava a fonte e sob a qual gostava de escrever.

A paisagem da Fontana Vecchia foi imortalizada em um relato chamado "Sun", encomendado e pago por um extravagante norte-americano chamado Harry Crosby, que inventara um ritual caseiro de adoração ao sol – no qual o onanismo desempenhava certo papel. Em "Sun", sua protagonista, a nova-iorquina Juliet, estabeleceu-se com seu filhinho John em uma vila na costa siciliana para recuperar a saúde. Um dia, enquanto estava na cama, descobriu toda a magnificência da saída do sol que Lawrence transformou em um símbolo do falo ereto. Desde então, todos os dias ela ia a um cantinho secreto cercado de ciprestes, onde se entregava nua ao sol, que a possuía como o mais ardente dos amantes. Juliet introduziu o pequeno John nos mistérios do culto solar, e logo mãe e filho seriam a imagem da beleza e da saúde, para surpresa de Maurice, o marido, que realizava uma visita inesperada. Esse aparecimento serviu a Lawrence para nos apresentar um ser de chapéu cinza e terno escuro, um representante do "mundo exterior", esse lugar do qual Lawrence estava constantemente tentando escapar.

Mas os invernos mediterrâneos também podem ser muito duros. Durante dias sem fim, o vento não parava de soprar. Chovia constantemente e fazia frio. Em suas cartas, Lawrence começou a praguejar contra Taormina. O espírito do lugar havia-se voltado contra ele. Tinha que partir de novo. Mas para onde? Mudar-se para outro lugar da Sicília estava descartado. Ele considerou a possibilidade de se estabelecer na Espanha, mas, por fim, decidiu explorar a Sardenha. A viagem, que durou apenas uma semana, é relatada em *Sea and Sardinia*, um livro de viagens mal-humorado e meio sombrio, no qual, porém, Lawrence consegue transmitir genialmente sua visão de uma ilha abandonada a sua sorte, fora dos circuitos da civilização. O escritor passou os seis dias que durou a viagem brigando com o povo local, reclamando das comidas infames, da sujeira das pousadas, das tentativas de furto e do desconforto de trens e ônibus. Por que a pessoa não pode ficar quieta quando já vive em um lugar maravilhoso?, pergunta-se no começo do livro. A resposta é que os sicilianos o tiram do sério, mas acharia os sardos ainda piores, contribuindo para que ele descartasse a ideia de se estabelecer naquele lugar.

De volta à Fontana Vecchia, Lawrence escreveu de uma vez só o relato da breve expedição. Pouco podia imaginar que esse livro apressado lhe daria a resposta sobre onde se estabelecer. Em 5 de novembro de 1921, pouco depois da publicação de *Sea and Sardinia*, nos Estados Unidos, chegou uma carta de Taos, Novo México, assinada por Mabel Dodge Sterne, uma milionária que queria que Lawrence escrevesse um livro igual sobre Taos. De quebra, convidava os Lawrence a se integrar à colônia de artistas que estava criando, deixando claro que ela arcaria com todas as despesas. Não hesitaram nem um segundo. De repente, os Estados Unidos lhes pareciam o melhor destino possível, como um mundo ainda novo e cheio de possibilidades.

Certo amanhecer, abandonaram Taormina quase furtivamente. Seu espírito inquieto e errante foi mais forte que o feitiço de uma vila cuja musa gosta de atrair escritores. Em abril de 1950, Truman Capote descobriu Fontana Vecchia e ficou imediatamente apaixonado por sua beleza. Residiu nela durante dois anos e ali concluiu *A harpa de ervas*, o livro com que obteve fama mundial.

Quando se estabeleceram em Taos, Mabel deu a eles uma pequena chácara – na realidade, uma cabana de madeira –, que Lawrence pôs no nome de Frieda, uma vez que ele rejeitava qualquer propriedade. Mas ali também não se sentiu bem, apesar de se estabelecer em lugares cada vez mais elevados em busca de ar puro e alívio para seus pulmões. O adorador do sol se decepcionou com o espetáculo de uma dança do sol de índios do lugar, que achou falsa e dirigida a turistas. Naquele universo desagradável e primitivo, dominado por vastos horizontes e céus imensos, ele mergulhou na leitura dos filósofos pré-socráticos, e, sob sua influência, concluiu sua antologia de poemas iniciada em Florença em 1920, *Birds, Beasts and Flowers*, que contém algumas de suas reflexões mais bonitas sobre o mundo não humano. No ensaio "Pan in America", ele desenvolveu sua crença na unidade de toda a criação e em que "a vida consiste em uma viva relação do homem com seu universo, e não em uma conquista de uns por outros". Sentia-se especialmente ligado a um imenso pinheiro situado perto da chácara, contra o qual se apoiava todas as manhãs para escrever, com o caderno sobre os joelhos:

> Aqui, nesta pequena chácara sob as Montanhas Rochosas, um grande pinheiro se ergue como um espírito guardião em frente à cabana em que vivemos. A vida da árvore penetra a minha, e a minha, a da árvore. Nossa proximidade não pode deixar de nos afetar.

Georgia O'Keefe imortalizou o grande pinheiro em 1929, no quadro chamado *The Lawrence Tree*.

Em 1924, cuspiu sangue pela primeira vez, mas continuou negando a gravidade de sua doença e atribuindo o sintoma a um "problema de brônquios". As pessoas se voltavam na rua ao ver seu aspecto cadavérico, momento que Frieda aproveitava para aplicar ruge nas faces dele.

Depois de três anos e três romances, voltaram à terra do sol, Itália, passando antes pela Alemanha, onde o doutor Carossa, especialista em doenças pulmonares, examinou Lawrence. "Um homem normal teria sucumbido muito antes com esses pulmões. Os artistas são motivados por forças misteriosas e imprevisíveis", disse a Frieda após o exame. O médico lhe deu dois ou três anos de vida, no máximo.

Construa sua barca da morte

Em 1926, Frieda e Lawrence se instalaram em San Polo a Mosciano, nas colinas que dominam Florença. Alugaram o *piano nobile* da Villa Mirenda, um lindo casarão com vista para a cidade e cercado de um grande jardim e campos de oliveiras. Ali ele concluiu *O amante de lady Chatterley*, que, como se temia, foi rejeitado por seus editores ingleses por ser escandaloso. "Terminei meu romance" – escreveu a um amigo; "gostei, mas é tão indecoroso, segundo os pobres idiotas de sempre, que nunca chegará a ser publicado. Não pretendo cortá-lo." Então, surgiu o afável livreiro e antiquário florentino Pino Orioli, que ajudou Lawrence a publicar ele mesmo seu romance e a por fim ganhar dinheiro. A energia e entusiasmo que teve que empregar para se tornar editor representou outra façanha heroica para um homem com os pulmões meio carcomidos. O sucesso foi estrondoso. Choviam pedidos de exemplares de todos os lados, especialmente dos Estados Unidos, e as reedições se sucediam sem parar.

Agora ele tinha tempo para se dedicar com tranquilidade a um antigo e querido projeto: escrever um livro sobre os etruscos. Como quase todos os hiperbóreos que peregrinavam ao Sul, Lawrence também buscava recuperar a idade de ouro da humanidade e julgava tê-la encontrado nesse misterioso povo. Identificava-o com a *joie de vivre*, com a exaltação das coisas realmente importantes da existência, com uma raça feliz que havia sucumbido vítima da pesada maquinaria romana. Sentia-se bem nos "lugares etruscos", nome que deu a seu melhor livro de viagens, inacabado. As palavras que mais se repetem nele são "suavidade", "tranquilidade", "calma", "placidez", "aprazibilidade"... tudo que Lawrence recebia do mundo etrusco, cuja descrição adquire, sob sua pluma, a intensidade de uma prece.

Enquanto Frieda mantinha um *affaire* com Angelo Ravagli, um arrogante oficial da infantaria italiana, Lawrence partiu em companhia de seu fiel amigo Earl Brewster para visitar os restos etruscos disseminados pela Itália. Começaram pelo museu da Villa Giulia, em Roma, e dali foram de trem até Cerveteri, no Lácio, e Tarquínia, em Maremma, que naquela época ainda era uma zona pobre e pantanosa afetada pelo paludismo. Lawrence escreve sobre a região:

> Uma estranha quietude, uma curiosa paz emana dos lugares etruscos que visitei, muito diferentes do ambiente sobrenatural das ruínas célticas, da sensação de algo repelente que provoca Roma, da impressão horripilante que causam os locais das grandes pirâmides de Teotihuacán, Cholua e Mitla, no México, ou dos afáveis e idolátricos locais dedicados a Buda no Ceilão. Há sossego e suavidade nesses grandes montículos verdes, e ainda perdura no ambiente uma sensação de solidão e felicidade que se adverte ao longo do caminho central [...] há na atmosfera desse lugar semienterrado uma calma e uma aprazibilidade tais que nos provocam a sensação de que estar ali é bom para nossa alma.

Ele acha os túmulos "confortáveis", e não o intimidam. Para Lawrence, os gregos e romanos se esforçavam para impressionar.

Mas os etruscos não. O que estes criaram durante sua feliz existência de centúrias é tão natural e simples quanto respirar. Essa é a verdadeira qualidade etrusca: a descontração, a ingenuidade e a exuberância vital, tudo que desapareceu de nosso mundo. Para os etruscos, a morte era o natural prolongamento da vida plena que haviam conhecido na Terra, portanto, era um lugar alegre. Junto a cada falecido depositava-se uma pequena embarcação esculpida em bronze que o conduziria ao outro mundo, com os jarros que continham todo o necessário para seu uso: copos, vinho, joias, ferramentas e armas.

Em Tarquínia, os dois amigos começaram visitando o Palazzo Museo Vitelleschi, que contém o resultado das escavações realizadas na área. Lawrence o percorreu apressado, desejando escapar de uma atmosfera de abandono e profunda melancolia que, segundo ele, emanava de todos aqueles objetos tirados de contexto. Contudo, a visita do dia seguinte à enorme necrópole, que se ergue sobre uma colina em frente ao mar, acompanhados de um jovem guia e seu cão, encheu-o de gozo. À luz trepidante da lamparina de carbureto que o guia segurava para eles, Lawrence se extasiou diante do primeiro túmulo, o chamado "a caça e a pesca":

> Tudo é minúsculo, alegre, cheio de vida, espontâneo como só a vida jovem pode ser. Se não estivesse tudo tão danificado, a pessoa se sentiria feliz, porque aqui está representada a verdadeira vivacidade e naturalidade dos etruscos.

***

Para o viajante atual, é um enorme prazer percorrer os lugares etruscos acompanhado de Lawrence, deixando contagiar-se de seu assombro e entusiasmo. Ainda hoje Tarquínia é uma cidade provinciana, adormecida por trás de suas muralhas, e, felizmente, o Palazzo Museo Vitelleschi ainda não foi vítima das instalações multimídia que assolam outros museus europeus. Talvez seja um tanto bagunçado, sim, mas evocador e cheio de encanto. Os objetos etruscos continuam ali exatamente como Lawrence os viu, colocados nos frios corredores do palácio ou expostos em vitrines, e transmitem ao visitante o estupor que lhes sobreveio desde que foram tirados de suas moradas subterrâneas. Os túmulos da necrópole foram protegidos por um vidro para evitar que continuem sendo danificados, mas, quando desci pelos degraus de pedra e vi que a meu passo se acendia automaticamente uma luz, pude sentir o mesmo espanto que embargara Lawrence. As pinturas parecem ainda frescas e plenas de vida, com seus ocres, vermelhos e pretos e esse milagroso azul esverdeado que logo reapareceria com Giotto.

Lawrence imaginava a vida na Etrúria como uma festa permanente; uma existência que seus habitantes passavam dançando, comendo, bebendo e amando em meio a uma paisagem idílica, a uma natureza pródiga de doces frutos e a um mar cheio de golfinhos brincalhões. Essa era sua representação particular do paraíso.

Com o livro de Lawrence no bolso, não me era difícil contagiar-me de paz e sossego, posto que, em um dado momento, deixa de ser a crônica de uma viagem e se transforma no relato de um sonho. É a esse estado que o autor nos transporta: não é difícil começar a curtir uma aprazível tarde de sol, na qual, ao som das flautas, ver-nos-emos transportados a uma cena onírica; ou talvez o que nos sugira seja uma enorme melancolia por nunca ter conhecido essa perfeição vital, esse mundo intocado pela dor e fealdade. Algo que, por outro lado, nunca existiu, pois, ao que parece, o povo etrusco passou a vida toda guerreando e se defendendo dos inimigos.

É impressionante pensar na força e coragem de um homem próximo à morte que escolheu escrever sobre a plenitude e a beleza da vida, e que ao mesmo tempo era incapaz de dar nome a sua doença. Mas que já não podia mais se enganar; ele sabia que estava morrendo. Umas gencianas em um vaso ao lado da cama inspiraram-lhe o primeiro de seus dois maravilhosos poemas mortuários, "Gencianas bávaras"; o segundo é "A barca da morte":

> *Construa, pois, a barca da morte, já que deve empreender*
> *a mais longa viagem, a do esquecimento*
> *[...]*
> *Carregue-a com comida, docinhos e vinho para a escura*
> *travessia...*

Uma vez mais, ele extraiu uma nova dose de otimismo preparando outra migração anual. Como no inverno anterior havia-se sentido relativamente bem em Bandol, na Riviera francesa, de novo confiou que o espírito do lugar o curaria. Mas a deterioração já não se podia mais deter, e por fim ele concordou em ser transferido a um sanatório em Vence que tinha o ominoso nome de Ad Astra. Ali, escreveria cartas cada vez mais breves a seus amigos, não se esquecendo de elogiar a beleza do mar: "Continuo amando o Mediterrâneo; pela manhã, parece-me jovem como Ulisses". Mas o lugar era terrivelmente lúgubre para ele, e pediu a Frieda que o tirasse dali. Após muita fadiga, porque ninguém queria alugar uma casa para um tuberculoso, Frieda encontrou uma vila em Vence e contratou um médico corso e uma enfermeira inglesa para cuidarem dele. Na cama, Lawrence continuava escrevendo cartas, e inclusive tentou terminar uma crítica sobre um livro. Recebeu a visita de H. G. Wells, e Aldous e Maria Huxley. Na noite de 3 de março de 1930, morreu, aos 44 anos. Pesava 39 quilos. Estas foram as últimas frases que escreveu e que constituem seu melhor epitáfio:

> Agradar a Deus significa realizar alegremente o trabalho que se tem nas mãos e estar vivamente absorto em uma atividade que nos faz entrar em contato com o coração de todas as coisas; é um estado que qualquer homem ou mulher alcança quando está ocupado e concentrado em um trabalho que exige verdadeira habilidade, atenção ou devoção. A isso podemos chamar de Deus.

E, embora Lawrence gostasse de imaginar o paraíso como uma eterna celebração etrusca, prefiro imaginá-lo sentado ao sol do meio-dia no terraço de uma linda praça italiana, saboreando lentamente um Campari e, absorto, fazendo anotações para seu próximo livro. De costas para a catedral, evidentemente. Para ele, qualquer monumento não era mais que o símbolo da inocência perdida da humanidade. Por ocasião da morte de Lawrence, sua velha amiga Catherine Carswell resumiu sua vida assim:

> [...] não fez nada que realmente não quisesse fazer, e tudo que mais quis fazer, fez. Viajou o mundo todo, foi dono de uma chácara, viveu nos recantos mais bonitos da Europa e conheceu a quem quis conhecer e lhes disse que estavam enganados e que ele estava certo. Pintou e fabricou coisas, e cantou, e cavalgou. Escreveu cerca de três dúzias de livros, e até mesmo sua pior página dança com uma vida que não se poderia confundir com a de nenhum outro homem, enquanto as melhores são reconhecidas, inclusive por aqueles que o odeiam, como insuperáveis.

NORMAN LEWIS, A SELVAGEM POESIA DA GUERRA

Norman Lewis

> *Um ano entre os italianos me provocou tal admiração por sua humanidade e cultura que, se me fosse dada a possibilidade de nascer de novo, escolheria fazê-lo na Itália.*
>
> *Norman Lewis,* **Nápoles 1944**

Norman Lewis (1908-2003) afirmou ser a única pessoa que conhecia capaz de entrar em uma sala lotada de gente e abandoná-la pouco depois sem que ninguém notasse sua presença: considerava-se um homem semi-invisível. Uma infância estranha, que passou com pais que falavam com os mortos e três tias "psicologicamente instáveis", permitiu-lhe aprender a arte de fazer "como se não estivesse ali", assim como uma presa que adota uma imobilidade cautelosa enquanto fareja a presença de predadores. Como homem que gostava de passar despercebido, sempre fugiu da fama e de suas servidões, e, apesar de escritores do porte de Anthony Burgess ou Graham Greene o haverem qualificado como um dos melhores escritores do século xx, ele só concedeu sua primeira entrevista a uma revista literária aos 75 anos, certo de que seus livros e artigos reuniam tudo que tinha a dizer.

Como oficial de inteligência durante a Segunda Guerra Mundial, presenciou o desembarque aliado na Itália. Fruto dessa experiência foi *Nápoles 1944*, considerado um dos dez melhores livros jamais escritos sobre esse conflito bélico. Terminada a guerra, realizou diversas viagens pela Indonésia, Vietnã, Birmânia, Índia, América Latina, Sicília, Espanha e a Itália continental, que registrou em uma prosa sutil e evocadora, a ponto de o famoso crítico Ciryl Conolly dizer que ele podia fazer até um caminhão parecer interessante.

Esse homem reservado e discreto, que tinha entre seus principais prazeres o de cultivar lírios, passou de observador a pessoalmente envolvido por ocasião de uma viagem ao Brasil como enviado de *The Sunday Times*, quando testemunhou as atrocidades que o próprio governo brasileiro cometia contra as tribos nativas. O veemente artigo que escreveu, "Genocídio no Brasil", provocou uma resposta no mundo todo que conduziu à criação da Survival International, organização que ainda hoje se dedica à proteção dos povos indígenas da Terra. Lewis sempre disse que era o fato do qual tinha mais orgulho na vida. As atividades das ordens religiosas na Amazônia também estiveram em sua mira, e contra elas escreveu um livro que teve um grande impacto: *The missionaries*.

Norman Lewis foi cidadão honorário do Mediterrâneo. Não do Mediterrâneo luminoso, herdeiro do mundo clássico, mas do que contém suas facetas mais obscuras e primitivas. Sua primeira esposa foi filha de um mafioso siciliano estabelecido em Londres, com quem continuou mantendo uma calorosa amizade mesmo depois de o casamento ser dissolvido. A curiosidade por seu sogro e suas origens incitaram-no a se aproximar do mundo da máfia e do descobrimento da Sicília, uma terra que nunca deixou de fasciná-lo e sobre a qual chegou a ter um profundo conhecimento, como deixou registrado em *The Honoured Society*, obra que se tornou um clássico desse grande cronista do lado sinistro do velho mar.

Um círculo familiar decididamente excêntrico

Mas, onde está o perigo, cresce também o que lhe salva.

Friedrich Hölderlin, "Patmos"

Quando era pequeno, Norman Lewis gostava de se vestir de árabe: turbante, adaga na cintura e uma pistola em cada mão para aumentar o ar ameaçador. Seu aspecto de traços afilados, olhos e cabelos escuros e nariz aquilino, que os britânicos denominam *levantino*, englobando tanto um turco quanto um habitante do Magreb, combinava bem com a roupa e fazia esquecer suas origens galesas. Os poucos amigos que tinha em Forty Hill, distrito do norte de Londres onde nasceu em 1908, mais tarde o recordariam como um menino solitário, sempre observando de longe, sem participar dos jogos comunitários.

Em sua autobiografia *I came, I saw*, Norman Lewis começa o relato de sua vida aos dez anos, quando seus pais, Richard e Louisa Lewis, decidem mandá-lo para a casa do avô e das três tias, em

Carmarthen, no sudoeste do País de Gales. Era 1918, e a Primeira Guerra Mundial havia recém-acabado. Por que os Lewis quereriam se separar do único filho que continuava vivo dos quatro que haviam tido? A razão que Norman Lewis cita em suas memórias é que seu pai queria fazer dele um bom galês. Mas, quase no final de sua longa vida (chegou aos 95 anos), Lewis confessou a seu biógrafo, Julian Evans, que, durante sua dura infância em Forty Hill, foi o que em inglês se denomina *outsider*, um deslocado, um inadaptado na tribo:

> Obrigaram-me a ir para Gales aos dez anos por ser vítima de uma violência escolar de tal calibre que hoje teria saído na primeira página dos jornais [...]. [Meus colegas] gostavam de testar o que pudesse produzir a maior dor no menor tempo possível [...]. Lembro que, um verão, jogaram-me em um profundo leito de urtigas [...] e, no inverno, me cortaram com o fio das placas de gelo, deixando-me totalmente ensanguentado [...] uma mulher que passava com um carrinho de bebê se assustou tanto que me colocou nele para me levar para casa. Aquilo foi ainda pior que a dor que me haviam infligido.

Forty Hill era um distrito semirrural, habitado por famílias de operários das fábricas de armas próximas e por meeiros que trabalhavam nas plantações dos latifundiários locais. Era uma vida dura, marcada pela exploração, e os filhos desses trabalhadores não tinham contemplações. O pai de Norman, Richard Lewis, possuía uma farmácia, e a família tinha uma vida confortável. O pequeno Norman era mais rico, mais inteligente, tinha mais brinquedos e vivia em uma casa mais luxuosa, acusações suficientes para fazer dele o alvo continuado das frustrações de seus colegas.

Quando adulto, reconheceria que sua carreira de escritor e seu temperamento haviam sido marcados pela violência daquela época, e insistia na utilidade literária de certa dose de horror. Também concedia um lugar de honra ao tédio de sua infância: "Encheu-me de um enorme desejo de buscar novos horizontes o quanto antes, de viajar para lugares distantes e o mais diferentes possível".

Acompanhado de sua mãe, Norman fez a viagem a Carmarthen. Ao passar de Forty Hill a Gales, Norman Lewis trocou um entorno de violência e crueldade por outro de demência, ou, como seria rotulado hoje em dia, de transtornos neurológicos moderados. Investido da mais pura resignação da infância, ali ele chegaria a aperfeiçoar a arte de passar despercebido no inquietante mundo dos adultos.

Na casa à qual Norman chegou em julho de 1918 viviam seu avô, David Lewis, um dos próceres do local, e suas três filhas solteiras. O avô Lewis, de presença imponente, havia enriquecido de maneira um tanto fraudulenta, comprando e vendendo chá em mau estado procedente de um navio afundado no porto de Swansea. Com os ganhos, adquiriu uma casa na rua principal, que encheu de relógios e espelhos, instalou uma amante francesa nos arredores, pôde dirigir o primeiro Ford modelo T da cidade e comprou um papagaio cinza, que, segundo Norman, imitava com grande destreza o som das flatulências. Com ele viviam suas três filhas; Polly, a mais velha, era epiléptica e havia sofrido pelo menos um ataque diário desde os catorze anos; durante essas crises, uma vez caíra de uma janela, outra dentro de um rio e mais duas no fogo. Em consequência das queimaduras sofridas, seu rosto tinha um aspecto remendado devido às tiras de pele que haviam sido enxertadas de outras partes de sua anatomia.

Annie, a segunda tia, ria constantemente sem nenhum motivo aparente e quase não se comunicava com ninguém. Toda sua atividade se reduzia a se disfarçar com esmero, durante horas, de diversos personagens de outras épocas e culturas. Depois, passeava pela casa vestida de cortesã da rainha Maria, de cossaco ou de dançarina de flamenco. Já tia Li, a mais nova e mais tímida das três, passava a vida chorando ou ruminando suas desgraças. Foi a mais próxima de Norman, em quem descobriu um interlocutor disposto a ouvir suas desventuras.

Norman foi matriculado na escola de Carmarthen, a mesma na qual quarenta anos antes seu pai havia sido castigado por falar galês. As coisas haviam mudado, e algumas aulas eram ministradas nesse idioma – do qual Norman não entendia nem uma palavra. O professor já não castigava com golpes de vara, mas sem constrangimento expunha o ignorante ao ridículo diante da classe inteira. "Como temos que o chamar de agora em diante?", perguntava o mestre. E todas as crianças, com grande regozijo, respondiam: *"Dickie Dwl, sir"* ("Dickie, o idiota, senhor"). Depois, para aumentar a humilhação, era mandado para a classe dos pequenos para aprender.

Certa noite, um alvoroço incomum na casa o despertou: gritos, barulho de passos apressados, vozes que sussurravam sem parar. Um pouco depois, o médico apareceu com uma camisa de força. Tia Polly havia tentado o suicídio buscando enforcar-se na lâmpada do banheiro. A mãe de Norman correu depressa para levá-lo de volta a Londres, dando por concluída sua estadia em Gales. Na volta à casa paterna, esperava-o uma grande surpresa que tornou a lhe confirmar que o mundo dos adultos era regido pela irracionalidade mais absoluta: seu pai havia-se tornado médium espírita, "um profeta do novo despertar", segundo as palavras de sua mãe quando lhe deu a notícia.

Richard Lewis administrava de má vontade sua farmácia. Sua principal fonte de ganhos era um elixir de sua invenção que consistia em nada mais que água aromatizada com alho e uma pitada de quinina para dar aquele toque amargo que as pessoas exigiam daquilo que se supunha curativo. O elixir se tornou tão popular que as pessoas chegavam de longe para adquiri-lo, e os substanciosos lucros produzidos pela beberagem ajudaram a construir uma igreja – o Farol de Luz – no pátio dos fundos dos Lewis, para fornecer o consolo do espiritismo. A fim de não ficar à sombra de seu marido, que ganhava cada vez mais adeptos, Louisa Lewis fez durante um ano um curso de desenvolvimento psíquico, após o qual se sentiu preparada para curar mediante a imposição de mãos, prática com a qual chegou a obter também grande popularidade nos arredores, a ponto de um médico da região a denunciar no jornal local.

Enquanto o entorno familiar singrava os mares da insensatez, Norman encontrou certa paz em sua nova escola, o colégio de ensino médio de Enfield, onde, seguindo sua pauta de passar despercebido, conseguiu levar uma existência razoavelmente agradável. Em casa, pelo contrário, o apagado ambiente que ele recordava havia-se transformado em um ir e vir incessante de pessoas que lhe sorriam e o parabenizavam por pertencer a uma família tão afortunada. Pouco antes de sua mudança para Gales, seu irmão Monty havia morrido repentinamente, aos dezesseis anos. Agora – diziam-lhe –, tudo dependia de que aprendesse a desenvolver seus poderes psíquicos para poder voltar a se comunicar com seu querido irmão. Seus dois outros irmãos ele não havia conhecido, mas poderia também fazer contato com o corpo astral e imperecível deles.

O auge do espiritismo foi uma reação natural à carnificina da Primeira Guerra Mundial, da qual quase nenhuma família havia saído incólume. Diferente das igrejas tradicionais, que prometiam o reencontro com os entes queridos após o Juízo Final, o espiritismo proclamava que continuavam a nosso lado tal como os havíamos conhecido e que podíamos comunicar-nos com eles por meio dos videntes, médiuns, canalizadores de presenças e demais intermediários que agora surgiam por todo lado. Como alguém duvidaria dessa verdade se pessoas respeitadas, como *sir* Arthur Conan Doyle, difundiam sua mensagem?

Após a surpresa inicial, as sessões de espiritismo das quais seus pais o incentivavam a participar foram-se transformando em uma série de experiências tediosas, pouco ou nada diferentes umas das outras. A maioria das revelações do outro mundo se parecia com as mensagens pouco inspiradas que se escrevem com pressa nos cartões-postais de férias. O jovem Norman logo descobriu que os espíritos não tinham senso de humor, e que seus comunicados, fragmentados e insossos, caracterizavam-se por uma terrível monotonia e por tamanha falta de entusiasmo que faziam pensar em gente convalescente, cansada e especialmente chata. Uma vez – escreveu Lewis com fina ironia em suas memórias –, um médium perguntou diretamente a um espírito como era o além, e recebeu uma resposta digna de Hemingway: "Nada mal".

Junto com o espiritismo floresciam outras práticas, como a leitura de mãos e a interpretação das folhas de chá, as bolas de cristal, a numerologia árabe, os pêndulos, as cartas, o estudo da aura e inclusive a análise do voo das aves. Também surgiam modas, como a de consumir comprimidos de levedura, com os quais as pessoas gastavam fortunas, ou a de usar objetos considerados curadores, como o talismã de iodo do doutor Simpson, ou o mais estranho ainda Wonder Worker, um pequeno aparelho cilíndrico de baquelite criado inicialmente para curar hemorroidas, mas aceito depois como panaceia para curar todo tipo de males e que grande número de pessoas de diferentes classes e condições levavam permanentemente no reto.

"Quando terminei a escola, comecei a trabalhar com meu pai. Ele era alcoólatra e médium espírita. O que se poderia fazer com um pai assim?", confessou Norman Lewis a seu biógrafo. Quando

Norman acabou os estudos, aos 17 anos, seu pai lhe ofereceu emprego na farmácia, e, na falta de coisa melhor, o rapaz se dedicou a ajudá-lo a preparar medicamentos e engarrafar o elixir. Para aliviar o tédio de seu trabalho e o desgosto que lhe causava estar com seu pai, começou a frequentar a biblioteca próxima à farmácia. Graças a essas visitas, contraiu tal paixão pela leitura que, das quatro libras que recebia de salário, dava uma e meia a um ajudante para que fizesse seu trabalho enquanto ele passava as horas lendo avidamente nos fundos. Devorou todos os autores modernos que caíram em suas mãos, e, quando acabou com eles, começou com um legado de autores russos recém-chegado à biblioteca. Segundo ele, lia um livro por dia – *Guerra e paz*, em quatro dias –, e, após a experiência de ler um relato de Tchekhov sobre uma viagem de trem pela Sibéria, decidiu que seria escritor. Começou a participar de concursos literários, que ocasionalmente lhe rendiam um prêmio em dinheiro, e a mandar relatos às revistas especializadas. Mas sua carreira de escritor ainda demoraria a decolar; uma vocação empreendedora até então desconhecida estava começando a aflorar. Seu amigo Alex Hagen havia-se estabelecido como fotógrafo de casamentos e estava ganhando um bom dinheiro. Ele pediu a Norman que o ajudasse com a revelação dos negativos, o que começou a fazer no andar de cima da farmácia, então transformado em laboratório. Seu pai, também apaixonado por fotografia e certo de que a emulsão de prata era sensível não só à luz visível, mas também às radiações não detectadas pelo olho humano procedentes do além, não podia evitar examinar minuciosamente cada cópia, apontando cada pequeno defeito, que ele atribuía indefectivelmente a uma presença do mundo dos espíritos.

Como o negócio dos casamentos era intermitente, um dia, os dois amigos compraram em um leilão um lote de guarda-chuvas, chegando a duplicar o preço na revenda. Viram que isso dava negócio, e começaram a frequentar os leilões, investindo principalmente em produtos fotográficos e em instrumentos científicos e cirúrgicos. Começaram a ganhar dinheiro. Norman trocou a bicicleta por uma moto, e descobriu uma nova paixão: a velocidade. Por sua conta, começou a se dedicar à compra e venda de motos e a participar de corridas. Mexia com dinheiro e se vestia como um dândi. Comprou um Bugatti em uma boa oportunidade e passava alguns fins de semana em Paris ou em Nice perseguindo francesas. Como a busca de objetos para revenda os obrigava a atravessar Londres de ponta a ponta, Alex e Norman decidiram estabelecer seu quartel-general no centro, e alugaram um apartamento perto de Finsbury Park. Independente economicamente e longe de sua pouco estimulante família, a vida de Norman Lewis estava prestes a sofrer uma reviravolta surpreendente no dia em que seu amigo Alex o convidou a sair com ele e a nova namorada, Zahara, filha de um rabino ortodoxo, e uma amiga dela, no papel de guardiã do recente casal.

Encontro inesperado com o mediterrâneo

O encontro aconteceu no centro de Londres em uma desagradável manhã do início de maio. Eles, dispostos a impressionar, foram no Bugatti conversível de Norman. Zahara, a loura filha do rabino de Astracã, apareceu acompanhada de Ernestina Corvaja, uma amiga de origem siciliana com quem fazia um curso sobre cultura inglesa para estrangeiros na universidade de Londres. A primeira impressão que Norman teve de Ernestina foi que o fazia recordar Carmen Miranda. Como no momento do encontro começou a chover, o obrigatório fechamento da capota do Bugatti, entre grandes gargalhadas, serviu para quebrar o gelo. Passaram a manhã percorrendo a campina inglesa. Fizeram um piquenique à beira de um rio, durante o qual ficou claramente demonstrada a diferença de caráter das duas garotas: enquanto Zahara traçava um almoço *kosher* cheia de afetação, Ernestina deixava bem claro com seu discurso que era uma mulher de ideias avançadas, e, quando surgiu o tema do amor, divertiu-se escandalizando sua amiga ao lhe contar que na Sicília todos os homens casados que se podiam permitir tinham amantes. E, se fossem tolos o bastante a ponto de serem descobertos, as esposas costumavam dar-lhes um tiro. Norman perguntou a Ernestina se ela daria um tiro em seu marido. "Não" – respondeu ela –, "mas, por via das dúvidas, nunca me casaria com um siciliano".

Marcaram de se encontrar no domingo seguinte, mas Norman sabia que seu amigo não tinha nenhuma possibilidade com alguém tão excessivamente tradicional como Zahara. De fato, no encontro seguinte, Ernestina apareceu com um bilhete de Zahara justificando sua ausência devido a um forte resfriado. Alex Hagen se retirou, cavalheiro, deixando que Norman e Ernestina dessem início a sua história. Norman a convidou a almoçar em um restaurante da moda, e curtiram uma longa tarde. Ernestina não poderia ser mais diferente de todas as garotas que ele conhecera até então: cosmopolita e culta, tinha um caráter extrovertido, uma risada contagiosa e falava com perfeição cinco idiomas. Havia feito o correspondente ao ensino médio em Santander e depois em Beauvais e cursado a universidade de Madri e Paris e viajado pelas principais cidades europeias. Naquele primeiro encontro íntimo, Ernestina se gabou de seus conhecimentos citando Proust, Dante e Cervantes no idioma original de cada um. A tamanha façanha Norman contrapôs algumas frases em galês, uma sórdida existência em um bairro de Londres, um domínio notável de francês e alemão, um saber enciclopédico da literatura russa e não se esqueceu de mencionar suas duvidosas conquistas como corredor de motos e carros. Quanto a viagens, tinha os fins de semana em Paris e Nice.

Quando o diretor da orquestra balcânica que animava o restaurante se aproximou da mesa deles e lhes dedicou uma curta peça em seu violino, ele certificou, sem saber, o início de uma relação amorosa. Depois de mais alguns encontros, Ernestina, que tomava a iniciativa, achou que já era hora de Norman conhecer sua família – experiência que, segundo reconheceria anos depois, foi assombrosamente estranha e fascinante.

Os Corvaja moravam no nº 4 da Gordon Street, em pleno bairro Bloomsbury, e haviam conseguido reconstruir, em pleno coração de Londres, uma casa siciliana – ou, mais especificamente, da Palermo burguesa do século XIX. Acostumado às sombrias e recatadas moradias inglesas, Norman ficou deslumbrado com tantas luzes que iluminavam até o último recanto da casa, como se estivesse preparada para uma apresentação teatral. Um enorme lustre iluminava a sala com mobiliário de época, portas e cadeiras douradas e espelhos enormes nas paredes: como o cenário de um filme surrealista de Buñuel.

"Meu pai é muito informal", havia assegurado Ernestina. "Você vai gostar dele. Ele não entende inglês, e você não fala italiano, mas se darão bem." Uma porta dourada se abriu, e entrou na sala um homem baixo e corpulento, com o cabelo cuidadosamente penteado para trás e trajando um impecável terno escuro, como se estivesse indo a um funeral. Tinha olhos pretos e esbugalhados, e seu rosto não demonstrava expressão alguma enquanto avançava para o casal. Trocaram um aperto de mãos enquanto cada um expressava uma fórmula de cortesia em seu próprio idioma. "Papai lhe está dando as boas-vindas a nossa casa", disse Ernestina. E assim começou a longa relação de Norman com Ernesto Giovanni Battista Corvaja, um homem singular.

Para alívio de Norman, apareceu Maria Corvaja – a esposa –, que falava um inglês excelente e animou a reunião quando convidou todos a se sentarem para tomar uma taça de vinho. Norman recordava o momento como uma reunião de estátuas de cera do museu de Madame Tussauds que momentaneamente houvessem sido insufladas de vida.

Cinco meses depois de se conhecerem, e também por iniciativa de Ernestina, eles se casaram para formalizar o que denominavam uma "associação contratual". Como seguidores das doutrinas de Bertrand Russell sobre o amor livre, Norman e Ernestina consideravam o amor romântico uma invenção dos romancistas vitorianos, e, na pior das hipóteses, um episódio psicótico. Ernestina conservaria seu sobrenome, dormiriam em quartos separados, e, se fosse o caso, separar-se-iam sem recriminações de nenhum tipo.

Só duas testemunhas compareceram à cerimônia: Alex Hagen e sua nova e exótica namorada, herdeira de um rico comerciante de Mumbai. Concluído o trâmite formal, e depois de jogar as alianças em uma lixeira, a questão seguinte era dar a notícia aos Corvaja. "Mostre-me o papel", pediu Ernesto a sua filha quando ela terminou seu discurso tipo "ame-nos ou deixe-nos" perante seus desprevenidos pais. Ernestina tirou a certidão do bolso e a entregou a ele. Ele a leu com atenção e examinou o carimbo e as assinaturas, o tempo todo assentindo com a cabeça. "*Non è un scherzo, papa*", garantiu Ernestina com olhos cintilantes e mantendo o tempo todo o controle da situação. Então, Ernesto Corvaja sacudiu a cabeça mais uma vez, voltou-se para Norman e dirigiu-lhe um sorriso lupino. Ernesto Corvaja estava engolindo o sapo de acordo com a mais estoica tradição siciliana. A seguir, aproximou-se de Norman e o abraçou, deu-lhe um beijo no lóbulo de cada orelha e disse-lhe no ouvido: "Estou-lhe dando meu sangue".

Maria Corvaja, que até então havia permanecido como uma estátua de sal, voltou à vida, sorriu e bateu palmas uma vez para chamar a criada para que lhes levasse champanhe para comemorar. O novo casal se estabeleceu provisoriamente na casa dos Corvaja, onde Norman foi imediatamente aceito como mais um membro da família. Apesar de suas origens sicilianas, os Corvaja demonstraram uma mente aberta – ou, talvez, era simples fatalismo siciliano – e nem pestanejaram quando Ernestina anunciou que ficariam em quartos separados. Na casa havia mais um membro, Eugene, o filho menor, estudante e plenamente integrado à comunidade inglesa. Durante o dia, cada membro da família cuidava de sua vida e se dedicava a seus próprios assuntos, sem que ninguém se intrometesse. Mas o jantar era sagrado. A mesa era lindamente arrumada, e as taças de cristal entalhado, nas quais se servia o áspero vinho siciliano que Ernesto engarrafava pessoalmente, brilhavam sob as fortes luzes. O jantar era invariavelmente amenizado por uma ópera de Verdi ou Puccini, reproduzidas a um volume considerável no gramofone. À segunda ou terceira taça de vinho, a habitual reserva dos Corvaja ia dando passagem a animadas discussões que costumavam culminar em verdadeiras brigas, às quais Norman assistia pasmo. Os principais protagonistas costumavam ser Ernestina e seu pai, que travavam uma guerra aberta, e essas discussões – sobre temas absurdos, como qual era o edifício mais alto de Nova York, ou quantos filhos tivera a rainha Vitória – serviam para aliviar a tensão que havia entre eles.

Tempos antes, Ernesto tivera uma amante, e sua temeridade o levara a enfiá-la em sua própria casa fazendo-a passar por professora de seus filhos. Quando Maria descobriu a armação, expulsou a jovem sem contemplações, depois de jogar os pertences dela pela janela. Depois, sentou-se pacientemente, com uma pistola na mão, esperando a chegada do marido. Quando Ernesto abriu a porta, Maria atirou nele, mas a bala só lhe roçou o ombro, e ele mal precisou de cuidados médicos. Depois do incidente, o casal fez as pazes e saiu até fortalecido, mas Ernestina nunca perdoou a traição do pai, e o relacionamento deles se deteriorou para sempre.

O vinho siciliano também fazia as línguas se soltarem durante os jantares, permitindo a Norman ir adentrando pouco a pouco nos mistérios da família Corvaja. Ernesto era, de longe, o membro mais interessante do clã. Seu antepassado, o príncipe Corvaja, de origem espanhola, no século XVIII havia comprado seu título do rei da Espanha por dois mil escudos e construído um requintado palácio em Taormina, agora transformado em monumento nacional. Os Corvaja fizeram uma enorme fortuna com a exploração de minas de enxofre ao leste da Sicília, cuja mão de obra era composta por crianças menores de doze anos, uma vez que os túneis eram estreitos demais para adultos. Eram fatos de um passado familiar que Ernesto não gostava de mencionar. Também não gostava de falar de seu próprio passado. Em seu passaporte, constava oficialmente comerciante de diamantes. Mas a trajetória de vida que o havia levado de sua Palermo natal a Nova York e dali a Bloomsbury era um mistério que se foi revelando – embora nunca por completo – em diversas reuniões familiares nas quais corria vinho demais.

Gradualmente foram aparecendo retalhos da vida de Ernesto Corvaja – esse homem discreto e sempre vestindo um terno escuro – que o revelavam como um membro da máfia. Certa noite em que Maria Corvaja bebeu além da conta, contou que Ernesto abandonara a Sicília depois de um tiroteio. Havia sido preso e acusado de um grave crime em Catânia, mas fugira da prisão e fora levado escondido aos Estados Unidos. A lenda da família contava que ele havia sido enviado, junto com outros fugitivos, escondido em um ataúde onde haviam aberto orifícios de ventilação. Nos Estados

Unidos, tornou-se membro da Unione Siciliana, organização criada em Nova York para proteger os sicilianos recém-chegados e com problemas. Como Ernesto Corvaja havia estudado direito, seu papel na organização era de assessor, mas, depois de ficar sem chapéu em um tiroteio com submetralhadoras à saída de seu apartamento em Nova York, decidiu voltar para a Europa. Voltar à Itália era impossível, já que o governo de Mussolini havia transformado a ordem de prisão em desterro permanente, de modo que escolheram a Inglaterra. Maria também revelou que tinham que estar alertas contra uma possível tentativa de assassinato procedente dos Estados Unidos, razão pela qual os cônjuges tinham uma pistola cada um.

Apesar de tudo, a vida passava tranquila para Norman no nº 4 da Gordon Street. Ele tinha um excelente relacionamento com seus sogros e o cunhado, e o "contrato" com Ernestina continuava funcionando sem grandes problemas. Norman continuou desenvolvendo sua veia empresarial e sua paixão por carros e motos, participando de corridas ocasionais. Seu sonho de se tornar escritor continuava estacionado em algum lugar de seu cérebro, e, enquanto isso, dedicava todas suas energias a dois dos futuros ícones do século XX: os carros Bugatti e as câmeras Leica. Quando começasse sua carreira de escritor, também demonstraria originalidade e senso de oportunidade na escolha dos lugares aonde viajar e os temas sobre os quais escrever. Alugou um local no centro de Londres para ampliar as vendas de câmeras e de material fotográfico, e Ernesto Corvaja forneceu capital para ajudá-lo. De onde Ernesto tirava o dinheiro era outro mistério. Sobre sua relação com os diamantes, a única coisa que se sabia era a satisfação que sentia periodicamente quando jogava o conteúdo de um lenço cheio de pedras preciosas sobre a toalha de mesa, chamando a atenção dos presentes acerca do sutil som aquático que faziam ao cair. O mistério de sua renda se revelou também quando, certo verão, os Corvaja convidaram Norman e Ernestina para passar uns dias com eles em Ostende, onde Ernesto curtia a temporada de jogos no cassino. Todas as noites o casal ia às mesas de jogo, onde Ernesto via Maria perder seu limite diário de dinheiro na roleta e depois voltar ao hotel e deixar o terreno livre para o marido. Certa noite, houve uma ligação urgente para Ernesto de alguém que Norman reconheceu como um visitante habitual da Gordon Street. Como o casal estava no cassino, o homem deixou uma mensagem dizendo que seu carro havia quebrado, e que essa noite não estaria em seu posto de trabalho como sempre. Maria voltou primeiro e descobriu a trama: "Oh! Deve ter sido Georges". O chefe de crupiês. Isso permitiu a Norman supor que Ernesto e Georges estavam mancomunados para trapacear no cassino.

A paz na Gordon Street só se via alterada pela crescente tensão entre pai e filha. Ernestina começou a fazer psicanálise, enquanto seu caráter bipolar tornava-se cada vez mais evidente: períodos de grande euforia precediam épocas de grande depressão. Ela também julgou encontrar uma saída para sua eterna insatisfação: viajar permanentemente. Assim, percorreram toda a Europa Central, visitaram a Espanha logo antes de estourar a guerra civil – viagem que deu a Norman material para seu primeiro livro, *Spanish Adventure* –, voltaram a Londres, tiveram um filho e, por último, Ernestina decidiu que deviam ir morar em Cuba, porque lá seriam imensamente felizes. E pelo menos ela foi, sim. A Cuba de Batista ofereceu a Ernestina o tipo de vida que a preenchia. Seu caráter extrovertido, sua cultura e sua simpatia logo a transformaram em uma das pessoas mais solicitadas da vida social de Havana. Enquanto a Segunda Guerra Mundial estava prestes a estourar, ela parecia ter encontrado seu lugar no mundo. Norman, por sua vez, queria voltar o quanto antes à Inglaterra para se alistar no exército. Como ele mesmo confessa em sua autobiografia, não é que transbordasse de patriotismo, mas é que tinha a sensação de que poderia estar perdendo grandes experiências. O que o fez decidir voltar definitivamente a Londres foi, em suas palavras, a leitura de um livro sobre a vida de Cervantes, alguém que nunca perderia uma aventura.

Em tese, Ernestina voltaria para casa seis meses depois para se encontrar com Norman, mas, na realidade, a separação em Havana foi o início de uma nova vida para ambos. Para Norman, representou uma ruptura total com seu passado, e sua nova carreira de agente do Serviço de Inteligência britânico, que o levaria ao norte da África, Itália, Áustria e golfo Pérsico, forneceu-lhe experiências suficientes para se reinventar e começar a escrever. Os anos da guerra foram decisivos para desenvolver essa capacidade de observação que lhe permitiria registrar em seus livros, de forma tão magistral, a farsa e a tragédia da vida. "A guerra foi algo fantástico. Odeio todo tipo de crueldade e me considero uma pessoa compassiva, mas cada minuto da guerra, todo o tempo que passei no exterior, foi absolutamente maravilhoso", escreveu cinquenta anos depois. Durante o resto de sua vida, o problema foi como conseguir recriar aquela felicidade.

Nápoles 1944: a selvagem poesia da guerra

Em sua autobiografia *I came, I saw*, Norman Lewis conta, não sem ironia, que, durante a Segunda Guerra Mundial, os britânicos que sabiam idiomas tinham muitas probabilidades de acabar no Serviço de Inteligência. Os oficiais responsáveis pela seleção, pouco dados a sutilezas linguísticas, podiam enviar um hispanófono à Itália, dando por certo que o italiano e o espanhol eram línguas muito parecidas. Também aconteceu de um falante de romeno se encontrar gesticulando de um jeito incoerente entre guerrilheiros iugoslavos, ou de um universitário com certo conhecimento de grego antigo ser lançado de paraquedas sobre Creta, ao darem por certo que os versos de Homero o ajudariam a se relacionar sem problemas com os nativos para arrancar-lhes informação. Desse modo tão pouco rigoroso, Norman Lewis chegou a 91 Field Security Section do Corpo de Inteligência, estabelecida em Philippeville, Argélia, comandada por um oficial especialista em norueguês antigo, mas sem a menor ideia de francês. Os vagos conhecimentos de árabe de Lewis, adquiridos durante uma acidentada viagem pelo golfo de Aden enquanto tentava entrar no Iêmen, valeram-lhe sua primeira missão: visitar os governadores da Pequena Cabília, que estavam planejando uma insurreição contra a França. Depois de um período na Tunísia – onde também presenciou a insurreição contra o ocupante francês –, Norman Lewis foi destinado a 312 Field Security Section, adscrita ao Quinto Exército dos Estados Unidos – sob o comando do general Mark Clark – durante a invasão aliada da Itália na chamada "Operação Avalanche", a maior ofensiva bélica da história até então.

Em 9 de setembro de 1943, a seção de Lewis, composta por onze sargentos e um general de brigada, desembarcou do Duchess of Bedford em um mar coberto de barcos até o horizonte. Levavam consigo uma moto cada um, uma pistola Webley e cinco cartuchos. Quase nenhum deles jamais havia disparado um tiro. Não haviam recebido instruções nem ordens de nenhuma espécie, e, no que dizia respeito aos norte-americanos, era como se não existissem. Desembarcaram na Praia Vermelha, codinome militar de Pesto. Passaram com as motos sem problemas sobre as telas metálicas colocadas na margem e se dirigiram apressados ao bosque que havia à frente. No caminho, encontraram uma fila de mortos perfeitamente alinhados – os tombados desse dia – à espera de que alguém fosse recolhê-los. Uma enganosa calma dominava o panorama terrestre. Ao longe, divisavam-se colunas de fumaça que recordavam a existência da guerra, embora – como escreve Lewis – "a impressão geral era a de uma tarde maravilhosa e tranquila de fim de verão em uma das terras lendárias da Antiguidade". E, então, aconteceu. Lewis teve de novo um impactante encontro com o espírito do Mediterrâneo:

> Enquanto o sol se punha majestosamente no mar atrás de nós, vagamos a esmo por um bosque cheio de pássaros que trinavam, e, de repente, encontramo-nos no fim dele. Contemplamos um espaço aberto, um lugar de beleza extraordinária. A umas centenas de metros erguiam-se em fileira os três templos perfeitos de Pesto, iluminados pelos últimos raios do sol, resplandecentes, rosados e esplêndidos. Foi como uma revelação. Uma experiência sobrenatural.

Mas, diante dos templos, um par de vacas, de pernas para cima e o corpo inchado, imitavam com seus membros rígidos a verticalidade das colunas dóricas. Essas duas cenas estabelecem o tom de *Nápoles 1944*, um livro sobre a guerra e a condição humana que discorre como um magistral diálogo entre o sublime e o grotesco, a farsa e a tragédia.

Esquecido por todos devido ao desconcerto geral e a falta de informação, o pequeno grupo se afastou da costa e se estabeleceu em uma casinha de lavoura recentemente abandonada. Cercados por "uma linda desolação", passavam o tempo lendo, tomando sol e se acostumando ao áspero vinho que abundava na chácara, e, às vezes, treinando o italiano com os soldados desertores que se dirigiam a suas casas no sul. Um deles deu a Lewis um pedaço do manto de uma virgem de Pompeia para que o protegesse de todo mal. A única missão que lhes deram foi identificar a origem de umas luzes misteriosas que se divisavam todas as noites em uma aldeia próxima, e que descobriram ser as lanternas dos moradores dirigindo-se ao único banheiro existente ali.

Essa vida idílica acabou abruptamente com a chegada de um oficial norte-americano, que ordenou que participassem da defesa do quartel-general contra tanques Tiger e Mark IV servindo-se só da carabina leve que entregou a cada um e suas pistolas Webley calibre 38. O que não lhes disse é que ele e os demais oficiais pretendiam se retirar sigilosamente, abandonando seus homens. A salvação chegou na madrugada seguinte, quando um carro blindado levou a eles a notícia de que, no fim das contas, tinham que evacuar o quartel-general. Por fim, conseguiram alcançar o acampamento mantendo as motos o mais perto possível do veículo blindado. Com sua contenção habitual, Lewis atribuiu o fiasco vivido após o desembarque na região de Salerno à "incompetência e covardia" dos comandos, esperando que, a seu devido tempo, a história oficial pusesse as coisas em seu devido lugar e apurasse responsabilidades. Ele nunca conseguiu entender o que impediu os alemães de liquidá-los. Quanto ao general Clark, transformado no anjo exterminador da Itália meridional, sua conduta oscilou, segundo Lewis, entre o pânico cego e a vingança mais violenta, como a exercida em Altavilla, aldeia que ele varreu do mapa pela suposta presença de alemães.

No dia 1º de outubro, Nápoles caiu, e a seção se dirigiu a uma cidade sem água e em ruínas, avançando por ruas arrasadas, entre os escombros dos edifícios bombardeados. As pessoas, de rosto macilento, saudavam maquinalmente os vencedores: "A apática saudação fascista da semana passada havia-se transformado no apático sinal da vitória de hoje". Assim que entraram em Nápoles, deu-se uma cena que recorda as narradas por Curzio Malaparte em *A pele*. Uma fila de donas de casa, completamente imóveis e caladas, sentadas em fileira em um edifício municipal, ofereciam seus serviços aos soldados recém-chegados em troca de uma lata de comida. Depois de abrir caminho aos empurrões, os mais atrevidos recuavam diante da visão daquelas mulheres de rosto impávido como estátuas. Os que por fim depositavam uma lata ao lado de uma delas executavam algo que fazia lembrar mais um castigo do acampamento que o ato do amor. Mas, diferente da visão cínica e descarnada de Malaparte, que se regozija no sensacionalismo e nos aspectos mais vis e obscenos do caos provocado pela guerra, o olhar de Lewis, como se a visão dos templos o houvesse tingido de mesura, está imbuído de compaixão; em *Nápoles 1944*, não se oferece carne, e sim piedade e um sentimento de profunda admiração pelo povo napolitano, preparado como nenhum outro para a sobrevivência nas condições mais atrozes.

Em meio à desolação geral, a seção de Lewis teve sorte. Foi estabelecida no *piano nobile* do palácio de Satriano, no fim do imponente passeio marítimo, a Riviera di Chiaia, na Piazza Vittoria. Para entrar em sua nova morada, composta de oito majestosas salas, tinham que subir uma larga escadaria de mármore. Os tetos eram altos, enfeitados com molduras, candelabros resplandecentes, paredes de espelhos e um elegante mobiliário dourado. Mas não tinha banheiro, e o vaso sanitário ficava dentro de um armário na cozinha.

Fundada há 2500 anos pelos gregos com o nome de Partênope, Nápoles sempre fascinou os viajantes. Em 1817, Stendhal escreveu: "A meus olhos, é a cidade mais bonita do mundo, sem comparação". "Paraíso e inferno", disse dela Edward Gibbon, aludindo à presença do Vesúvio, que continuava fumegando, ameaçador, sobre a cidade. Fernand Braudel, um dos maiores conhecedores do Mediterrâneo, dizia que Nápoles "sempre escandalizou e seduziu ao mesmo tempo [...] é excessiva em todos os aspectos [...] a cidade mais impressionante, fantástica e picaresca do mundo". Considerada a mais europeia das cidades por uns, ou a mais oriental por outros, o certo é que Nápoles sempre constituiu um mundo à parte. Marginalizada na época da unificação, quando o poder econômico se transferiu para o Norte, a cidade fora caindo em um profundo declive, alheia à modernização e ao desenvolvimento. Salvo algumas obras realizadas por Mussolini, que consistiram em limpar um terreno do centro para construir o Banco de Nápoles, o quartel-general da polícia e o edifício dos correios, tudo em estilo fascista, o centro antigo continuava abarrotado de gente que vivia em condições sub-humanas, como sobreviventes de um mundo antigo.

Naquele outono de 1943, Nápoles estava tocada pela morte. Aos terríveis destroços causados pelos bombardeios aliados de 4 de agosto e 6 de setembro somavam-se os trabalhos cheios de sanha dos pelotões de demolição alemães, que destruíram todos os serviços urbanos que ainda funcionavam. A cidade carecia totalmente de água potável, e a baía, outrora considerada a mais bonita do mundo, era puro esgoto. A fome e a sede torturavam os napolitanos, ocupados então com o que melhor sabiam fazer: sobreviver.

A missão atribuída à seção de Norman Lewis – reduzida agora a quatro homens – era fazer um registro de suspeitos de terem sido – ou ainda serem – colaboradores dos fascistas. Ficava para trás o romantismo das reuniões com governadores conspiradores nas montanhas argelinas ou em palácios tunisianos. A realidade de Nápoles era brutal, prosaica e tingida de episódios grotescos e patéticos.

Apesar de não haver placa que anunciasse que o quartel-general da polícia secreta britânica ficasse no Palácio Satriano, não tardou a aparecer um tropel de visitantes oferecendo seus serviços como informantes. Logo se acumulou uma avalanche de denúncias – algumas estrambóticas, como a relacionada a um sacerdote que, ao que parece, havia organizado uma exibição de filmes pornográficos para o comandante da guarnição alemã –, bem como grande quantidade de calúnias e vilipêndios, dentre os quais não faltou uma acusação de bruxaria na comuna de Afragola contra uma mulher para evitar que pusesse mau-olhado na água. Também era frequente que os "informantes" – alguns dos quais entregavam elegantes cartões que os descreviam como *Dottore*, *Avvocato*, *Ingeniere* ou *Professore* – fossem acusados de arquicolaboracionistas por seus vizinhos tempo depois.

O tio de Roma

Dizem que o café de Nápoles é o melhor do mundo. O açúcar vai sempre primeiro, antes que o café comece seu lento gotejar sobre a xícara. Só assim se consegue uma mistura de cafeína e glicose que levante duplamente o ânimo. Em seu maravilhoso livro *Midnight in Sicily*, o australiano Peter Robb escreve sobre Nápoles:

> Historicamente, em Nápoles se duvida da promessa de uma comida. Por isso mesmo, a cidade deu ao mundo coisas para encher o estômago de um jeito barato, como a *pizza* e a massa e todas as suas variantes. O café napolitano é como o coice de uma mula. Obriga a gente a continuar andando a um custo mínimo.

Uma das pessoas que naqueles dias aziagos sobrevivia à base de café e, à tarde, um pedacinho de pão untado com tomate e azeite era Vincenzo Lattarullo, homem muito douto nos costumes napolitanos. Lattarullo era um dos quatro mil advogados de Nápoles, dos quais 90% jamais havia exercido a profissão. O mesmo se podia dizer dos médicos. Esses profissionais famélicos eram resultado da irredutível determinação das famílias de classe média de ter um filho formado que recebesse o respeitoso tratamento de *avvocatto* ou *dottore*, apesar de com isso condená-los à miséria por falta de demanda profissional e porque o orgulho os impedia de exercer qualquer outra profissão manual.

Quando reunia forças suficientes, Lattarullo se arrastava até o escritório de Lewis, do qual se tornou um dos principais informantes, e, com o tempo, um bom amigo. Comovido pelo aspecto famélico do *avvocatto*, Lewis costumava convidá-lo a comer alguma coisa no bar da esquina, ou a tomar um *Marsala all'uovo*, que invariavelmente aumentava a propensão a balançar do bom homem. "Veremos quem tem mais paciência: a guerra ou Nápoles", escreveu Curzio Malaparte em *Kaputt*. Nápoles é uma cidade amante do teatro, um cenário permanente pelo qual seus habitantes, determinados a sobreviver a qualquer preço, haviam visto passar normandos, angevinos, habsburgos, bourbons, fascistas e, agora, os aliados. Vincenzo Lattarulo fazia parte desse grande elenco de sobreviventes com uma profissão secundária que lhe permitia uma renda de vez em quando. Não sem certo orgulho, ele confessou a Lewis que atuava como "*zio di Roma*" nos funerais, ocasião em que ficava ainda mais evidente – se é que isso é possível – a obsessão dos napolitanos pelas aparências. Por mais indigente que tenha sido em vida, qualquer indivíduo sabe que, quando morrer, será enterrado em um maravilhoso ataúde; e, além do mais, que não economizarão para honrar sua memória e aumentar o prestígio da família. O "tio de Roma" era uma espécie de instituição dessa farsa. Tinha que ser da capital; não se admitia nenhuma outra cidade. O "tio" aparecia no funeral dizendo que havia acabado de chegar de Roma, descia patriciamente de um Alfa Romeo com placa de Roma e um distintivo SPQR ("Senado e povo de Roma"), ostentando um elegante terno com fita de comendador da coroa da Itália na lapela. Uma vez ali, misturava-se aos presentes, dando uma nota de elegante comedimento à espetacular exibição de condolências e lamentações dos parentes napolitanos e carpideiras profissionais que arranhavam as faces até sangrar.

Lattarullo se vangloriava de seus dotes para o papel, baseados, segundo ele, em seu elegante porte e no sotaque e modos romanos, muito estudados. Sempre se dirigia a todos pelo antiquado tratamento "vol", e mostrava uma atitude distante e taciturna diante da bajulação e efusividade napolitanas, pois era assim que falava um verdadeiro cavalheiro romano. E, se, por acaso, alguém no velório houvesse visto Lattarullo passeando pelas ruas de Nápoles, tomava o cuidado de não comentar com ninguém.

A comida e o amor em Nápoles

Nos tempos de guerra, Nápoles continuava se vangloriando de se consagrar plena e perenemente às coisas agradáveis da vida. Seus habitantes antepunham a comida ao amor, e a busca de ambos era igualmente insaciável e criativa. O Quinto Exército dos Estados Unidos era conhecido como o "exército da carne enlatada", e uma unidade desse produto era a principal moeda de troca nas transações sexuais. Seu comandante, o general Mark Clark, protagonizou um dos casos mais festejados pelos napolitanos da época. Diziam que, para satisfazer suas exigências de comer peixe em seu banquete de boas-vindas, sacrificaram o filhote de peixe-boi sobrevivente do aquário, que, para horror dos comensais, quando apareceu na bandeja, tinha um aspecto pateticamente similar ao de um humano pequeno. Os exemplares únicos de peixes tropicais também foram paulatinamente cozidos durante os primeiros dias da libertação.

Além de ser uma crônica dos tempos de guerra, *Nápoles 1944* contém suculentas histórias sobre um assunto que os napolitanos levavam realmente a sério: a vida sexual. Uma delas é a do elegante capitão Frazer e Lola, sua namorada napolitana. Como ambos desconheciam o idioma um do outro, pediram a Lewis que os ajudasse a esclarecer algumas questões fundamentais atuando como intérprete. Ela lhe pediu que dissesse a ele, da maneira mais diplomática possível, que o fato de não a visitar durante o dia estava dando lugar a falatórios entre os vizinhos. As visitas amorosas no meio do dia eram *de rigueur* em Nápoles, de modo que Frazer registrou a informação e prometeu se esforçar. Frazer, por sua vez, confessou a Lewis que estava preocupado com umas marcas que cobriam as nádegas de Lola. Lewis o tranquilizou dizendo que eram marcas deixadas pelas *iniezioni ricostituente*, injeções que as mulheres de classe média mandavam diariamente aplicar nas farmácias de Nápoles para manter a potência sexual. Lola havia explicado a Frazer, mediante gestos, que seu falecido marido, mesmo desfalecido de fome e já nas últimas etapas da tuberculose, satisfazia-a seis vezes todas as noites. Para enfrentar o problema, Lewis aconselhou Frazer a tomar gemas de ovos batidas com Marsala (como faziam os napolitanos) e usar uma medalhinha de são Roque, padroeiro do *coitus reservatus*, que poderia comprar em qualquer loja de objetos religiosos. Também lhe foi recomendado que ingerisse todos os ouriços-do-mar que pudesse, coisa que era extremamente repugnante para o capitão norte-americano. De resto, quando chegou a hora de investigar os antecedentes de Lola, Lewis descobriu que ela havia sido amante de um hierarca fascista desde a morte de seu sacrificado esposo.

Durante toda sua estadia em Nápoles, Norman Lewis não deixou de se surpreender com as atitudes sexuais de seus habitantes. Um dia, um tal de príncipe A. foi visitá-lo com sua irmã; ele era um de seus informantes mais assíduos. O príncipe era proprietário absentista de uma imensa fazenda no sul e possuía um palácio lotado de antiguidades chinesas. Era representante de uma das famílias mais importantes da Itália meridional. O objetivo de sua visita era saber se a seção de inteligência poderia encarregar-se de fazer que sua irmã trabalhasse em um bordel do exército. Foi preciso explicar-lhe que tal instituição não existia. "Que pena", respondeu o príncipe, e, em um inglês perfeito, acrescentou: "Enfim, suponho que, se não é possível, não é possível". Os irmãos agradeceram com imensa cortesia e se retiraram.

Um dos recantos favoritos dos napolitanos para as aventuras amorosas era o cemitério, a ponto de que, como observa Lewis, "costumava haver muito mais gente deitada sobre a terra que embaixo dela". O costume dizia que a pessoa se tornava invisível assim que atravessava o portão. Se um visitante encontrasse um conhecido, não podia trocar olhares nem sinais com ele, assim como não poderia reconhecer nenhum amigo que se encontrasse no ônibus 133, que ia para o cemitério. Propor a uma dama dar uma volta no 133 em um domingo à tarde era um convite claro ao amor.

Outro de seus contatos mais valiosos, o *dottore* Placela, explicou-lhe que sua especialidade era a restauração da virgindade, vangloriando-se de que seu hímen implantado (por apenas dez mil liras) era muito melhor que o original, e que o marido mais vigoroso levava três noites para rompê-lo.

A vida afetiva do próprio Norman Lewis, que na época mantinha relações com uma dançarina polonesa, complicou-se quando Hester, uma loura enfermeira escocesa que ele havia conhecido na

Argélia, pediu transferência para Nápoles e a conseguiu na primavera de 1944. Foi então que o Vesúvio tornou a se fazer notar naquele caótico cenário de amor e morte, fazendo que, provisoriamente, todos seus habitantes esquecessem suas desventuras e se preparassem para o pior.

San Gennaro e o Vesúvio

Em 19 de março de 1944, o Vesúvio entrou em erupção. Conta Lewis que foi o espetáculo mais terrível e majestoso que pôde presenciar em sua vida. Se Plínio descreveu como um pinheiro a forma da erupção que havia destruído completamente Pompeia, Lewis a compara também com uma árvore frondosa, de uns doze mil metros de altura e vários quilômetros de diâmetro, plantada completamente imóvel e ameaçadora no céu. No dia seguinte, a cidade amanheceu coberta por uma grossa camada de cinzas que impregnava tudo e chegava a Sorrento, Capri e Ísquia. Os sismólogos achavam que um desastre similar ao de Pompeia poderia reproduzir-se.

Lewis foi enviado a San Sebastiano para fazer um relatório da situação; o local estava prestes a ser arrasado por um rio de lava:

> Eu estava preparado para ver rios de fogo, mas não havia fogo nem nada que ardesse, só aquela lenta e deliberada asfixia da cidade sob milhões de toneladas de escória. A lava avançava a poucos metros por hora e havia coberto metade da cidade com uma camada de uns nove metros. A cúpula intacta de uma igreja, separada do resto coberto, movia-se lentamente para nós sobre o leito de cinzas.

Hoje em dia, graças às filmagens dos aliados, podemos ver no YouTube a lenta destruição de San Sebastiano e seus habitantes atônitos diante do iminente desastre. Enquanto a lava avançava lentamente pela rua principal, centenas de pessoas rezavam ajoelhadas; algumas seguravam estandartes religiosos e imagens da igreja, os coroinhas balançavam incensórios e jogavam água benta sobre as cinzas. De vez em quando, conta Lewis, algum cidadão enlouquecido de desespero pegava um dos estandartes e corria para o muro de lava agitando-o, furioso, como se quisesse afugentar os espíritos malignos da erupção.

O próprio são Sebastião, padroeiro da cidade, havia sido tirado apressadamente da igreja para que intercedesse e pusesse fim ao desastre; mas, pelo momento, limitava-se a também contemplar a situação do alto do andor sobre o qual seus devotos o mantinham. Em uma rua paralela havia outra imagem coberta com um lençol branco. Era são Januário, levado de Nápoles a toda pressa para o caso de que existisse alguma possibilidade de ajudar se tudo o mais falhasse. Haviam-no coberto para não ofender a irmandade de San Sebastiano e o próprio santo, que se poderia incomodar com aquela intrusão em seu território. Só como último recurso o descobririam e lhe pediriam que fizesse um milagre. O chefe de carabineiros achava que não seria necessário, já que o avanço da lava era cada vez mais lento. No dia seguinte, ficou evidente que a erupção havia perdido força, e que metade de San Sebastiano se salvaria.

São Januário e o Vesúvio sempre estiveram estreitamente relacionados. Segundo os especialistas no santo, são Januário só opera milagres a favor de Nápoles, e jamais moveria um dedo para salvar outras cidades da destruição. Lattarullo, o faminto amigo de Lewis, embora se confessasse cético e racionalista, afirmava que Nápoles só poderia estar protegida do Vesúvio se são Januário estivesse do lado da cidade. E citou o único período da história em que haviam tentado trocá-lo por santo Antão, com funestas consequências. Em 1799, as tropas de Napoleão haviam tomado a cidade, e o santo participou da resistência contra a ocupação. No primeiro sábado de maio tinha que ocorrer a célebre liquefação de seu sangue conservado em uma redoma na catedral. Como se acreditava que a prosperidade da cidade dependia desse milagre, e a presença do exército de ocupação poderia fazê-lo fracassar, começaram graves distúrbios, e alguns soldados franceses foram assassinados. Às oito da noite do dia indicado para o milagre, enquanto a multidão vociferava e arrasava as ruas, um oficial do Estado-maior francês foi falar com o sacerdote celebrante e ameaçou dar-lhe um tiro se o milagre não acontecesse em dez minutos. O sangue se liquefez, mas os napolitanos acusaram são Januário de colaboracionismo e jogaram sua imagem ao mar. Substituíram-no por santo Antão, mas acabou que os únicos incêndios que ele podia impedir ou sufocar eram os causados pelo homem. Quando ocorreu a primeira erupção do vulcão, o santo não pôde fazer nada. Enquanto a lava avançava, mandaram os pescadores da cidade recuperar do mar a imagem de são Januário. Houve um momento crítico, pois, embora a procurassem com afinco, não a encontraram. Mas, então, outra imagem do santo que haviam erigido na ponte de Maddaloni, da qual de algum modo se haviam esquecido, chegou bem a tempo de ajudá-los: ele ergueu e estendeu os braços e deteve o avanço da lava. Assim acabou a época de santo Antão, e são Januário voltou a ocupar seu posto de protetor da cidade.

Naquele ano de 1944, existia o medo de que o sangue do santo não se liquefizesse e ocorressem grandes desordens nas ruas, como havia ocorrido com frequência na história napolitana quando o milagre não acontecia. Para resolver a situação, conta Lewis, a catedral tinha uma redoma com o sangue de san Giovanni a Carbonara, que, segundo os jornais da época, brotava cada vez que liam o Evangelho para ele. A guerra havia feito os napolitanos voltarem à Idade Média. De repente, as igrejas estavam cheias de imagens que falavam, sangravam, suavam, mexiam a cabeça e exsudavam humores curativos que as pessoas enxugavam com lenços ou até recolhiam em frascos.

Depois de treze meses de estadia em Nápoles, Norman Lewis se sentia doente e deprimido. Sofreu um ressurgimento da malária que o levou ao hospital, mas, mais que tudo, sentia-se oprimido por tanta "*napoletanità*", cansado da corrupção do próprio exército aliado, cujos ocupantes de alguns cargos se haviam associado à Camorra para dirigir o mercado negro.

A última e duríssima temporada passada em Benevento, outra cidade a setenta quilômetros ao norte de Nápoles que havia ficado completamente arrasada pelos bombardeios ordenados pelo general Mark Clark para destruir uns supostos ninhos de nazistas, conscientizara-o do total esgotamento dos habitantes da Campânia:

> Vivíamos praticamente na Idade Média. Só mudavam os edifícios, e a maioria eram ruínas. Epidemias, bandidos, enterros com carpideiras, mendigos deformados e mutilados, aleijados sem pernas que se deslocavam sobre plataformas com rodas, e inclusive loucos de babar que não cabiam no manicômio. As pessoas caminhavam pelas ruas com lenços apertados sobre a boca e o nariz, como talvez se fizesse antigamente nas épocas de peste. Esta manhã, vi em uma pracinha escondida entre as ruínas umas mulheres dançando para espantar a doença.

Com um ano de estadia, deu-se conta de que continuava sendo um estranho: "A polícia (apesar de ser corrupta e tirânica) e a população civil fazem o mesmo jogo, mas as regras são complexas, e não as entendo, de modo que perdi o respeito por todos [...]. É um sistema tribal, no qual toda pessoa de boa família espera dar e receber presentes". Sua recusa a aceitar subornos e a participar da ritual troca de presentes valeu-lhe a inimizade de dom Enrico, o cacique de Benevento, que levava a mão aos testículos quando o via aparecer, para espantar o mau-olhado. Com a mesma intenção, as mulheres cobriam depressa o rosto com um lenço ou um véu quando Norman se aproximava, e escapavam olhando para o outro lado. Estava claro que ele havia caído em desgraça. Sua situação pessoal era um reflexo do saco cheio da população em relação a seus libertadores, o que lhe deu base para fazer estas amargas reflexões:

> Faz um ano que os libertamos do "monstro fascista" e continuam sentados sobre as ruínas de sua bela cidade, onde a lei e a ordem deixaram de existir, esforçando-se para sorrir gentilmente para nós, famintos como sempre e mais assolados pelas doenças que nunca. E qual será o prêmio que se conseguirá no fim? O renascimento da democracia. A maravilhosa perspectiva de poder escolher um dia seus governantes entre uma lista de homens poderosos, cujas corruptelas são quase todas de domínio público e são aceitas com cansada resignação. Os tempos de Benito Mussolini devem parecer um paraíso perdido comparados a isso.

Treze meses depois da chegada dos aliados à região, poder-se-ia dizer que só quem progredia em Nápoles eram os fabricantes de caixões. Pouco mais de um ano depois de se ter estabelecido em Nápoles, a seção de Norman Lewis recebeu ordens de embarcar em Tarento no Pacific Queen com destino a Porto Saíde. Ali os esperava outra missão delirante: recolher três mil soldados russos que haviam lutado com os alemães e passado para a Resistência, que teriam que ser repatriados com discrição à União Soviética. Não houve tempo para despedidas. Às 6h30 da manhã de 24 de outubro de 1944, Norman Lewis se dirigiu à estação central de Nápoles, onde pegaria o trem para Tarento. Na mochila, como lembrança do intenso tempo vivido em Nápoles, levava uma gravura de Pesto com búfalos pastando tranquilamente entre as ruínas. Na plataforma se encontrava seu amigo Vincenzo Lattarullo, solenemente vestido para a ocasião com seu terno de *zio di Roma*.

GRÉ

CIA

HENRY MILLER, "*SATORI*" NA GRÉCIA

Henry Miller e George Katsimbalis, o Colosso, Grécia, 1939

> *A Grécia não é um país pequeno... é extraordinariamente grande. Nenhum país dos que visitei me provocaram tamanha sensação de grandeza. O tamanho nem sempre é determinado pelas distâncias.*
>
> *Henry Miller*

Li *Trópico de Câncer*, de Henry Miller, aos quinze ou talvez dezesseis anos, durante uma viagem de estudos por Andaluzia. Ainda me lembro vividamente da cena: eu estava em um ônibus, totalmente concentrada em uma passagem do livro explicitamente sexual, quando o professor de filosofia, nosso tutor, tirou-o de minhas mãos, olhou a capa e o devolveu, esboçando um sorriso e uma expressão de cumplicidade. Na volta, eu o devolvi sigilosamente à biblioteca que meu irmão mantinha escondida debaixo de sua cama.

Durante muito tempo, Henry Miller foi para mim o escritor erotômano dos *Trópicos*, até que, um dia, caiu em minhas mãos *O colosso de Maroussi*, considerado por alguns o livro mais influente sobre a Grécia desde o guia de Pausânias, e, por outros, o melhor livro de viagens jamais escrito. Eu acrescentaria que se trata de um livro luminoso que faz de Miller um escritor digno de ocupar um lugar de honra nesse vasto "clube de afetados", composto de gente variada que visita a Grécia e fica definitiva e irremissivelmente "tocada" para sempre. Sendo eu mesma membro do clube, comprovei que há dois tipos de viajantes pela Grécia: aqueles que não veem mais que o lixo acumulado nos acostamentos das estradas, as casas inacabadas ou a sujeira de Atenas, e quem "vê" e reconhece a forte presença do *genius loci* em cada recanto dessa terra.

Em 23 de outubro de 1946, o poeta e futuro prêmio Nobel Giórgos Seféris anotou a seguinte entrada em seu diário:

> Desde ontem, venho pensando na sensação que experimento com a paisagem grega e que não encontro em nenhum outro lugar... é a paisagem, ou eu que me projeto? São coisas incontroláveis, você não sabe o que é o que o outro, seu interlocutor, sente quando, cheio de lirismo, elogia a beleza de uma paisagem, nem o que sentem todos esses estrangeiros que falam da Grécia e levam dentro de si as paisagens nas quais se formaram. Acho que *quem realmente viu algo foi Henry Miller...*

Miller chegou à Grécia em junho de 1939, poucos meses antes de estourar a Segunda Guerra Mundial. Tinha 47 anos e nem um centavo no bolso. Iniciou a viagem disposto a recomeçar e a se reinventar. A Grécia seria o cenário perfeito para isso.

Brooklyn, Nova York

Henry Valentine Miller veio ao mundo em 26 de dezembro de 1891, em Nova York. Seus pais, Heinrich e Louise, haviam emigrado aos Estados Unidos provenientes da Prússia em busca de um futuro melhor. Henry passou a infância e a adolescência no Brooklyn, frequentou a escola e levou uma vida normal de criança de classe média. Foi um bom aluno e se destacou também em música e esportes. Mas, três meses após entrar na faculdade, Miller decidiu abandonar para sempre os estudos acadêmicos e tornar-se autodidata. Como ele mesmo contou mais adiante, naquela época se sentia "artista" sem saber de que tipo. A música o atraía, mas ele não era especialmente dotado para ela, e o mesmo se podia dizer das artes plásticas. Restava a literatura, e, dali em diante, ele concentraria seus esforços em se tornar escritor. A partir de então, começou a passar os dias trancado na biblioteca pública de Nova York, onde devorou imensas quantidades de literatura e filosofia europeias, declarando-se profundo admirador de Dostoiévski e Nietzsche, bem como dos transcendentalistas norte-americanos, Emerson, Whitman e Thoreau. Diante da insistência da família, Henry aceitou trabalhar na alfaiataria de seu pai em Manhattan, sem por isso deixar de escrever relatos, que enviava a revistas e eram invariavelmente rejeitados. Aos 26 anos, casou-se com sua professora de piano, Beatrice Wickens, para evitar ser convocado pelo exército. Logo nasceu uma menina, Barbara, e, bem logo também, o casamento foi a pique. Com grande entusiasmo, Beatrice passou a fazer parte do coro de recriminações dos pais dele para que arranjasse um emprego decente e endireitasse a vida. A reação de Miller foi recluir-se de novo em seu refúgio, a biblioteca pública, até que, cansado de tudo e sentindo-se um profundo fracassado, solicitou o que era considerado o emprego mais baixo e mais mal pago do país: entregador de telegramas da Western Union. Não teve sorte e foi rejeitado, talvez porque não se encaixasse no perfil etário (os entregadores de telegramas eram garotinhos bem jovens, que, com um uniforme característico, cumpriam sua tarefa de bicicleta), ou porque o falso doutorado em filosofia que incluiu em seu currículo deve ter parecido excessivo para os requisitos do cargo.

Com o amor-próprio ferido, Miller não estava disposto a aceitar a rejeição assim sem mais nem menos, e, vestindo seu melhor terno, dirigiu-se à sede central da Western Union, no coração de Manhattan, em cuja entrada uma placa com a frase "EU TAMBÉM FUI ENTREGADOR DE TELEGRAMAS" do multimilionário e filantropo Andrew Carnegie recordava ao mundo a essência do sonho americano. Na recepção, pediu para falar com o presidente da empresa. Ele não estava disponível, mas, se desejasse – informou-lhe uma gentil secretária –, o vice-presidente teria muito prazer em recebê-lo. A conversa que se seguiu é uma das histórias mais memoráveis da vida de Henry Miller. Ao expor suas queixas pela forma como havia sido tratado, Miller conseguiu convencer o executivo da Western Union de que as práticas de contratação de funcionários da empresa eram desastrosas, o que, unido ao grave problema de excessiva rotatividade de pessoal que os incomodava fazia tempo, levou o vice-presidente a oferecer àquele agradável e eloquente jovem um cargo de responsável pela contratação, com sala própria e um salário de 240 dólares mensais, o que ultrapassava todas as expectativas de Miller. Apesar da euforia inicial, Miller não havia sido feito para trabalhar na "Companhia Telefônica Cosmodemônica, contratando e demitindo a torto e a direito", como escreveria mais tarde em *Trópico de Capricórnio*, e não tardou a se sentir mais uma vez profundamente infeliz com sua nova vida. Curiosamente, foi na Western Union que Miller por fim começou sua carreira literária. O chefe de Miller achava que alguém tinha que escrever sobre os entregadores de telegramas. A única condição que impôs era que quem escrevesse deveria imitar o estilo de Horatio Alger, um escritor de *best-sellers* do século XIX que competiu em popularidade com Mark Twain e que foi autor de centenas de romances ruins, nos quais descrevia como qualquer rapaz poderia obter fama e riqueza mediante trabalho duro, coragem e determinação. Miller aceitou o desafio e escreveu *Clipped Wings*, um livro muito ruim no qual verteu toda a raiva e frustração acumuladas durante anos, e, no mais puro estilo dostoievskiano, narrou a horrenda vida de doze entregadores, que invariavelmente acabava em assassinato ou suicídio. Quando o concluiu e tentou publicá-lo (coisa que nunca conseguiu), tinha 31 anos, estava arruinado, era um funcionário frustrado da Western Union, um desastre como marido e pai e autor de um romance péssimo.

Então, conheceu June Mansfield. Nascida Edith Smerth, em Bucovina, território do Império Austro-Húngaro, June era uma jovem de beleza estonteante e costumes pouco rígidos que ganhava a vida como *taxi dancer* nos grandes salões de baile da Times Square. Henry e June deram início a uma tormentosa relação que duraria sete anos, e da qual o aspirante a escritor extrairia toda a inspiração literária que lhe faltara até então. Casaram-se, e, por insistência de June, estabeleceram-se em um luxuoso apartamento no centro de Manhattan. June convenceu Henry a abandonar seu emprego na Western Union e se dedicar integralmente a escrever. Ela seria sua mecenas e bancaria seus gastos sob a condição de que não lhe pedisse explicações sobre a procedência do dinheiro. Miller começou a escrever, ainda sem colher nenhum sucesso, e, quando June voltava de suas escapadas, escutava em estado hipnótico as andanças que sua esposa lhe relatava com detalhes. À época de abundância financeira seguia-se outra de grandes penúrias. Foram despejados do apartamento, e, a partir desse momento, a mudança de domicílio se tornou a norma. Nessa época, Miller deu início ao costume, que conservaria durante quase toda sua vida, de escrever "cartas petitórias" a amigos e conhecidos solicitando desde material de escrita, como papel e canetas, até livros e alimentos básicos, bem como as pequenas quantidades de dinheiro que o destinatário houvesse por bem lhe enviar.

Paris

Um dia, June apareceu em casa com sua última conquista, Jean Kronski, uma aspirante a atriz de aspecto andrógino, "um típico caso patológico de extrema confusão mental", segundo Miller. Jean e June foram para Paris, instando Henry, por carta, a juntar-se a elas, já que "era a única cidade onde um escritor podia viver". Mas Jean desapareceu em Paris tão misteriosamente quanto havia aparecido; depois de um tempo, receberam a notícia de que havia posto fim a sua vida em um hospital psiquiátrico.

Em 1928, os Miller viajaram juntos pela Europa, percorrendo durante dois anos o velho continente. Visitaram Áustria, Polônia e Bucovina, terra natal de June; percorreram a França de bicicleta, e, por fim, estabeleceram-se em Paris. Lá conheceram Anaïs Nin, também aspirante a escritora. Miller ficou fascinado com o ensaio sobre D. H. Lawrence que Anaïs havia acabado de publicar, e ela, por sua vez, ficou deslumbrada com a "incrível beleza e carisma de June Miller", como registrou nos que chegariam a ser seus famosos diários íntimos. Durante uma viagem a Nova York em 1930, os Miller se separaram para sempre, e Henry decidiu voltar a Paris para dar continuação a sua carreira literária. Após uma primeira etapa de fome e privações, Anaïs Nin o ajudou, emprestando-lhe dinheiro e convidando-o com frequência à luxuosa casa às margens do Sena, onde vivia com seu marido, o banqueiro Hugh Guiler. As coisas melhoraram ainda mais quando um amigo da boêmia parisiense, Michael Fraenkel, convidou Miller a morar no térreo do número 18 da Villa Seurat, uma rua sem saída e próxima ao bairro de Montparnasse, projetada no século XIX como comunidade de artistas.

Os dois homens combinavam perfeitamente. Fraenkel estava escrevendo sobre a morte espiritual do homem moderno e precisava de um adversário à altura que sustentasse o debate. Miller não só não o decepcionou, como também aquelas intermináveis conversas banhadas em fumaça e álcool sobre a decadência da sociedade moderna o ajudaram a organizar suas próprias ideias e a dar certo sentido a seus fracassos existenciais. Seu único caminho era aceitar a morte espiritual como preâmbulo de seu renascimento como artista. As conversas na Villa Seurat foram o germe do livro que Miller passou freneticamente a escrever depois que Fraenkel o incentivou a fazê-lo tal como falava durante suas conversas noturnas. Assim surgiu *Trópico de Câncer*.

Três anos depois, em 1934, o livro foi publicado pela editora parisiense Obelisk Press, e imediatamente proibido nos Estados Unidos. Sua publicação em 1961 pela norte-americana Grove Press desencadeou uma série de processos por obscenidade, até que, em

1964, o livro foi autorizado pelo Supremo Tribunal. Mas voltemos a Paris da década de 1930. Do térreo da Villa Seurat, Miller se mudou para o sótão. O som da velha Remington na qual havia começado a escrever *Trópico de Capricórnio* só cessava quando Miller parava para comer, fazer grandes passeios por Paris, atender às incessantes visitas de amigos e às exigências de sua agitada vida amorosa. Foram tempos felizes. Alfred Perlès, outro amigo íntimo, escreveu que, na casa de Miller, desfilava uma *troupe* de "excêntricos, malucos, bêbados, escritores, artistas, aproveitadores, indigentes de Montparnasse, vagabundos e psicopatas", imediatamente transformados em material literário por Miller.

Lawrence Durrell gostava de contar que havia encontrado um exemplar de *Trópico de Câncer* em um banheiro público de Corfu. Na realidade, havia-lhe sido emprestado por seu amigo Barclay Hudson, com quem costumava manter discussões literárias na ilha. Quando Durrell escreveu a primeira carta a Miller – "*Trópico* abre o caminho para uma vida nova que por fim recuperou as entranhas" –, o norte-americano compreendeu imediatamente que havia encontrado seu leitor ideal e respondeu: "Você é o primeiro inglês que escreve uma carta inteligente sobre meu livro". Os novos amigos não poderiam encontrar-se em situações mais diferentes. O jovem Larry Durrell ansiava com todas suas forças tornar-se escritor, ao passo que Henry Miller havia por fim encontrado sua voz e certa estabilidade, se não econômica, pelo menos de vida. Em uma carta a Durrell, ele expressou assim sua situação: "Estou vivo, alegre, cheio de energia, otimista de uma maneira absurdamente pessimista. Absorvi o mundo e agora o estou vomitando". Durrell, por sua vez, estava trabalhando em *The Black Book*, profundamente influenciado por *Trópico de Câncer* e corroído pelas dúvidas sobre sua capacidade de escrever.

Larry Durrell também enviava cartas cheias de entusiasmo a Miller sobre a beleza da paisagem grega e a vida idílica que levava em Kalami, um afastado recanto da costa ao noroeste de Corfu. Ele convidava repetidamente seu novo amigo a passar umas férias com ele e sua mulher, Nancy, na ilha. Mas Miller estava feliz demais com sua vida parisiense para se deixar convencer por descrições que considerava "poéticas demais".

Lawrence Durrell foi a Paris em 1937, acompanhado de Nancy. O casal ficou em um apartamento da Villa Seurat, e, desde o primeiro momento, o entendimento com Miller foi total. Plenamente integrado à comunidade literária de Miller, Durrell participou do lançamento de *The Booster*, uma revista mensal descrita por seus editores como "carente de sucesso, de ideias políticas e de cultura, sob a direção do célebre quarteto literário: primeiro violino, Alfred Perlés; também primeiro violino, William Saroyan; viola, Lawrence Durrell; e violoncelo e voz, Henry Miller.

No início de 1939, Miller escreveu a Durrell: "As pessoas não compram livros; na verdade, nem sequer vivem; limitam-se a prender a respiração diante da iminente catástrofe". O consulado norte-americano em Paris recomendou a seus cidadãos que abandonassem a capital e voltassem aos Estados Unidos. Miller estava hesitante. Por um lado, sentia-se atraído pela ideia de voltar a seu país, especialmente ao deserto, "aos grandiosos espaços vazios onde o homem é nada, e reina o silêncio", mas era difícil para ele abandonar a Europa.

Em maio de 1939, após a publicação de *Trópico de Capricórnio*, de novo pela Obelisk Press, Miller decidiu repentinamente ir para a Grécia. Escreveu uma última carta a Durrell, pedindo-lhe informações práticas:

> Escreva-me o mais breve possível sobre o assunto do correio e da censura na Grécia. Eles abrem todas as cartas, as que entram e as que saem? Ficam com os cheques e as remessas postais? Escrevi a algumas pessoas pedindo dinheiro, e é possível que chegue algo quando eu já houver partido. É importante saber.

E também resumiu por carta a situação de *Trópico de Capricórnio*:

> Teve uma venda antecipada de uns oitocentos exemplares [...]. Meu bom amigo Blaise Cendrars diz que só a terceira parte do livro é boa [...] o resto é um tédio, de modo que me transformei no *enmerdeur* número um.

Miller tornou a preveni-lo sobre sua falta de interesse pelos gregos e sua venerável civilização. Confessou que o que lhe atraía da Grécia era o sol, a água, o vinho de resina e as pequenas ilhas azuis. Perguntou se poderiam ir a Lesbos, e disse que daria qualquer coisa para ver o palácio de Cnossos, em Creta. Mas não sabia nem uma palavra de grego nem conhecia nada dos clássicos; "sou muito ignorante", disse, "inclusive em literatura inglesa."

Larry o tranquilizou. Disse que ele poderia fazer todas as viagens que quisesse e que não precisava saber nada de grego, salvo algumas frases como "você é um mentiroso!", "devolva minha carteira!" e "chame a polícia!". Estendeu o convite a qualquer uma das misteriosas mulheres de Miller, e confessou que seu círculo de Corfu estava muito intrigado, devido à quantidade delas que apareciam em seu livro.

Grécia

Na Grécia, a pessoa sente o desejo de se banhar no céu, livrar-se da roupa, correr e, com um salto, submergir no azul.

Henry Miller

Na realidade, não foi Durrell quem convenceu Miller a ir para a Grécia. No início de *O colosso de Maroussi*, lemos que foi uma amiga de Paris, Betty Ryan, grande viajante e ainda mais extraordinária narradora de suas viagens, que lhe fez um retrato tão fascinante de uma aventura vivida em Olímpia que Miller se sentiu impelido a conhecer aquele país. Antes de a possibilidade de guerra na Europa se tornar cada vez mais real, seus planos de viagem haviam sido muito mais ambiciosos. Em Paris, Miller havia-se interessado profundamente pelo *zen* budismo por meio dos livros do mestre D. T. Suzuki. Em uma carta a seu amigo Durrell, falava de sua descoberta de Milarepa, o santo-poeta tibetano, e de sua paixão pelo *zen*:

> O *zen* é exatamente minha ideia da vida, o mais próximo de algo que sou incapaz de formular em palavras. Sou um verdadeiro viciado no *zen*, salvo no que se refere ao regime monástico, no qual não acredito em absoluto e considero totalmente desnecessário. Mas, se quiser penetrar o budismo, leia sobre o *zen*. Nenhuma pessoa inteligente, nenhuma pessoa sensível pode ser outra coisa além de seguidora do *zen*.

Muito antes de ir para a Grécia, Miller havia decidido escrever um livro agradável sobre o misticismo e concebido um plano de renascimento pessoal que culminaria em uma viagem pela Índia, Nepal e Tibete, onde pretendia estabelecer-se.

A viagem ao Oriente nunca se realizou, e, em junho de 1939, Miller abandonou Paris rumo à Grécia levando como única bagagem uma malinha e o *Diário de Nijinsky*. Disposto a se deixar seduzir por tudo que surgisse em seu caminho, seu estado de ânimo ao embarcar em Marselha no Théophile Gautier com destino a Pireu era de um homem que se sente leve e expectante depois de cortar todas as amarras com sua vida anterior. A guerra estava cada dia mais próxima, e era preciso curtir o momento.

A viagem durava cinco dias, o que lhe permitiu conhecer alguns gregos. O primeiro de quem se aproximou foi um estudante de medicina que voltava de Paris. Falaram de Knut Hamsun, um dos escritores favoritos de Miller. Entusiasmado pelo encontro, ele chegou à conclusão de que os gregos eram alegres, apaixonados e curiosos:

> Era algo de que eu sentia muita falta na França. Não só paixão, mas sim contradição, confusão, caos, todas essas valiosas características humanas que redescobri em meu novo amigo. E a generosidade. Eu quase pensava que havia desaparecido da Terra. Foi uma grande introdução a esse mundo que eu estava prestes a descobrir. Já me havia apaixonado pela Grécia e pelos gregos antes de pôr sequer um pé no país. Já podia antecipar que era gente amistosa, hospitaleira e fácil de abordar.

Miller desembarcou na Grécia no meio de uma terrível onda de calor. Pegou um táxi em Pireu e buscou refúgio em um hotel de Atenas até a chegada da noite. Com a fresca, foi para a rua e entrou nos Jardins Nacionais, perto da praça Sintagma. A partir desse momento, começou realmente sua viagem, durante a qual ele não teria a sensação de avançar, e sim de ir subindo degraus, de ultrapassar umbrais em uma espécie de êxtase continuado. "Êxtase: estado da alma inteiramente embargada por um sentimento de admiração e alegria": esse será o tom que definiria sua viagem; mas os arroubos millerianos estariam adequadamente equilibrados com outras tantas doses de humor aplicadas tanto ao autor quanto ao mundo que o cerca. Os jardins lhe pareceram a quinta-essência de um parque, o que se sente quando se olha um quadro ou quando se sonha com um lugar onde se desejaria estar, mas que nunca se encontra na vida real. Apesar de serem onze horas, o parque estava lotado de gente que curtia o frescor da noite. Outros, sentados a umas mesinhas, bebiam água tranquilamente na escuridão. Água... "Por onde olhasse via copos de água. Comecei a pensar na água como algo novo, como um elemento essencial da vida." Água. *Neró*. A primeira palavra grega que ele aprendeu naquela noite e que achou linda. Ele gostava da digna pobreza que os gregos exibiam, seus farrapos, "as cargas que levavam sobre a cabeça, mas não na cabeça". Na noite ateniense, tudo respondia à poética da pobreza que ele havia desenvolvido em seus *Trópicos*, onde escrevera: "Não tenho dinheiro, nem recursos, nem esperanças. Sou o homem mais feliz da Terra". Outra causa de deleite que encontrou no parque foi a presença de crianças, porque, segundo ele, na França, parecia que haviam desaparecido ou deixado de nascer.

Enquanto a guerra estava prestes a estourar, e a escuridão se apoderava da Europa, Miller começava uma viagem iniciática, uma peregrinação por um reino de luz, onde iria encontrando diversos personagens e experimentando metamorfoses e revelações. Um mundo que estava prestes a desaparecer sob a ocupação nazista, a guerra civil e a devastação do pós-guerra.

Na manhã seguinte a sua chegada, ele embarcou rumo a Corfu. O sol ia se pondo enquanto o navio avançava entre as ilhas do golfo Sarônico. Um garçom passava com uma bandeja cheia dos inevitáveis copos de água. As estrelas apareceram, e o ambiente refrescou. O espetáculo das ilhas quase o fez uivar de alegria. No cais de Corfu esperavam-no Lawrence e Nancy Durrell. Na época, o urbanita irredento já reconhecia que as cartas que seu amigo lhe enviava não eram delírios poéticos. Poucas horas depois, os três amigos estavam nadando nus em Kalami, ao norte da ilha, onde os Durrell viviam em uma casinha de pescadores à beira d'água. Miller logo conquistou os habitantes do lugar; devido a sua calvície e ao pouco cabelo branco que lhe restava, chamavam-no de "*o ierós*" ("o velho").

Um dia, apareceu Theodore Stephanides – "o homem mais sábio que conheci, além de santo", escreveu Henry em *O colosso*. Stephanides leu para eles poemas de Giórgos Seféris traduzidos por ele ao inglês, e, depois, com um misto de amor, admiração e malícia, pronunciou o nome de Katsimbalis, que, talvez por seu exotismo ou sonoridade, causou uma impressão imediata em Miller. O colosso aparecera. Nessa mesma noite, Stephanides lhes fez uma alucinante descrição de sua vida nas trincheiras ao lado de Katsimbalis na frente de batalha dos Bálcãs durante a Primeira Guerra Mundial. No dia seguinte, Miller e os Durrell lhe escreveram uma carta expressando seu desejo de conhecê-lo. Enquanto esperavam a resposta, os Durrell levaram seu amigo a visitar seus lugares prediletos. Acamparam em enseadas solitárias, onde o silêncio só era perturbado pela chegada de um pastor com seu rebanho. Navegaram no pequeno veleiro dos Durrell, e o tempo era prazerosamente dedicado a nadar, ler e dormir.

Tudo acabou abruptamente quando ouviram a notícia de que o exército grego havia sido mobilizado. O regresso apressado do rei a Atenas foi interpretado como um mau presságio. Diante dos rumores de uma iminente invasão dos italianos, o pânico tomou conta da cidade de Corfu. Os Durrell e Miller abandonaram a ilha e se dirigiram a Atenas, pondo um ponto final a sua estadia no paraíso.

Em 2 de setembro de 1939, houve uma reunião na casa de George Katsimbalis, em Maroussi. Estavam presentes Lawrence e Nancy Durrell; Henry Miller; o poeta Seféris; a irmã deste, Ioanna, também poetisa ocasional; Theodore Stephanides; Antoniou, o capitão-poeta; e o próprio Katsimbalis. O ambiente foi cordial desde o início, e Miller, que nesse dia falou muito pouco, impressionado pela voz e a poderosa presença de Katsimbalis, foi rapidamente aceito pelo grupo.

Quando alguém perguntava a George Katsimbalis o que fazia da vida, sua resposta era: "Sou uma mutuca literária". Pressionava amistosamente Giórgos Seféris (prêmio Nobel em 1962) a continuar escrevendo. Publicou o autor Odisséas Elytis em 1935 (prêmio Nobel em 1979). Foi um dos dinamizadores da chamada geração dos trinta, fundador da prestigiosa revista literária *Ta Nea Grammata*, além de humanista, bibliógrafo, colecionador de livros e protetor de escritores e poetas. Segundo Patrick Leigh Fermor, tinha uma extraordinária semelhança com Frederico de Montefeltro, duque de Urbino, pintado por Piero della Francesca: olhar de águia, queixo proeminente e um leve mancar fruto de suas escaramuças nas trincheiras durante a Primeira Guerra Mundial. Era especialista em três idiomas e não existia um poeta grego, francês ou inglês, por mais exótico ou recôndito que fosse, de quem não soubesse recitar de cor, sem hesitação nem erros, dúzias de páginas. Era uma portentosa mina de conhecimentos pouco comuns sobre a Grécia. E, como Miller, imensamente extrovertido, grande conversador, amante do vinho e da boa mesa, divertido, gentil com todo o mundo, hospitaleiro e generoso. Era inevitável que os dois se tornassem amigos imediatamente.

As noitadas em Maroussi foram-se sucedendo, bem como os encontros no estúdio de Seféris no bairro de Plaka, quando ouviam *jazz* e falavam de literatura norte-americana. Miller havia sido "adotado" por seus amigos gregos.

O colosso de Maroussi contém algumas passagens inesquecíveis sobre os lugares mais emblemáticos da Grécia: Delfos, Tirinto, Epidauro, Micenas, Elêusis, Cnossos. Chama a atenção o fato de que um ignorante confesso da cultura grega poderia transmitir a atmosfera malsã do palácio dos Atridas, ou a magia do recinto sagrado dedicado ao deus da cura, Asclépio, de uma maneira tão esclarecedora e emocionante. Com sábias pinceladas, Miller é capaz de transmitir ao leitor toda a imensa força telúrica desses antigos lugares. A chave está no fato de que Miller teve guias excepcionais. No grupo formado ao redor de Katsimbalis encontravam-se alguns dos homens e mulheres mais destacados da Grécia; gente cosmopolita, sábia e comprometida politicamente que amava com paixão seu país e conhecia como ninguém sua história e sua cultura. Guardadas as devidas proporções, era como se Sócrates, Xenofonte, Aristófanes e Eurípides houvessem mostrado a cidade a um visitante da Atenas de Péricles no século v a.C., por exemplo.

A presença de Katsimbalis e sua reverência pela beleza das palavras se percebem na poética salmodia com que Miller nos diz quais são os ingredientes do Ática: "Tomilho, sálvia, sínter calcário, asfódelo, mel, argila vermelha, telhados azuis, acanto, luz violeta, rochas quentes, ventos secos, pó e *retsina*".

Katsimbalis também o fez conhecer as ilhas. Em Hidra, apresentou-lhe Ghyka, o pintor mais ilustre da Grécia, em cuja casa Miller não deixou de reparar em uma linda criada com nome de cereal. Em *O colosso*, livro sobre a amizade masculina, as mulheres mal aparecem, e, se o fazem, são inalcançáveis. Mas, durante sua estadia na Grécia, houve uma ou outra aventura; quando voltou sozinho a Corfu, Miller "profanou" – aos olhos de Durrell – sua querida ermida de santo Arsênio, indo ali se divertir com uma amiga inglesa.

***

Miller também pôde realizar seu sonho de conhecer Creta. Foi para lá sozinho, e, pela primeira vez, tomou um avião – experiência que achou tediosa. A primeira coisa que fez assim que aterrissou foi visitar as ruínas de Cnossos, a antiga cidade minoica escavada por Arthur Evans. Achou o lugar "alegre, higiênico e saudável", o contrário da atual Hagia Triada, onde se assenta o sítio arqueológico. Em Heraclião, as forças vivas lhe deram um tratamento de celebridade. Todo o mundo queria conhecer o norte-americano, e ele recebia constantes convites para ocasiões durante as quais sua paciência era posta à prova. Desde um homem que havia sido taxista em Nova York, até outro que se confessava lenhador em Michigan, todos falavam sobre o que Miller mais detestava: "A Grécia é pobre, não há dinheiro. Estados Unidos é rico. Viva os Estados Unidos!". Empenhado em não ver na Grécia mais que uma Arcádia feliz, e não a miséria de uma grande parte de seus habitantes, Miller costumava deixar atônitos seus interlocutores quando lhe perguntavam do que gostava no país e ele respondia invariavelmente: "Da luz e da pobreza".

Em Creta, Miller teve oportunidade de demonstrar seus dotes para a interpretação e a pantomima. Convidado a jantar pelo vice-cônsul britânico em Heraclião com outras personalidades da ilha, perguntaram-lhe sobre o funcionamento da bolsa de Wall

Street. Miller se levantou da cadeira, e, diante dos presentes, realizou uma magistral representação. Transformado em um agressivo corretor da bolsa, Miller andava freneticamente pela sala comprando e vendendo ações, enquanto ligava para outros corretores para que colocassem títulos no mercado, para o ministro do Interior para perguntar se já havia sido aprovado o projeto de lei sobre os índios, a seu motorista para que trocasse de carro e a seu alfaiate para encomendar duas dúzias de camisas rosa e brancas. Os comensais aplaudiram a atuação, encantados, mais convencidos ainda das delícias que oferecia o estilo de vida norte-americano.

Ao voltar de Creta, havia dinheiro o esperando na agência da American Express em Atenas. Havia chegado a hora de voltar aos Estados Unidos. A despedida foi organizada na casa de Katsimbalis, em Maroussi. Seféris recorda em suas memórias que naquela ocasião Miller tinha um aspecto cheio de frescor, como novo. Todo o mundo bebia devagar. O vinho, leve, incentivava a contar um monte de coisas desconexas. Formaram uma rodinha ao redor dele. Naquele dia, ele era o protagonista. Miller expressou sua gratidão, já que sabia que se separariam. Falou de sua visita a Creta e de sua intensa experiência nas ruínas de Festo, uma das passagens mais memoráveis de seu livro grego: "À medida que o automóvel avançava para Festo, minha emoção aumentava ao ritmo das paisagens que ia atravessando; eu sentia cada vez mais intensamente que em cima, na Acrópole, esperava-me uma revelação". Nesse ponto, escreve Seféris, ele parou um momento, riu de uma maneira quase infantil e acrescentou: "Vou contar-lhe uma coisa: lá em cima, na Acrópole, senti tamanha necessidade de me comunicar com Deus que tive que me masturbar; não encontrei outra maneira". Fez-se um silêncio na sala, quebrado candidamente por Nancy Durrell com a pergunta: "Perdão, o que você disse que fez?".

Para sua despedida particular, Miller se dirigiu de novo aos Jardins Nacionais, onde havia começado sua viagem, e prestou uma silenciosa homenagem ao pequeno grupo de amigos que havia feito na Grécia. Dedicou a eles as seguintes linhas ao final de *O colosso de Maroussi*:

> Amo esses homens, todos e cada um deles, por me terem revelado as verdadeiras proporções do ser humano. Amo o solo em que cresceram, a árvore da qual surgiram, a luz na qual floresceram, a bondade, a integridade, a caridade que emanam. Eles me limparam de ódio, ciúmes e inveja. E, especialmente, demonstraram com seu próprio exemplo que a vida pode ser magnificamente vivida em qualquer escala, em qualquer clima e qualquer condição.

Em fins de dezembro de 1939, Miller embarcou para os Estados Unidos. Seus amigos gregos, Katsimbalis, Stephanides, Seféris e Antoniou, participaram ativamente da Segunda Guerra Mundial, primeiro na derrota dos italianos na campanha da Albânia, e mais tarde na defesa desesperada contra a invasão alemã da Grécia em abril de 1941. Durrell foi enviado pelo British Council a Calamata para dirigir uma escola. Mais tarde, desenvolveria atividades no Serviço de Inteligência britânico no Cairo e em Alexandria.

Em março de 1940, Larry Durrell escreveu a Miller dando-lhe notícias sobre Katsimbalis:

> [...] cada vez que recebe notícias suas, ou uma carta que você escreveu, ele passa uma semana inquieto, deixa de ser o mesmo. Parece que, para ele, você representa um pouco a figura do analista, porque, depois, se transforma nesse

> colosso fictício, como uma falsa tartaruga que sai do nada. A seguir, começa a cambalear, a se vangloriar, a blasfemar, e, cada vez que conta uma história, diz: "Esqueci de contar esta", ou "Desta Miller teria gostado" [...] e agora que sabe que você está escrevendo sobre ele, comporta-se de um modo mais irreal que nunca; jamais modelo algum posou e se remexeu diante de um fotógrafo com tanto desassossego quanto George Katsimbalis com seu terno preto ordinário e sua roupa íntima de cota de malha.

E, um pouco mais à frente, em junho de 1940, à medida que a situação ia piorando, Larry lhe escreveu:

> Gostaria de lhe dar uma pontinha de esperança acerca da Europa, mas não posso [...] ainda me encontro com Seféris e Katsimbalis, mas parece uma reunião de idosos; trocamos silêncios e fumaça de cachimbo; e o clima, insensível a tudo, sorri verde e azul.

Enquanto a guerra se espalhava pela Europa, Miller, agora estabelecido em Big Sur, Califórnia, punha um ponto final em *O colosso de Maroussi*. Dedicou as últimas páginas a expressar uma vez mais sua gratidão pela experiência que lhe propiciara a Grécia e sua gente, representada na figura de George Katsimbalis. Este lhe havia ensinado que cada ato da vida era um acontecimento extraordinário, e a luz da Grécia lhe havia aberto os olhos para começar sua caminhada como um homem novo.

De Paros a Big Sur

Ao voltar aos Estados Unidos, Miller continuava assolado pela penúria econômica. Embora os *Trópicos* vendessem bem em Paris e se houvessem transformado em livros de culto, seu autor não podia receber nem um único franco por causa das restrições da guerra. Com dinheiro emprestado pelos amigos e sentimentos contraditórios em relação a seu país, ele decidiu percorrê-lo de ponta a ponta e escrever um livro com suas impressões de viagem, que intitulou *O pesadelo de ar condicionado*. As críticas aceradas ao materialismo norte-americano e frases como "O que temos para oferecer ao mundo além do superabundante butim que incansavelmente roubamos da terra sob a falsa ilusão de que essa atividade maníaca representa o progresso e a iluminação?" não lhe valeram dinheiro, mas tiveram o efeito de converter Miller em uma espécie de ícone da incipiente contracultura. Durante o resto de sua vida, Miller sempre seria para alguns "The King of Smut" ("o rei das obscenidades"), ao passo que, para outros, foi-se transformando em um guru, um santarrão a quem recorrer em busca de conselho. Após um ano tentando a sorte em Hollywood como roteirista, sem resultados notórios, uma amiga escritora lhe emprestou uma cabana em Big Sur, sem luz elétrica nem água, mas com uma espetacular vista do oceano Pacífico. Miller havia encontrado seu Walden.

***

Quando minha amiga Alison me convidou para ir a sua casa, na baía de San Francisco, soube que havia chegado minha oportunidade de visitar Big Sur. Alison e eu havíamo-nos conhecido dois anos antes na ilha grega de Paros, em To Spiti tis Logotexnías (Casa da

Literatura), uma agradável colônia para escritores e tradutores, onde ela tentava terminar seu terceiro livro, e eu traduzia um romance do grego de meu amigo Giórgos Zarkadakis. Assim que Alison conseguiu uns dias de férias no consulado francês de San Francisco, onde trabalhava, pegamos seu velho Saab e rumamos ao sul.

Big Sur é um vasto território, sem limites claramente definidos, que se estende por 150 quilômetros aproximadamente, da península de Monterey até San Simeon, a uns 370 quilômetros ao norte de Los Angeles, e penetra uns 35 quilômetros terra adentro. De norte a sul está singrado pela cordilheira de Santa Lucía. O nome Big Sur provém dos exploradores espanhóis, os primeiros europeus que puseram o pé nessa terra e que denominaram o grande território do sul, ou o Grande Sul. Big Sur continua sendo uma das zonas mais agrestes e despovoadas dos Estados Unidos. O censo do ano 2000 indicava uma população de 976 habitantes, mas o número de residentes permanentes é muito menor. A Estatal Número Um, considerada a estrada mais espetacular dos Estados Unidos, só foi inaugurada em 1937, e a luz elétrica só chegou a essas paragens nos anos de 1950.

Desde que abandonamos Carmel, cidade de Clint Eastwood, uma intensa neblina nos obrigava a avançar a passo de tartaruga e nos impedia de perceber a paisagem, aumentando a sensação de que nos dirigíamos a um lugar singular. Quando chegamos à famosa ponte elevada de Bixby Creek, a neblina começou a se dissipar, e pude ter minha primeira visão de Big Sur: até onde a vista alcançava, uma tortuosa sucessão de montanhas que caem a pico sobre o mar, enseadas que dão refúgio a focas e leões-marinhos, árvores, rochas, penhascos e nem o menor sinal de presença humana. Após um breve vislumbre, a neblina tornou a nos envolver, e assim continuamos avançando lentamente, até que em uma curva da estrada apareceu Nepenthe, uma nota mediterrânea no meio da agreste paisagem californiana. Nepenthe é a alma, o centro social e o lugar aonde ir quando se deseja ter contato com os humanos em Big Sur e, de quebra, comer maravilhosamente. O nome deriva de uma droga mencionada na *Odisseia* como remédio contra a tristeza, e, por extensão, significa "algo que alivia a dor e ajuda a esquecer o sofrimento". Também, como já mencionei no capítulo de D. H. Lawrence, é o nome que Norman Douglas deu a Capri em seu famoso romance *Vento sul.* Foi daí que o tiraram os Fasset, que continuam dirigindo o lugar fundado por seus avós, Lolly e Bill, que chegaram a Big Sur em 1947 com seus cinco filhos decididos a dar as costas à sociedade moderna. Os Fasset compraram a cabana original de Orson Welles e Rita Hayworth, que se apaixonaram por Big Sur, adquiriram um ninho de amor por 167 dólares e não voltaram nunca mais. A cabana primitiva foi ampliada para receber um restaurante, uma pista de dança e um grande terraço sobre o Pacífico.

Quando Alison e eu abrimos a porta de Nepenthe naquela desagradável manhã de fevereiro, tivemos a sensação de viajar no tempo. Dentro reinava uma grande animação, dois grandes fogos ardiam alegremente em duas lareiras e pairava no ar um delicioso cheiro de comida. Nas paredes, fotografias em preto e branco recordavam momentos memoráveis, como a gravação do filme *The Sandpiper*, de Vincente Minnelli, no qual uma belíssima Liz Taylor dava vida a uma inconformista pintora e mãe solteira que se retira para a solidão de Big Sur... até que encontra um atraente pastor episcopal encarnado por Richard Burton. Também havia fotografias de Henry Miller jogando pingue-pongue com seu avô Bill. Dizem que este colocou um telescópio voltado para a cabana de Miller e cobrava 25 centavos aos muitos curiosos que o procuravam para olhar.

Depois de repor as forças, e aproveitando que a neblina se dissipara de novo, abandonamos o refúgio de Nepenthe e subimos a pista que leva a Partington Ridge, o lugar onde Miller viveu durante quase dezoito anos. Agora é uma residência particular, e não se pode visitá-la, mas a subida permite compreender as entusiasmadas cartas que Miller enviava a seu amigo Durrell daqui, nas quais descrevia os pálidos amanheceres lilases que despontavam acompanhados de uma brilhante luz da lua, ou o prazer de suas caminhadas pelos bosques próximos. Alison havia-me reservado uma surpresa para a tarde. Tínhamos horário marcado no Instituto Esalen para fazer um tipo de massagem exclusivo desse lugar. O Instituto Esalen, nome que provém da tribo indígena que vivia nessas paragens, surgiu nos anos 1960, em torno às fontes termais de águas sulfurosas que brotam bem perto do oceano. Com o tempo, foi crescendo, até se tornar um famoso complexo onde se ensinam disciplinas *new age* e técnicas denominadas de "crescimento pessoal". Antes de receber a massagem, a pessoa tem que ficar um bom tempo de molho em uma piscina comunitária ao ar livre que pende sobre o oceano. Uma vez superada a timidez de estar nu na frente de desconhecidos, você começa a curtir de verdade a experiência. No oceano, adiante de nós, um simpático grupo de lontras deitadas de barriga para cima não parecia ter problema algum com a temperatura das águas nem com a falta de roupa.

Um dos folhetos que nos haviam dado dizia:

> A massagem californiana é composta de uma ampla variedade de manipulações, amassamentos, trações, alongamentos, torções, pressões etc., mas o que constitui sua essência são os movimentos longos, a pressão e o ritmo especiais [...] que produzem uma sensação de ondas ou de carícias que faz o paciente mergulhar em um estado "no qual se esquece de tudo".

"É muito melhor que sexo", garantiu Alison aquela noite referindo-se à massagem, enquanto curtíamos em nossa cabana, em frente à lareira, uma taça de calvados envelhecido, cortesia da Deetjen's Big Sur Inn, o albergue de origem norueguesa mais antigo da região. Naqueles agradáveis instantes, não havia absolutamente nada a objetar. Na manhã seguinte, depois de um suculento café da manhã à base de tortinhas com xarope de bordo, dirigimo-nos a Henry Miller Memorial Library, que, apesar da solenidade do nome, é uma simples cabana de troncos perto da estrada, onde um grupo de entusiastas mantém viva a memória do autor. O lugar era agradavelmente aquecido por uma lareira, e o simpático responsável nos convidou a tomar um chá e xeretar à vontade por ali. Além de todos os livros de e sobre Miller, também há uma grande coleção de suas aquarelas, algumas delas lindíssimas, a preços proibitivos. Comprei um livro do poeta Robinson Jeffers, o primeiro a escrever sobre as belezas de Big Sur e que cunhou o conceito de "inumanismo", com o qual expressava a necessidade de sair de nós mesmos para poder apreciar a "assombrosa beleza das coisas". De recordação, também comprei *Big Sur e as laranjas de Hyeronimus Bosch*, as deliciosas memórias de Miller sobre as alegrias e penúrias dos anos passados em Big Sur. A leitura, pensei, me permitiria continuar curtindo esse lugar, uma vez que, para mim, também havia chegado o momento de voltar ao pesadelo de ar-condicionado.

PATRICK LEIGH FERMOR, A ALEGRIA DO VIAJANTE

"SOLVITUR AMBULANDO"

Bati na mesa e gritei: "Chega, vou para o exterior". Será que sempre vou suspirar e enlanguescer? Livres são minha vida e meus versos, livres como o caminho, desatados como o vento.

George Herbert

A senhora Theanó tornou a entrar na sala do café da manhã. Dessa vez, com um bolo recém-saído do forno, desses redondos com um buraco no meio e que se chamam *marmorizados* devido aos veios que o cacau forma na massa de farinha e ovos. Estava delicioso com o café. Em cada mesa havia um pequeno buquê de flores frescas que ela mesma havia colhido. O desse dia era composto de prímulas, margaridas e vincapervincas. Comentei sobre outra composição floral de uns anos atrás, talvez a mais bonita que eu já vi: rosas vermelhas e galhos de oliveira colocados em recipientes de barro. Ela sorriu, satisfeita com minha boa memória. Ela tem 73 anos e ainda é uma mulher linda, de andar elegante e pausado, com uma trança de cabelos que não são totalmente grisalhos e que usa graciosamente de lado, sobre um dos ombros.

Estamos fora de temporada, e quase não há clientes no hotel, de modo que a senhora Theanó tem tempo de responder a minhas perguntas. Peço-lhe que me fale de Bruce Chatwin.

"Bruce?" Os olhos da senhora Theanó se iluminam, e todo seu lindo rosto sorri. Ela se senta a meu lado enquanto saboreio o segundo café da manhã. "Ele era muito bonito e muito boa pessoa. Καλό παιδί. Um bom rapaz. E muito trabalhador. Quer ver onde ele morava?"

Atravessamos o jardim, cheio de flores de começo de primavera, e chegamos a um pequeno edifício de pedra clara com grandes terraços. Subimos uma escada também de pedra até o número dois. Ali se encontra o apartamento que Bruce Chatwin ocupou durante sete meses no hotel Theanó, em Kardamyli, Grécia. É um quarto com uma cama, uma pequena cozinha, prateleiras com livros e uma mesa. Nada especial, salvo quando se abre a porta do terraço e se vislumbra o golfo Messênico em todo seu esplendor.

Minha anfitriã me conta que Chatwin se queixava: "Ai, Theanó! Há tanta beleza aqui que não consigo trabalhar!".

"Mas bem que trabalhava", acrescenta. "Horas e horas sem parar." E acompanha suas palavras com gestos teatrais para expressar uma grande laboriosidade. "Depois, saía para caminhar. Todos os dias andava pelo menos 25 quilômetros e voltava com uma fome terrível", prossegue com admiração. "Eu preparava algo para ele comer, cordeiro, por exemplo, de que ele gostava muito. Chamava-o quando estava pronto, e nem havia acabado de pronunciar seu nome, e ele já estava a meu lado. Bruce não andava, voava."

Contemplo uma fotografia ovalada pendurada na parede do pequeno apartamento, na qual Chatwin aparece com camisa branca, *jeans*, sandálias e bronzeado de sol. Chamam a atenção suas lindas e longas mãos. Realmente, está muito bonito.

***

Bruce Chatwin chegou a Kardamyli em 1º de janeiro de 1985. Tinha 45 anos e já estava doente. Andava obcecado por terminar seu "livro australiano" sobre o nomadismo que estava empacado havia quinze anos. Em 1970, havia passado o mês de agosto como convidado de Patrick Leigh Fermor – conhecido como Paddy – trabalhando no esboço de *The Nomadic Alternative*, de modo que não foi difícil para ele aceitar a sugestão de seu amigo de se estabelecer de novo em Kardamyli. "Encontrei o lugar mais bonito que se possa imaginar", escreveu em uma carta. "Um apartamento situado no meio de um bosque de oliveiras e ciprestes, em frente ao mar. Por trás erguem-se os cumes da cadeia montanhosa do Taígeto, e posso ver as águias flutuando nas correntes térmicas. Trabalho até as três, caminho pela montanha, leio e durmo. Não é plano ruim. Continuo com o livro, e cheguei a um ponto em que não posso dar marcha à ré."

Quase todos os dias, ao terminar o trabalho, Bruce se encontrava com Paddy, que vivia a cinco minutos de seu apartamento. Ambos se admiravam mutuamente e tinham muitas coisas em comum: eram autodidatas, compartilhavam um toque de rudeza e sibaritismo e eram terrivelmente eruditos, com certa ostentação. Os livros que os haviam tornado famosos, *Na Patagônia* a Bruce, e *Um tempo de dádivas* a Paddy, haviam sido publicados no mesmo ano (1977), e, enquanto o primeiro pensava que Paddy deveria podar sua prosa, este pensava que Bruce bem que poderia deixá-la respirar. Os dois adoravam caminhar. Chatwin tinha a teoria de que o corpo humano havia sido projetado para um dia de caminhada, e que todos os males da humanidade haviam chegado com o sedentarismo. Achava que caminhar não era algo simplesmente terapêutico, mas também uma atividade poética que poderia curar os males do mundo. Durante uma de suas caminhadas, Paddy, que então contava com setenta maravilhosos anos, falou a Bruce sobre a expressão latina "*solvitur ambulando*", atribuída a santo Agostinho, e que pode ser literalmente interpretada como "tudo se resolve andando", ou, também, mediante um experimento prático. Na Grécia, ele concluiu seu livro sobre o nomadismo, publicado em inglês sob o título de *The Songlines*. Quatro anos depois, morreu em consequência da aids, aos 49 anos. Por desejo dele, suas cinzas foram espalhadas por Elizabeth, sua mulher, e por Paddy e Joan Leigh Fermor, em um de seus lugares prediletos, uma pequena igreja bizantina do século x cercada de azinheiras e oliveiras, que se ergue sobre Kardamyli. Não muito antes, em um último ato estético, Chatwin havia-se convertido à religião ortodoxa.

"*Solvitur ambulando*" foi o lema que socorreu o próprio Paddy quando, aos dezoito anos, encontrava-se mergulhado em um mar de dúvidas sobre seu futuro e tomou a decisão de ir a pé da Holanda até Constantinopla. O ano era 1933. Hitler havia acabado de subir ao poder, e a velha Europa estava prestes a desaparecer sob o inferno da Segunda Guerra Mundial.

Patrick Michael Leigh Fermor havia nascido em Londres em 1915. Eram tempos de guerra, e, quatro meses após trazê-lo ao mundo, sua mãe achou mais seguro deixá-lo com uma família de fazendeiros na campina inglesa enquanto ela embarcava com a filha mais velha para a Índia para se juntar ao marido.

Lewis Leigh Fermor, responsável pela Indian Geological Survey, foi um pai ausente. Geólogo e naturalista apaixonado, descobriu um mineral que leva seu nome – a fermorita –, além de um verme com oito cerdas no corpo e algo muito frágil e poético: uma formação peculiar de floco de neve, o que lhe rendeu a escolha como membro da Royal Society de Londres. Para seu filho, ele sempre foi um personagem com matizes mitológicos, que o garoto imaginava trabalhando montado em um elefante e vivendo na selva cercado de tigres e macacos.

O que deveriam ser poucos meses de separação se transformaram em quatro anos, durante os quais Paddy foi crescendo como um silvestre filho de fazendeiro, cercado de carinho, mas com uma maravilhosa e total falta de disciplina. A vida consistia em correr o dia todo por uma paisagem de suaves colinas, montes de feno e lavoura, até que, um dia, apareceram duas belas desconhecidas – sua mãe e sua irmã –, acompanhadas de um mal-encarado pequinês, para arrancá-lo do paraíso. O que se seguiu foi um acúmulo de fracassos e expulsões escolares, não porque não gostasse de aprender, mas porque era incapaz de admitir qualquer tipo de disciplina. Quando tinha dez anos, um psiquiatra aconselhou que o garoto fosse para uma escola para crianças difíceis, que acabou sendo um oásis de liberdade, uma dessas excêntricas escolas experimentais britânicas onde os alunos, de quatro a vinte anos de idade, vestindo *blazer* marrom e sandálias, só eram obrigados a aprender aquilo de que gostassem, sob o lema "*Fais ce que tu voudras*". Uma das matérias do currículo era a euritmia de Rudolf Steiner, divulgada por Isadora Duncan, à qual se entregavam com entusiasmo, nus e ao ritmo de um piano, tanto professores como alunos, formando figuras sugestivas, como a "coleção de ervilhas", a "coleta de paus" ou a "velha toupeira". Paddy teria ficado indefinidamente nessa escola encantadora se os falatórios que corriam pela cidade e certos escândalos relacionados a professores e alunos maiores não acabassem provocando seu fechamento definitivo.

Embora dessa vez não houvesse sido expulso, encontrou-se de novo na rua no meio do ano letivo. Por sorte, sua mãe era dotada de uma imaginação e um humor exuberantes, e nunca se abandonava ao desalento por muito tempo. De modo que não tardaram a encontrar um novo lugar que cuidasse da educação do jovem díscolo: a prestigiosa King's School, da Cantuária, uma das instituições mais antigas da Inglaterra, fundada no século VI por santo Agostinho da Cantuária.

No começo foi tudo bem, e Paddy se entregou com prazer ao estudo de história, literatura e línguas vivas e mortas. Também começou a despontar como atleta, e se entregou com paixão ao boxe, além de escrever poesia. Mas os problemas de disciplina escolar não tardaram a aparecer, e os informes que chegavam a casa falavam de um sonhador que tentava com todas suas forças fazer que a vida se parecesse o máximo possível com os livros, um hiperativo com a cabeça cheia de minhocas, briguento e com fama de arrogante. "É uma perigosa mistura de sofisticação e temeridade", escreveram os professores aos pais dele, acrescentando que temiam que sua influência fosse muito nociva para os demais alunos.

Em pouco tempo Paddy estava de novo batendo na porta de sua mãe, já separada do marido e ocupada, naquele tempo, em aprender a pilotar um biplano Moth e em escrever obras teatrais que nunca seriam representadas.

Seguir carreira militar parecia uma saída adequada para a situação, mas, para entrar em Sandhurst, o lugar escolhido, era preciso ter um certificado escolar – o que ele não havia obtido devido à expulsão. Paddy foi instalado de maneira adequada em Londres, onde, supostamente, tinha que fazer aulas preparatórias com professores particulares. Como era habitual, no começo levou uma vida bastante ajuizada. Estudava, escrevia poesia, lia vorazmente e inclusive foi aprovado no exame de admissão. Até que passou a fazer parte de um círculo de colegas mais velhos (ele tinha 17 anos, na época), um grupo de jovens boêmios e de vida alegre em cuja companhia não tardou a chegar à conclusão de que sua ideia de virar cadete era bastante estranha e que não combinava com seu espírito indisciplinado. A aceitação de dois poemas por uma revista e a publicação de um deles o fizeram conceber a ideia de se dedicar à escrita. Abandonou o lugar que dividia com outros aspirantes a cadete e se estabeleceu em uma casa velha, caindo aos pedaços, com alguns dos seus novos amigos, no bairro de Mayfair, que continuava sendo uma espécie de aldeia dentro de Londres. A exuberante imaginação do novo aspirante a escritor o fazia ver a si mesmo apoiando os cotovelos na mesa, trabalhando tenaz e febrilmente e alinhavando, uma após a outra, páginas imortais. Na realidade, o que acontecia naquela casa era uma festa atrás da outra, o que no início era muito prazeroso, mas que, com o tempo, foi deixando um sedimento de desgosto e insatisfação que se agigantou com a chegada do mau tempo.

Em uma tarde especialmente desagradável de novembro, ele teve uma revelação. De repente, tudo ficou claro: iria a pé até Constantinopla. Não queria ser escritor? Pois faria uma viagem sozinho, e, assim, a ruptura com o passado seria completa, e, de quebra, encontraria material sobre o qual escrever. Dali se dirigiria ao Monte Atos, a península sagrada dos bizantinos, e a umas ilhas gregas que em sua imaginação apareciam inundadas de sol.

Muitos anos depois, em seu livro *Um tempo de dádivas*, ele assim descreveu esse chamado que os "nórdicos" costumam sentir e que os impele a seguir rumo ao sul:

> Todos os habitantes do norte teutônico, ao contemplar o céu invernal, são vítimas de um puxão espasmódico e quase irresistível, quando toda a península italiana, de Trieste até Agrigento, começa a agir como uma pedra de ímã. Um coro invisível reforça o magnetismo, há trinados de bandolim no ar, vapores de flores de limoeiro chamam as vítimas para que se dirijam ao sul atravessando as passagens alpinas. É a lei de Goethe, tão ineludível quanto as de Newton ou Boyle.

A inspiração e o itinerário, no caso de Paddy, procediam da leitura do livro de Robert Byron, *The Station*, sobre sua estadia no Monte Atos, onde, aos 22 anos, foi investigar sua teoria de que a origem da pintura ocidental é a arte bizantina. Sua mãe não impôs obstáculos. Não só cooperou com os preparativos, como também rolava de rir com seu filho antecipando situações durante a viagem. Também fez uma contribuição decisiva ao lhe mandar, em Londres, um volume das *Odes* de Horácio, publicado por Loeb e em cuja folha de rosto havia anotado um poema de Petrônio em latim: "Abandona teu lar e busca costas estrangeiras, oh, jovem! Não cedas ao infortúnio; o distante Danúbio te espera, o vento frio boreal e os distantes reinos de Canopo...". Se houvesse um concurso de mães geniais, o prêmio seria muito disputado entre a senhora Leigh Fermor e Louisa Durrell, a impagável mãe de Lawrence e Gerald.

Quatro libras lhe seriam enviadas semanalmente à agência do correio que ele designasse. O rapaz, que iniciaria sua viagem com dezoito anos recém-completados, era alto, de cabelo castanho abundante e ondulado, de uma beleza dessas que se consideram muito varonis, com um sorriso irresistível, um dom de se relacionar com as pessoas e uma acentuada capacidade de se fazer de palhaço. Bagagem intangível que não passaria despercebida para as damas que iria encontrando durante a viagem em forma de donas de pensões, camareiras, estudantes, condessas ou ciganas, e que se traduziria em hospitalidade gratuita e em outros presentes que seu caráter de cavalheiro o impediria de mencionar.

Em um dia de dezembro de 1933, Londres se despediu dele com uma chuva torrencial, enquanto ele realizava – como recordaria mais tarde – seu primeiro ato independente e também seu primeiro ato sensato. A viagem está registrada em dois livros, *Um tempo de dádivas* e *Between the Woods and the Water*, escritos quarenta e 51 anos depois, respectivamente, um melhor que o outro.

O leitor acompanha, deslumbrado, uma viagem que começou formalmente em um desagradável amanhecer em Roterdam, quando um taberneiro ofereceu o primeiro *schnapps* do caminho a um rapaz que afirmava, muito sério, que se dirigia a pé a Constantinopla, em plena tempestade de neve. Seguiram-se milhares de encontros em várias línguas que o caminhante absorveria como uma esponja; noites em estábulos e delegacias de polícia abertas aos viajantes humildes que se alternariam com outras em camas com dossel e suntuosas banheiras nos castelos da decadente nobreza centro-europeia. Também não dispensou a hospitalidade dos ciganos na Hungria e conviveu com eles em seus acampamentos à medida que se abria diante de seus olhos uma Europa da qual se avizinhava uma grande tempestade, e pela qual o poeta errante avançava como um despreocupado gênio escapado de sua lâmpada.

A cada manhã ele determinava a distância que poderia percorrer em um dia, e, ao chegar à meta, sentia-se embargado pela "alegria do viajante", o momento que ansiava diariamente: esses instantes no fim do dia, quando, depois de se desembaraçar da mochila e do bastão, sentava-se por fim em uma taberna, acendia um cigarro e abria o caderno em cima da mesa para anotar os acontecimentos do dia, enquanto antecipava o delicioso sabor de uma merecida cerveja e do pão e do queijo que indefectivelmente a acompanhariam. Graças a seu talento de desenhista, comida e cama às vezes saíam grátis em troca de um esboço ou de um retrato improvisado da idealizada filha dos donos da pousada. Em *Um tempo de dádivas*, escreveu:

> Passar da palha a uma cama com dossel e voltar à palha é uma sequência muito recomendável. Entre lençóis suaves, sossegado pelos aromas da madeira, a cera das abelhas e a lavanda, eu ficava acordado durante horas, gozando de

> tais prazeres e contrastando-os, alvoroçado, com os encantos agora familiares dos estábulos para vacas, montes de feno e celeiros.

No dia de ano-novo de 1935, depois de dois anos de viagem, chegou a Constantinopla, que fazia já um lustro que se chamava Istambul. Dali se dirigiu à Grécia, que se transformaria em seu país de adoção. Depois de atravessar a Macedônia, dirigiu-se ao Monte Atos, onde celebrou seu vigésimo aniversário em um dos mosteiros. Em sua viagem para o sul, chegou a Atenas, onde conheceu um grupo de artistas; uma delas, a pintora romena Balasha Cantacuzène, seria seu primeiro grande amor. Descendente de um dos ramos dos imperadores bizantinos, Balasha era doze anos mais velha que ele, e, segundo as palavras de Paddy, "era boa, linda, valente, artista de talento, criativa, culta, gentil, divertida e pouco convencional. Todo o mundo gostava dela, e eu também". Abandonaram juntos Atenas e se estabeleceram em um velho moinho no Peloponeso, em frente à ilha de Poros. Passaram lá o verão e o outono de 1935. Ela pintava, e ele escrevia. Com a chegada do inverno, tiveram que procurar um novo domicílio. Balasha sugeriu que se estabelecessem em Baleni, na casa da família Cantacuzène na Moldávia, a província mais setentrional da Romênia.

A vida em Baleni foi transcorrendo prazerosamente, até que, em setembro de 1939, receberam a notícia de que os alemães haviam invadido a Polônia. Os anos de viagem – seis, no total – haviam sido sua escola, e, com o tempo, ficou claro que os desastres que se haviam interposto em seu caminho haviam sido, na realidade, fantásticos golpes de sorte. Recebera sua graduação e sua *toga virilis* das mãos daqueles despreocupados cavalheiros centro-europeus que lhe abriram suas portas, trataram-no como um igual e dividiram com ele suas bem nutridas bibliotecas e adegas. Havia atingido seu objetivo de chegar a Constantinopla, a cidade dourada e verde dragão dos seus sonhos de adolescente, e, quando a viagem estava quase acabando, conhecera uma verdadeira princesa que o levara consigo a seu castelo nos Cárpatos.

A guerra pôs um ponto final aos sonhos, e Paddy decidiu voltar à Inglaterra para se alistar no exército. A despedida na estação de Bucareste foi alegre, e o que todos achavam que seriam poucos meses de separação se transformaram em 26 anos. Quando Paddy tornou a encontrar Balasha, durante uma visita semiclandestina à Romênia na década de 1960, ela sobrevivia, junto com a irmã, dando aulas de francês e de pintura, e, embora parecesse que nenhuma das duas havia perdido o bom humor, era evidente que a vida havia sido muito dura com elas.

A lenda cretense

No início de maio de 1972, em um programa da televisão grega, reuniram-se diante das câmeras os protagonistas de um dos fatos mais insólitos da Segunda Guerra Mundial: o sequestro do general Heinrich Kreipe, comandante das forças alemãs em Creta depois da invasão da ilha, realizado por um grupo de guerrilheiros cretenses liderados por Paddy Leigh Fermor e Billy Stanley Moss – naquela época, contavam com 28 e 23 anos, respectivamente. No estúdio reinava um ambiente agradável, e, ao terminar o programa, todos os participantes, uns vinte cretenses, o general Kreipe, sua esposa e Paddy [Billy Moss havia falecido em 1965] desfrutaram de um grande banquete, no qual não se economizou vinho. Passar disso à dança e canções cretenses foi inevitável, e também não faltaram canções folclóricas alemãs entoadas em duo por Paddy e o general. A notícia do banquete chegou à imprensa, e alguns jornalistas conseguiram entrar na festa. Um deles perguntou a Kreipe como havia sido tratado por Paddy durante o sequestro, e ele respondeu: "Ritterlich! Wie Ein Ritter" ("De modo cavalheiresco! Como cabe a um cavalheiro"). Ao se despedir deles no aeroporto, Paddy entregou à esposa do general um buquê de rosas, e ela lhe disse: "Você é exatamente como meu marido me contou durante todos esses anos".

O rapaz que voltou à Inglaterra para se alistar no exército depois de uma viagem de seis anos e de se doutorar nos caminhos da Europa estava menos capacitado que nunca para levar uma vida convencional. Sabia que queria ser escritor, e, durante todos aqueles anos, havia acumulado material de sobra sobre o qual escrever, mas ainda lhe aguardava um longo período de intensa vida aventureira.

Incorporou-se aos Irish Guards, mas, devido a seus conhecimentos de grego, logo foi nomeado agente de ligação na Albânia. Paddy tornar-se agente da SOE – Executiva de Operações Especiais – era seu destino natural. Incapacitado como era para suportar a disciplina militar, desde o início se sentiu à vontade quando aterrissou no campo de treinamento para voluntários da SOE, no monte Carmelo, Palestina. Os agentes de operações especiais tinham, em geral, formação universitária, e seus conhecimentos de grego antigo haviam sido sua melhor bagagem para ser recrutados para realizar missões nos Bálcãs. Abundavam arqueólogos e catedráticos, gente fina que redigia esmerados informes secretos cheios de dados precisos e valiosos, entremeados com comparações pouco militares como "minas cilíndricas do tamanho de uma garrafa Magnum de champanhe".

Em novembro de 1940, as tropas britânicas se estabeleceram em Creta, com o beneplácito do governo grego, para impedir que a ilha fosse ocupada pelas forças do Eixo. No fim desse ano, Paddy Leigh Fermor foi destinado a essa ilha para operar na parte oriental, na meseta de Lasíti. Quando partiam para uma nova missão

– Creta, nesse caso –, os participantes recebiam roupa grega, documentação falsa e cápsulas de suicídio revestidas de borracha, conhecidas como "pastilhas para tosse", que eles costuravam no colarinho. As entradas e saídas da ilha eram feitas de caíque, submarino ou paraquedas, em geral em Marsa Matruh, Egito, já que ficava no Cairo o centro de coordenação de operações do Oriente Médio e Mediterrâneo. Os agentes de ligação, ou os operadores de radiotransmissão que lutaram na batalha de Creta e depois em missões da resistência, nunca esqueciam sua primeira chegada à ilha por mar. A noite não podia ter lua, de modo que só quando se encontravam muito perto delas era possível distinguir o imponente perfil das montanhas. Nas noites de verão, o penetrante aroma do tomilho silvestre lhes dava as boas-vindas a quilômetros de distância. Uma vez na praia, e "disfarçados de época" com os *sariki* pretos – um lenço com borlas pequenininhas que se usa como turbante –, o colete bordado, a faixa, as bombachas e as botas de cano alto, os componentes do destacamento se dirigiam com seus guias cretenses a uma gruta de contrabandistas para passar a noite. No dia seguinte, cretenses e britânicos subiam penosamente as montanhas com pesadas cargas e se dispersavam para seus destinos na ilha, cobrindo a pé enormes distâncias – que eram calculadas pelo número de cigarros fumados pelo caminho.

Apesar de, vista em retrospectiva, essa vida montanhesca parecer romântica e novelesca, na realidade era muito dura e cheia de privações e perigos. A comida consistia invariavelmente em leite e queijo de cabra, castanhas e bolotas, e o prato forte, ao qual era difícil se habituar, era uma erva de montanha, *jorta*, acompanhada de lesmas. A carne de cabra ou de ovelha era reservada para os grandes acontecimentos. A aguardente local, *tszkoudiá*, e o tabaco da ilha, ambos consumidos em grandes quantidades, serviam para aplacar as pontadas da fome e animar um pouco a vida. As covas e grutas que pontilham as montanhas cretenses eram as casas habituais, e as camas eram improvisadas com samambaias, moitas e paraquedas para os mais afortunados. Ao lado das botas dos soldados, a seda dos paraquedas chegou a ser um dos artigos mais preciosos em Creta durante a ocupação alemã. No fim da guerra, quase metade das mulheres das cordilheiras centrais usavam roupa íntima de seda amarela, cortesia do governo britânico. Pulgas e piolhos eram companheiros inseparáveis dos habitantes das grutas, diante dos quais não havia mais nada a fazer além de se acostumar, visto que também não era raro encontrá-los nos colchões das casas das aldeias onde ocasionalmente se dormia.

No início de 1941, começou-se a temer a invasão de Creta pelos alemães, que já haviam ocupado a Grécia no ano anterior. Em 20 de maio de 1941, começou a invasão de Creta por ar, com o lançamento ininterrupto de milhares de paraquedistas de Junkers-52, naquela que seria a maior operação aerotransportada realizada pela *Wehrmacht* durante a Segunda Guerra Mundial. As circunstâncias se concatenaram para que o exército britânico perdesse o controle da situação poucos dias depois. Os alemães alcançaram seu objetivo de contar com o aeródromo de Máleme para poder descarregar tropas de infantaria, armas e munições. Em poucos dias, Creta estava em seu poder.

Paddy participou ativamente da defesa de Heraclião e foi evacuado dessa cidade com mais 3.845 homens na noite de 29 de junho, com destino ao Egito. Depois de residir durante um tempo nas inóspitas dependências da SOE no Cairo, encontrou uma vila às margens do Nilo e a alugou, junto com outros cinco membros de operações especiais e Sophie Tarnowska, a condessa polonesa que havia chegado ao Egito em sua fuga dos nazistas. Sophie era uma linda morena, de traços afilados e elegantes, e a bagagem que levava consigo quando se instalou em Tara – assim chamada por seus moradores, em alusão à residência histórica dos reis da Irlanda, mas também por causa de *E o vento levou* – consistia em um traje de banho, um vestido de noite, um uniforme da Cruz Vermelha, com a qual colaborava, e dois mangustos, seus bichinhos de estimação. Quanto aos habitantes masculinos de Tara, nenhum chegava aos trinta anos, estavam todos bastante satisfeitos de si mesmos e possuíam o que, depois de meses e às vezes anos de serviço, consideravam uma fortuna no banco em forma de pagamentos atrasados que não costumavam durar muito, devido à velocidade com que era gasta nos prazeres fantasiados durante os longos meses de privações. Seu trabalho em operações secretas lhes conferia um halo de *glamour* que atraía as mulheres como um ímã. Tara se transformou no lugar da moda da cidade. Por ali passavam diplomatas, oficiais, escritores, correspondentes de guerra e farristas em geral. Para seus moradores, Tara era o lar ao qual voltar entre as missões, o lugar cheio de amigos e boas recordações das quais lançar mão nas horas baixas. Suas festas no enorme salão de baile do *piano nobile* chegaram a ser lendárias no Cairo, e até o rei Faruk compareceu a uma delas, contribuindo com uma caixa de champanhe. Mas quando um ou vários habitantes de Tara partiam para uma missão, as festas se transformavam em despedidas calorosas e íntimas que duravam até o amanhecer e eram restritas aos inquilinos da vila.

Em junho de 1942, Paddy Leigh Fermor voltou à Creta ocupada sob a identidade de Michalis Frangiadakis. O centro de operações de Paddy-Michalis ficava nas Montanhas Brancas, a oeste da ilha, e seu trabalho consistia em organizar a resistência sob as ordens do arqueólogo neozelandês Tom Dunbabin, cuja base ficava em uma gruta no monte Ida.

Paddy não tardou a se acostumar de novo à vida nas montanhas, mas, dessa vez, aos habituais incômodos causados pelo frio, a umidade e os piolhos, somaram-se esporádicos ataques de febre reumática que as curandeiras locais tratavam com o método das ventosas, acompanhado dos correspondentes conjuros. Um tal de lorde Gort disse, certa vez, que o tempo de guerra se divide em curtos períodos de intenso medo e longos períodos de tédio. Apesar das emoções próprias da vida por trás das filas inimigas, os dias de inatividade total em uma gruta também eram um dos componentes habituais da vida troglodítica. Então, combatiam o tédio lendo, cantando, respondendo às perguntas dos companheiros cretenses que queriam saber quantas ovelhas tinha um inglês médio, ou por que os escoceses usavam saia, ou escutando, por sua vez, as intermináveis histórias dos locais sobre os turcos ou sobre as vendetas herdadas que passavam de pais para filhos e que ninguém mais recordava o que as havia provocado.

A invasão da Sicília em julho de 1943 e a queda do regime fascista na Itália acarretaram uma intensificação das operações da resistência em Creta. O que até então não havia passado de ataques a soldados solitários e escaramuças isoladas, tornou-se ações que provocavam a morte de até duas dezenas de soldados. Em setembro de 1943, os italianos de Creta se renderam aos aliados, e os alemães exigiram que lhes entregassem armas e munições antes de abandonar a ilha. Não eram essas as intenções do general Carta, comandante da Divisão Siena, composta de 32 mil soldados. Carta solicitou uma reunião com Paddy Leigh Fermor, durante a qual aceitou entregar parte das armas ao movimento da resistência. Os meses que se seguiram foram frenéticos para Paddy, que teve que percorrer a ilha de ponta a ponta para tentar convencer os líderes das guerrilhas cretenses de que, apesar da rendição dos italianos, ainda não havia chegado a hora de levantar-se em armas abertamente contra o invasor. Mas o temerário capitão Manoli Bandouvas e seus *andartes* não tinham a mesma opinião, e realizaram, por sua conta, o ataque contra duas guarnições alemãs, e também acabaram com os efetivos que foram enviados para restabelecer a ordem. A resposta alemã não se fez esperar. O general Müller ordenou a destruição de seis aldeias da zona das escaramuças e a execução de quinhentos civis. E, embora não fossem parentes do capitão, muitos cretenses sofreram torturas pelo mero fato de ter o sobrenome Bandouvas, que remonta à ocupação veneziana e significa "nativo de Pádua".

Tom Dunbabin e Paddy Leigh Fermor julgaram que havia chegado a hora de tirar o general Carta da ilha. Acompanharam-no a uma enseada na costa sul, onde embarcaria para o Egito. Paddy subiu a bordo com ele para entregar documentos importantes ao capitão do navio. O mau tempo impediu seu regresso a terra, e, assim, ele se viu inesperadamente rumo ao Cairo, a tempo de celebrar o Natal em Tara. Durante a viagem, começou a bolar o plano de sequestrar o general Müller, comandante das forças alemãs em Creta. Profundamente afetado pelas represálias sobre as aldeias de Vianos realizadas por Müller, Paddy queria organizar uma operação não sangrenta contra os alemães que não acarretasse repressões sobre a população civil. Ao chegar a Tara, descobriu que havia um novo inquilino, Bill Stanley Moss, de 22 anos, que havia participado da batalha de El Alamein e estava destinado a Creta. Como Paddy, Bill Moss havia levado uma vida vagabunda pela Europa, vivendo em uma cabana de madeira à beira do mar na Letônia, e, quando a guerra o surpreendeu em Estocolmo, embarcou em um veleiro rumo à Grã-Bretanha para se alistar nos Coldstream Guards. O plano de sequestrar o general Müller foi traçado por ambos no concorrido Café de la Chasse, à sombra das pirâmides.

Antes que acabasse 1943, Sandy Rendel, radiotelegrafista lotado nas montanhas de Lasíti, recebeu uma mensagem de Tom Dunbabin que dizia que Paddy Leigh Fermor seria lançado de paraquedas em sua região, junto com uma equipe, para sequestrar um general alemão.

Depois de algumas tentativas frustradas pelo mau tempo, o plano era que o lançamento acontecesse em 4 de fevereiro. Paddy foi o primeiro a saltar, e, enquanto o avião fazia uma grande volta, grandes nuvens se fecharam sobre a área, impedindo que o resto da equipe saltasse e obrigando o avião a voltar para o Egito. Por fim, em 4 de abril puderam desembarcar em uma praia do sul Bill Stanley Moss, Manoli Paterakis e Jorge Tirakis, os dois homens de confiança de Paddy e especialistas conhecedores das montanhas cretenses. Foram recebidos na praia por Paddy e Sandy Rendell, que anunciaram que, durante esse tempo, Müller havia sido substituído pelo general da divisão Sebastopol, Heinrich Kreipe, de quem se sabia que procedia do *front* de Stalingrado e pouco mais. Mas como a questão era dar um golpe não sanguinário no hesitante moral alemão, Cairo deu permissão para que se seguisse adiante com o plano.

Em sentido horário, a partir do canto superior esquerdo:
Efstratios Saviolakis/Stratis, Emmanouil Paterakis/Manoli, Antonios Papaleonidas/ Wallace Beery, Georgios Tyrakis/George, Nikolaos Komis/Nikko, William Stanley Moss, Patrick Leigh Fermor, Grigorios Chnarakis/Grigori.

Aproveitando os hábitos regulares do general Kreipe, Paddy e Billy Moss deteriam o carro de Kreipe no caminho de volta do escritório, em Archanes, a sua residência, na Villa Ariadna – casa construída pelo ilustre arqueólogo Arthur Evans, em Cnossos. Depois de sequestrá-lo, abandonariam o carro em uma praia para dar a entender que havia sido levado de submarino para um lugar seguro. Deixariam ali uma carta assinada na qual ficaria claro que a população cretense não era em absoluto responsável pela operação, para evitar qualquer tipo de represália. Na realidade, o plano era atravessar a pé o maciço do monte Ida, e dali descer para uma praia da costa sul, onde um navio os estaria esperando para levá-los ao Egito.

O dia fixado para o sequestro foi 24 de maio de 1944. Além dos quatro componentes do grupo principal, mais oito cretenses passaram a fazer parte da equipe, para resolver diversas missões e eventualidades. Às 7h45 da noite, o grupo já se havia posicionado no cruzamento das estradas de Archanes e de Heraclião-Castélli. Mas nesse dia o general havia ido embora antes de seu horário habitual, e o grupo teve que suspender a operação. Em 25 de maio, quando já esperavam havia várias horas em um olival próximo, começou a chover. Logo surgiram grupos de pessoas armadas com cestas e lanternas que, com empenho, buscavam lesmas nos acostamentos. O plano teve que ser adiado de novo. No dia 26 de maio, o tempo estava radiante, de modo que, ao entardecer, ocuparam de novo seus postos na encruzilhada. Tomaram seus comprimidos de benzedrina e se prepararam para esperar. Nesse dia, levado por sua inveterada paixão pelo *bridge*, Kreipe havia-se demorado mais que o habitual, e, às 9h30, tomou o caminho de volta a sua residência. Nesse momento, ouviu-se o alarme elétrico que o homem postado nas imediações do quartel-general alemão tinha que acionar para avisá-los da iminente chegada do veículo.

Paddy Leigh Fermor e Billy Moss, vestidos como policiais militares alemães, foram para a estrada e fizeram sinais ao carro para que parasse. Aproximaram-se, um de cada lado, e focaram com suas lanternas o interior do veículo. O motorista, cabo Hans Frunze, protestou e pediu que o deixassem seguir. A seu lado, Kreipe gritava pedindo passagem para o carro. Em um minuto, tudo estava terminado. Kreipe teve os pés e mãos amarrados e foi deitado no piso da parte de trás do veículo, com três cretenses sentados sobre ele e uma faca apontada para seu pescoço. Billy Moss se sentou ao volante, e Paddy, com o quepe do general, ocupou o lugar e a personalidade deste. Pegaram a estrada de Heraclião e não tardaram a chegar à Villa Ariadna, cujos sentinelas bateram continência quando passaram. A partir daí, tiveram que passar por 22 controles de polícia e atravessar a passo de tartaruga uma rua da cidade muito movimentada a essa hora devido à multidão de soldados alemães que saíam do cinema. Ao chegar à porta de Chania, encontraram um último controle, que, para a raiva geral, tinha barreiras. Decidiram usar de novo a tática que tão bom resultado havia dado até então, ou seja, diminuir a marcha sem chegar a parar diante dos controles para permitir que as sentinelas notassem o tipo de veículo que avançava para elas. Deu resultado de novo, as barreiras se levantaram, e, em poucos segundos, foram engolidos pela escuridão e a solidão da noite. Seguiram até o ponto onde Billy Moss deveria começar a marcha a pé para Anogia com o general; dois guias cretenses e Paddy, além de Jorge Tirakis, levariam o carro até uma praia para abandoná-lo.

Depois de intermináveis horas de marcha com o general se queixando de dores em uma das pernas, o grupo, de novo completo, chegou a uma imensa e labiríntica gruta da qual se dominava o vale do Amari, conhecido pelos britânicos como "a terra dos lotófagos", uma região agreste salpicada de aldeiazinhas brancas que parecem existir desde os tempos minoicos. Os guias confirmaram a presença de alemães na região. Era evidente que não haviam engolido o estratagema do submarino.

Então as coisas começaram a degringolar. O aparelho de radiotransmissão mais próximo quebrou, e ficaram incomunicáveis com Cairo e com os demais agentes da ilha. O general não parava de se queixar da perna, e foi preciso mandar buscar uma mula, já que ele se recusava a continuar a marcha a pé. Os alemães estreitavam o cerco, de modo que tiveram que mudar de esconderijo e permanecer durante dias amontoados em uma gruta pequena, encharcados por causa da chuva que não parava de cair. O general caiu em um estado de profundo abatimento, e não lhe faltavam motivos. Por ironia do destino, havia sido mandado para Creta "para descansar" depois da campanha de Stalingrado, e ali esperava sua promoção a tenente-general, que chegou no dia seguinte ao sequestro.

Um amanhecer, enquanto Kreipe contemplava a saída do sol sobre o pico nevado do Ida, começou a murmurar para si mesmo as primeiras estrofes da ode IX do Livro I de Horácio, intitulada *Ad Thaliarchum*, na qual o poeta aconselha passar o inverno em casa, com um bom vinho, sem se preocupar com o amanhã e desfrutando intensamente o presente enquanto se pode: "Vides ut alta stet nive candidum Soracte...". Paddy, que conhecia de cor a ode, prosseguiu com as seguintes estrofes: "Nec iam sustineant onus silvae laborantes geluque...". Até mesmo em um ambiente tenso e insalubre como o daquela gruta, as palavras do velho poeta abriram caminho e operaram o milagre, fazendo que por alguns instantes a guerra se dissipasse, e que homens confrontados por ideologias irreconciliáveis se reconhecessem por ter bebido nas fontes clássicas. A partir desse momento, a relação entre eles mudou, e a poesia grega e latina passou a ser um dos temas de conversa durante as longas horas de inação às quais se viam obrigados.

A costa e o final da operação se sentiam cada vez mais próximos, e até Kreipe começou a se mostrar mais descontraído. Mas o otimismo do grupo não tardou a desaparecer quando ficaram sabendo que a praia escolhida para o embarque havia sido ocupada pelos alemães. O grupo teve que se afastar depressa da área rumo ao oeste, em busca de uma praia livre de onde pudessem ser resgatados. Por fim, às onze da noite de 14 de maio, uma lancha a motor abriu caminho até a praia de Rodakino, e, após o costumeiro ritual de deixar botas, armas e alimentos na praia para os que ficavam em terra, o grupo subiu a bordo, onde o capitão Brian Coleman lhes deu as boas-vindas com sanduíches de lagosta e rum da Marinha. O general Kreipe parecia aliviado com o fim da aventura, e, embora fizesse tempo que o ombro não o incomodava, pediu que lhe permitissem desembarcar com o braço em uma tipoia diante do comitê de recepção que aguardava em Marsa Matruh para levá-lo à prisão do Cairo. Por sua vez, Paddy caiu fulminado assim que subiu no navio. Um fortíssimo ataque de febre reumática o obrigou a passar os meses seguintes no hospital do Cairo, temporariamente paralisado. Lá ele recebeu a medalha da Ordem do Serviço Distinto, que teve que ser presa ao pijama do hospital.

Não me canso de olhar as fotos da resistência cretense, especialmente as do sequestro de Kreipe. Algumas estão tão cuidadosamente preparadas que parecem fotos das filmagens de um filme de aventuras. Especialmente as dos chefes das guerrilhas e seus *andartes*; dizem que se permitiam o tempo necessário até que se sentissem preparados para enfrentar a objetiva da câmera. Quase todos são jovens, alguns muito bonitos, como o próprio Paddy, com suas botas de cano alto, seu bigode e sua camisa preta atravessada pelas tiras de munição. Faz lembrar Errol Flynn pronto para rodar uma cena de corsários. E Billy Moss, com seu quase metro e noventa, tão jovem, de olhar lânguido e sonhador. Todos exalam *levendiá*, essa linda palavra grega usada para descrever o indescritível, mas que, segundo o estado de ânimo e as circunstâncias, poderia ser traduzida como juventude, saúde, valor, humor, rapidez de palavra e de ação, destreza com as armas, dom de agradar às mulheres, gosto pelo canto e a bebida, generosidade, capacidade de improvisar *mantinades* e de voar como um pássaro nas danças mais rápidas e ferozes. Tudo isso e muito mais é *levendiá*. Vendo-os, não posso evitar perguntar-me se o resto da vida não parecia decepcionante a todos eles perto daqueles intensos anos de guerra e aventuras durante os quais foram verdadeiros *levendis*.

O lugar inevitável

Em uma de minhas visitas a Ágios Nikolaos, a pequena ermida bizantina onde foram espalhadas as cinzas de Bruce Chatwin em Mani, conheci Andonis Barbayiannakos. Em um primeiro momento, Andonis me pareceu um britânico como os que havia encontrado em outras ocasiões naquele lugar normalmente solitário. Mas, apesar de ser alto e louro, Andonis era um professor grego recém-aposentado que havia lecionado em Calamata e que agora dispunha de muito tempo para cuidar de suas galinhas na casa da família, não longe da ermida. "Veio pelo *anglos*?", perguntou-me. "Sim", respondi, e, depois de me submeter ao questionário habitual sobre minhas coordenadas de vida, perguntou-me se estava com pressa, ao que respondi negativamente. Quem poderia ter pressa em um lugar desses? Disse que, se esperasse uns minutos, que consertasse o galinheiro (as raposas faziam incursões noturnas nele), ele me mostraria algo interessante em sua casa. Enquanto o arrumava, contou-me que uma vez uma equipe da BBC fora filmar lá. "Você não pode imaginar como ficou tudo aqui. Havia gente, câmeras e técnicos por todo lado. Patrick Leigh Fermor também veio, e fiquei falando com ele", acrescentou com orgulho. Quando acabou os consertos, eu o acompanhei até sua casa, intrigada com o que queria mostrar-me, uma vez que eu não entendi a palavra grega com que o denominava. Fomos primeiro a um pátio cheio de plantas bem cuidadas, e, então, eu o segui por uma portinha pintada de azul que dava para uma escada, que descemos. Chegamos a um amplo aposento abobadado totalmente vazio que levava a outro similar. Não vi nada de extraordinário, salvo uma espécie de grande adega vazia. De modo que perguntei se efetivamente se tratava das adegas. "Não exatamente", replicou ele. "Aqui viviam meus antepassados em caso de invasão de piratas ou de turcos, enquanto esperavam que o perigo passasse. Havia sempre alimentos, armas, água, velas. Todo o necessário." Era uma espécie de versão antiga de "quarto do pânico", e imaginei que Andonis havia crescido escutando histórias fascinantes de seus pais e avós sobre bandidos, piratas e ladrões em uma terra famosa por suas inimizades herdadas que se saldavam com sangue, e que, até bem avançado o século XX, ficara quase totalmente afastada do resto da Grécia. Por isso a fascinação com que ele mostrava o lugar. Quando saímos de novo à luz e ao calor do meio-dia, perguntei sobre o que havia conversado com Patrick Leigh Fermor.

> Perguntei-lhe por que não havia ficado em Creta, dada a quantidade de amigos e conhecidos que tinha ali e dado o quanto gostavam dele. Ele respondeu que justamente por isso. Tinha tantos amigos e conhecia tanta gente que não poderia dispor de nem um minuto de tranquilidade. E que alguém que queria escrever e que era tão lento como ele precisava de muita, muita tranquilidade.

Quando nos despedimos, Andonis me prometeu que, na próxima visita que eu fizesse a Ágios Nikolaos, se lhe avisasse a tempo, conseguiria a chave para que eu pudesse ver as pinturas bizantinas que havia ali dentro.

***

Desde que pôs o pé na Grécia, quando tinha apenas vinte anos, Paddy se apaixonou por um país que, como aspirante a escritor, era-lhe absorvente e estimulante, e onde – como escreveu no prólogo de seu livro *Mani* – "praticamente não havia uma rocha ou um riacho que não estivesse vinculado a uma batalha ou um mito, a um milagre ou uma história ou superstição camponeses; um incidente estranho ou memorável. Tudo isso ia se adensando em volta do viajante a cada passo que dava". Durante a guerra, aprendeu o idioma grego, e, uma vez terminada, dedicou-se a percorrer as regiões mais remotas da Grécia, fosse a pé, de ônibus, montando uma mula ou de caíque. Fruto dessas viagens foi um monte de cadernetas surradas escritas com letra miúda que, com o tempo, transformaram-se em dois belos livros sobre a Grécia, *Mani* e *Roumeli*. Em vez de focar seu interesse no período greco-romano, que considerava suficientemente abordado por plumas insignes, Paddy dedicou sua atenção à grande variedade de vestígios e costumes ancestrais provenientes de Bizâncio que estavam desaparecendo, absorvidos pelo incontinente avanço da modernização.

Durante a guerra, no Cairo, Paddy havia conhecido Joan, que seria sua companheira de vida e de viagens durante quase sessenta anos. Joan Eyres Monsell, loura, alta, rica e de espírito aventureiro, havia levado uma vida pouco convencional perto do que se esperava da filha de um visconde e primeiro lorde do Almirantado. Estudou fotografia em Londres e se especializou em arquitetura.

Frequentava o círculo artístico e literário londrino, e Cyril Conolly foi perdidamente apaixonado por ela. Seus amigos, entre os quais estavam Giacometti e Maurice Bowra, diziam que ela era discreta, inteligente e generosa. Em 1939, casou-se com um editor londrino, de quem se separou pouco tempo depois. Durante a guerra, trabalhou como enfermeira e no departamento de codificação nas embaixadas britânicas na Espanha, Argel e Cairo.

Terminada a guerra, Paddy e Joan se estabeleceram em Atenas, onde, de 1946 a 1947, ele teve o único emprego remunerado de sua vida, como subdiretor do British Council de Atenas, cujo diretor era Steven Runciman. O convite de um amigo fotógrafo grego para uma viagem pelo Caribe o fez abandonar o cargo. Logo depois, Joan, Paddy e Kostas partiam para as Antilhas. Motivo confesso da viagem: o prazer e uma insaciável curiosidade. Em Barbados, encontrou uma dessas raridades helênicas que tanto o fascinavam. No cemitério de uma pequena capela anglicana, encontrou o túmulo de Ferdinando, último descendente da dinastia imperial bizantina dos Paleólogos, chegado no século XVII àquela remota ilha para fazer fortuna com uma plantação de abacaxi. Além de prazerosa, a viagem foi literariamente frutífera, uma vez que sua crônica se tornou seu primeiro livro, *The Traveller's Tree*, que recebeu dois prêmios literários e o consagrou como escritor. A esse se seguiu seu único romance, *The Violins of Saint-Jacques*, também inspirado nas Antilhas e transformado em ópera pelo músico australiano Malcolm Williamson. Em *A Time to Keep Silence* narraria suas experiências em diferentes mosteiros franceses quando buscava lugares baratos onde escrever seu livro antilhano, e onde descobriu "o feitiço lento e cumulativo da quietude que cura".

Às suas viagens de exploração dos lugares menos frequentados da Grécia, Joan e Paddy acrescentaram o objetivo de encontrar um lugar tranquilo onde se estabelecer. Uma dessas viagens os levou a Mani, que, ainda na década de 1950, era uma região remota do Peloponeso, de passado turbulento e desconhecida inclusive para os próprios gregos. Seus habitantes tinham renome por seu caráter indômito e briguento. Somava-se a isso o atrativo de que não se havia escrito quase nada sobre essa região. Enquanto faziam os preparativos da viagem por Esparta, foram avisados de todas as calamidades que aconteceriam se ousassem pôr o pé naquele lugar tenebroso. "Serão roubados", afirmava um policial de Esparta. "Serão roubados e arrancarão sua pele", especificava um habitante da Arcádia de passagem pela cidade. Era evidente que o povo de Mani não contava com muitas simpatias do outro lado das montanhas. Chegado o dia da partida, o diretor do banco local os levou em seu 4x4 pela serpeante estrada que sobe até Anavrito. Enquanto os ajudava a descarregar suas mochilas na praça do pequeno povoado de montanha, sussurrou no ouvido deles que ficassem atentos, porque todos os habitantes de lá eram judeus. Mas o que encontraram, na verdade, foi uma agradável aldeia grega cujos habitantes, rindo, atribuíam essas lendas sobre suas supostas origens judaicas à inveja suscitada por sua prosperidade, fruto de sua laboriosidade na produção de artigos de couro e na confecção de mantas, mercadorias que comercializavam para todo o país. No dia seguinte, contrataram os serviços do taciturno mas eficaz Giórgos, que se encarregaria de guiá-los através das montanhas e os deixaria no caminho para Kambos, já em Mani, não sem advertir, uma vez mais, que tomassem cuidado com o povo de Mani.

A autora em Mistra, prestes a atravessar a cadeia montanhosa do Taígeto, primavera de 2009.

O trajeto de montanha que, atravessando o Taígeto, separa a Lacônia de Messênia continua sendo hoje, cinquenta anos depois de ter sido percorrido por Paddy e Joan, uma região onde o viajante sensível e predisposto pode, sem grande esforço, transportar-se para o passado. Sem dúvida, algo que contribui para isso são os restos dos antigos caminhos, os *kalderimi*, nome grego das trilhas bizantinas construídas, por sua vez, sobre as antigas calçadas romanas. Na minha opinião, não há um lugar que exale tantos eflúvios de antiguidade como a cordilheira do Taígeto e os incontáveis desfiladeiros que a sulcam. Nessas solitárias paragens, cada pisada das botas parece despertar ecos ancestrais. Na primavera de 2009, quando percorri com Montse, companheira de tantas aventuras gregas, o caminho dos Leigh Fermor por esses lugares, descobri um dos territórios mais solitários e lindos da Grécia. Dada sua inacessibilidade, ali se refugiaram durante séculos os povos dos vales fugindo do invasor da vez. Nessas belíssimas montanhas, os antigos espartanos ergueram santuários para seus deuses misteriosos, para quem sacrificavam cavalos, e o povo da planície construía povoados quando a vida na planície se tornava impossível. O viajante ainda pode encontrar a 1700 metros de altura terras onde se debulhava, cabanas em ruínas e pequenas ermidas de pedra, mudos vestígios de uma vida precária e agreste. No desfiladeiro de Viros, um lugar desolado e claustrofóbico devido à estreiteza e à altura de suas paredes de pedra, não encontramos acampamentos de pastores como os que acolheram os Leigh Fermor e lhes ofereceram um improvisado banquete à base de queijo, figos e pão. Ali já não habita nenhum ser humano. A única presença viva, afora as aves e os seres aquáticos que povoam o rio, eram animais domésticos tornados silvestres – vacas, asnos e cabras – porque fugiram ou foram abandonados por seus donos e passaram a levar uma vida selvagem naquelas solidões. Quando passamos, um bezerro recém-nascido se levantou, todo desajeitado, para ir em busca de sua mãe, assustado com nosso aparecimento repentino. O susto foi mútuo. Mas a recordação dessa viagem a pé que mais perdura em minha memória é um simples instante no qual voltei a cabeça e contemplei o caminho que havia acabado de percorrer; na realidade, um trecho da antiga calçada romana que unia Esparta ao porto de Kardamyli. Estava extraordinariamente bem conservado, e essa característica exerceu tal fascinação sobre mim que não podia parar de olhar. Perdi a noção do tempo, e, durante alguns instantes, *percebi* vividamente o caminho povoado pela presença dos viajantes de outrora. Logo tudo se esvaziou de novo, e a solidão voltou a se apossar do lugar, mas a sensação de que o tempo tinha uma *densidade* especial ali se manteve durante todo o trajeto. Enquanto apertava o passo para reencontrar minha amiga, recordei uma sensação similar vivida em uma manhã chuvosa de inverno entre as ruínas do estádio de Delfos, onde a solidão, unida à majestade do lugar, fez que eu me sentisse próxima de algo distante, de uma história perdida e havia muito esquecida.

Após nove horas de caminhada, das quais seis haviam transcorrido nas profundezas do desfiladeiro, sentimos um grande alívio ao chegar à pequena aldeia de Eksochori, em plena escuridão, e curtir uma merecida cerveja e a companhia de seres humanos em uma taberna.

***

Joan e Paddy acharam Kardamyli diferente de qualquer outro lugar que haviam visto na Grécia. Mas, quando descobriram o pequeno promontório que se ergue à beira do mar a quilômetro e meio da cidadezinha, souberam que haviam encontrado o "lugar inevitável". Era ali que queriam viver e se estabelecer. O problema era conseguir que os numerosos proprietários do lugar, espalhados pelo mundo todo, estivessem dispostos a vendê-lo. Após dois anos de lentas e intermináveis negociações, conseguiram comprar o terreno, descrito assim por Paddy em uma carta a uma amiga:

> Não há nem uma casa à vista, nada, salvo duas pontas rochosas, uma ilha em frente a quatrocentos metros com uma capela em ruínas e uma grande extensão de água brilhante, sobre a qual você pode ver o sol se pôr até seu último raio. É a Grécia de Homero.

Ali construíram uma labiríntica casa de pedra, de cômodos espaçosos, aberta para os quatro pontos cardeais. Enquanto duraram os trabalhos, Paddy se instalou em uma barraca para supervisionar a obra. Apaixonado pelo lugar, não se cansava de percorrê-lo. Podia passar horas andando por ali, acariciando os troncos das oliveiras ou as rochas que o povoavam, ou mergulhava no mar para, na distância, contemplar melhor o espaço onde pouco a pouco sua casa ia adquirindo forma. Esse seria seu refúgio, seu mosteiro particular, onde poderia escrever e receber os amigos. De sua base em Mani também fez incursões no cinema como assessor de *Sombras da noite*, filme que narra o sequestro do general Kreipe, dirigido por Michael Powell, no qual um jovem Dirk Bogarde encarnava o papel de Paddy. Foi rodado nos Alpes de Provença, e, depois de tentar durante uma semana, em vão, que fossem suprimidas cenas fantasiosas, como o assassinato de soldados alemães pelo protagonista enquanto está na cadeira do dentista, ele abandonou as filmagens.

Patrick Leigh Fermor morreu em junho de 2011, aos 96 anos, após uma vida intensa, cheia de amor, amizade, aventuras, livros e viagens pelo mundo todo. Uma vida acompanhada de uma boa forma física que lhe permitiu atravessar a nado o Dardanelos aos 69 anos. Em uma entrevista, quando lhe perguntaram de que mais se orgulhava, respondeu, sem hesitar um segundo: "Do azeite. O azeite que produzimos de nossas oliveiras. Essa é minha maior fonte de orgulho".

KEVIN ANDREWS, O VOO DE ÍCARO

Kevin Andrews diante da ilhota Avgó

Kevin Andrews não foi um personagem popular. Escreveu um livro, *The Flight of Ikaros*, no qual descreve uma Grécia agreste e arcaica, de clãs de pastores, guerrilhas paramilitares e lutas fratricidas. Graças a uma bolsa da universidade de Harvard, Andrews chegou à Grécia em 1947 com a intenção de completar seus estudos de arqueologia. Em vez disso, tornou-se grego, um grego montanhesco e indômito que não viu problemas em percorrer a pé o Peloponeso em plena guerra civil para cumprir a missão de cartografar fortalezas bizantinas e venezianas. Kevin Andrews amava a vida ao ar livre, os caminhos e as montanhas.

Ler suas descrições de caminhadas intermináveis por lugares remotos – e perigosos –, seus acampamentos noturnos na montanha, ou os acampamentos improvisados nas ruínas que tinha que estudar, suas longas temporadas com os pastores da Geraneia, dos quais adotou costumes e vestimenta, ainda me provoca um enorme prazer. Escreveu mais alguns livros, que não tiveram aceitação. Envolveu-se na luta contra a junta militar grega enquanto se radicalizava politicamente até se tornar um personagem incômodo para o acomodatício círculo de expatriados de Atenas. Os dados aqui mencionados foram tirados de seus próprios livros e da pessoa que o conheceu – e amou – pouco antes de sua trágica morte. Estas páginas são minha homenagem particular a esse Ícaro que também caiu fulminado no mar.

***

Roy Kevin Victor Andrews veio ao mundo em Pequim em 1924. Até os trinta anos, achava ser filho do célebre paleontólogo e explorador da China e Mongólia Roy Chapman Andrews – que, ao que parece, serviu de inspiração para o personagem de Indiana Jones. Sua mãe, uma linda norte-americana chamada Yvette Borup, confessou-lhe tardiamente que seu pai não era o famoso explorador, e sim um oficial britânico que nunca quis saber de seu suposto filho. A infância e a adolescência de Andrews transcorreram em internatos de elite na Grã-Bretanha e Estados Unidos. Matriculou-se em Harvard em estudos clássicos e literatura norte-americana, mas a Segunda Guerra Mundial o obrigou a abandonar a universidade. Passou um ano em campos de treinamento no Colorado e Texas e dois no norte da Itália, como explorador da Décima Divisão de Infantaria de Montanha. Quando concluiu seus estudos em Harvard, a única coisa que sabia era que queria algo mais estimulante e aventureiro que ser professor universitário.

Kevin Andrews gostava de contar que, enquanto passeava pelos solitários corredores da universidade no dia de sua formatura, parou em frente a um quadro de anúncios que oferecia uma bolsa de pesquisa de um ano na Escola Norte-Americana de Estudos Clássicos de Atenas. Solicitou-a, e lhe foi concedida, segundo ele, por ser o único interessado. A realidade era que se havia formado com nota máxima, apesar da perplexidade de seus examinadores diante do tema da tese: "Prometeu e Ahab, um estudo sobre a claridade e o caos".

Primeiro ano na Grécia

A história de amor de Kevin Andrews com a Grécia começou no navio no qual atravessou o Atlântico. Seus vizinhos de cabine eram uma família composta por uma mulher de cabelos cinza e rosto bronzeado que voltava pela primeira vez com seus filhos a sua ilha grega de Paros depois de trinta anos no Brooklyn. Como tinha uma semana livre antes de começar o curso acadêmico, o jovem bolsista decidiu aceitar o convite da família para ir a um casamento na ilha, e, de quebra, celebrar a chegada de um parente que estava lutando no *front* da Macedônia. A semana passou entre festas, dança e almoços e jantares multitudinários. Mas, durante o trajeto de volta a Atenas, ele viu pela primeira vez as facetas nada gentis de um país afundado na guerra civil: o navio estava cheio de estudantes sendo conduzidos à prisão da ilha de Makronisi, em frente à costa de Ática. Estavam todos terrivelmente magros, e a cabeça raspada só fazia ressaltar seu aspecto aturdido e assustado. Kevin Andrews nunca havia visto um grupo de estudantes que menos parecesse sê-lo. Alguns pareciam não ter sequer dezesseis anos. Quando se aproximou deles para lhes perguntar pelo futuro que os aguardava, os prisioneiros, uma vez convencidos de que era norte-americano, e não inglês, falaram com toda a franqueza: "Churchill é um maldito filho da puta, e, por culpa dele, somos prisioneiros", disse um deles com ar sombrio. Outro prisioneiro, de rosto macilento e olhar vazio, contou-lhe uma apaixonada história de enganos, traições e falsas promessas. Aquela conversa e o destino daqueles rapazes, convencidos de que, uma vez derrotados os alemães, começariam para a Grécia dias de reconciliação, e que, longe disso, estavam a caminho de uma terrível prisão militar onde acabariam sendo fuzilados, impressionou tanto Kevin Andrews que, anos depois, ele a reproduziria quase literalmente em seu livro *The Flight of Ikaros*, cujo subtítulo é "Travels in Greece During a Civil War".

A chegada a Atenas também não foi promissora. No porto do Pireu erguia-se uma estranha selva de mastros que sobressaíam da água. Eram os vapores, navios de carga, caíques ou navios de guerra afundados pelos alemães em retirada ou bombardeados pelas tropas britânicas apenas três anos antes.

A cidade estava mergulhada no caos. Em Atenas, e em geral em toda a Grécia, havia uma grande escassez de água potável. Quase nada funcionava. O Estado havia desaparecido, e não se podia viajar pelo país. O cadáver de um jornalista norte-americano havia acabado de ser encontrado nas montanhas da Macedônia. Mas, no meio da confusão e desordem, a Escola Norte-Americana de Estudos Clássicos de Atenas reabriu suas portas. Situada nas perfumadas encostas da colina do Licabeto, com seu jardim de enormes coníferas e bancos ornamentais, desfrutava de uma notável vista sobre o monte Hymettus e os subúrbios orientais de Atenas, e dispunha de água corrente graças à proximidade de um importante hospital.

Afora Andrews, havia só mais quatro estudantes norte-americanos naquele enorme edifício do bairro residencial Kolonaki.

No dia seguinte a sua chegada, ele teve a primeira conversa com o subdiretor da escola, que lhe informou sobre o que poderia esperar. "Viajar, pode esquecer", foi a primeira coisa que disse. E, com expressão de desânimo no rosto após escutar as pretensões do recém-chegado, acrescentou:

> Era exatamente o que eu temia. Todos os estudantes que chegam aqui com essa bolsa esperam passar o ano lendo os clássicos em seu hábitat natural: Hesíodo na Beócia, Ésquilo na Argólida, Platão às margens do Iliso, e, claro, também esperam ler *As bacantes* nos bosques da Macedônia. Isso é o que fazem os britânicos da escola aqui ao lado. Assim que chegam, vão a Tebas a pé. Pois saiba de uma coisa: ninguém pode andar pelas montanhas, porque lá fora há uma guerra. Porém [esclareceu], o que a escola oferece é um interessante curso de arqueologia.

Mas o tranquilizou prometendo-lhe que visitaria Micenas, Argos e Tebas fazendo uso dos veículos 4x4 da escola. Também lhe prometeu que teria trabalho suficiente para se manter ocupado na biblioteca, onde o aguardavam montanhas e montanhas de relatórios chatos de escavações, algumas das quais datavam de mais de cem anos.

Desde o início, suas expectativas se chocaram com o ambiente afetado da instituição, e todos seus sonhos se dissiparam diante da realidade acadêmica. Como conta em *The Flight of Ikaros*, ele esperava que a arqueologia fosse uma abundância de revelações e de informações confidenciais sobre como viviam realmente os antigos, uma linguagem palpitante que mostrasse o que eles mais valorizavam, aquilo que amavam ou as coisas pelas quais matavam e morriam. Na escola, porém, a arqueologia era infraestrutura e burocracia, e, quanto mais chata, melhor.

Faziam viagens às escavações de Elêusis, Micenas, Argos e Olímpia nos 4x4 da escola sob a tutela do subdiretor (uma autoridade nos ingredientes da terracota). Andrews achava todas detestáveis. Nessas viagens, os alunos assistiam a secas palestras diante de pilhas e pilhas de fragmentos amontoados nas estantes de empoeirados museus provinciais fechados ao público. O dia também passava em detalhados exames de blocos de mármore ou bases de colunas; em medir e anotar, para depois redigir relatórios sobre os diferentes tipos de lutróforos protoáticos.

O mundo clássico lhe pareceu desprovido de magia. Pelo menos no que lhe dizia respeito, o deus Pã estava bem morto. As baías de Salamina e Áulide permaneciam silenciosas, e, o que é pior ainda, eram insípidas e nada evocadoras. Tebas era então uma cidade cheia de pó, onde Sófocles não era mais recordado; Maratona, um simples montículo de onde se divisavam campos abrasados. Em Olímpia, as esculturas do frontão do templo de Zeus – maravilhosas imagens de centauros e um deus Apolo de expressão sombria – eram explicadas em termos de desenvolvimento gradual da representação anatômica. As visitas às jazidas das ilhas costumavam ser mais animadas graças a um mergulho furtivo ou aos alegres encontros com pescadores ao entardecer.

Corinto era diferente. A casa onde se alojavam era dirigida por um sujeito simpático que lhes permitia gozar de liberdade. Acima das ruínas clássicas, erguia-se a montanha fortificada sobre impressionantes penhascos amuralhados; o horizonte cheio de ameias das defesas bizantinas, o torreão dos príncipes de Villehardouin e as seteiras venezianas. Ele começou a passar mais tempo vagando ao redor dos poços e ameias medievais que com os restos do elegante museu norte-americano onde lhe pediram que desse uma opinião original sobre a origem e desenvolvimento dos *lekitos* de figuras negras protocoríntias. Sem saber ainda, sua alma se apaixonara pelos torreões cobertos de hera das desmoronadas fortalezas medievais erguidas às pressas com as pedras dos velhos templos.

Mas nem tudo foram pedras durante aquele primeiro ano na Grécia. Se a deusa Arqueologia o havia decepcionado por sua frieza, outra deusa, Afrodite, fora a seu encontro para compensar-lhe tanto tratado acadêmico e, de quebra, complicar-lhe a vida. Por meio da escola conheceu Kimon Friar, um greco-norte-americano muito célebre naquela época, poeta e editor de revistas em inglês que difundiam a cultura grega. Friar o introduziu em um interessante grupo de exilados filo-helenos. Uma delas, Olga, uma siberiana madura e especialista nas artes amatórias, deve ter achado irresistível o intrépido rapaz norte-americano, muito versado em história e literatura, mas totalmente ignorante nas matérias que ela dominava.

Apesar das proibições, aos fins de semana ele começou a explorar a cidade e seus arredores. Todo domingo subia o monte Hymettus. Bem cedo, seguia o curso do Iliso – então transformado em um imundo fiozinho de água – e atravessava o bairro de Kaisariani, onde ainda viviam os refugiados da Ásia Menor – em cabanas e galpões lindamente pintados, mas em condições sanitárias que não haviam mudado desde a década de 1920. Kaisariani havia sido um baluarte do ELAS – Exército Popular de Libertação Nacional – durante a ocupação alemã, e os alemães nunca se atreveram a entrar à noite, nem sequer em expedições de castigo; em dezembro de 1944, algumas partes do bairro haviam sido bombardeadas e totalmente arrasadas pelos britânicos. Chegara novembro, e, com ele, o presságio de um inverno ruim. O país continuava destruído e mergulhado no caos desde a Segunda Guerra Mundial. Pelo menos 8% da população havia perecido nos quatro anos de luta; um milhão estava sem lar depois da queima de quase dois mil povoados; metade das estradas do país e um terço da riqueza nacional haviam sido destruídos. Após a retirada dos alemães, as unidades do ELAS trataram de impedir que os colaboracionistas fugissem, julgando-os em tribunais populares e executando várias centenas, enquanto os homens dos batalhões armados pelos alemães começaram a contra-atacar ou se alistaram na polícia, que estava sendo reorganizada.

No decorrer desse primeiro inverno na Escola Norte-Americana, ocorreram vários fatos sem relação entre si, mas que mudariam a vida de Andrews para sempre. Depois de Olga, ele havia conhecido outra mulher, dessa vez grega e também mais velha que ele, além de casada. Apaixonaram-se e viveram um ardente romance. Fruto desse amor nasceria sua primeira filha, que foi legalmente adotada pelo marido de sua amante, um professor grego, e com quem Andrews manteve um relacionamento conflituoso durante toda sua vida.

Andrews escrevia em seu diário todos os dias, e, nessa época, aparecem as primeiras menções a um obscuro transtorno nervoso que seria diagnosticado como epilepsia, devido ao qual teve que passar vários meses em observação em um hospital de Atenas. Suas relações amorosas haviam criado nele uma complexa mistura de culpa, fúria e medo, e ele inclusive chegaria a identificá-las como causa de seu novo mal:

> Os ataques começaram naquela época, e pensei que os tinha, e que ainda os tenho, sempre que procuro provar algo aos outros, quando fracasso, quando minto. De certo modo, são minha consciência. E tenho muito do que me envergonhar,

costumava dizer próximo ao fim de sua vida. A partir de então, começou a manter um diário paralelo, no qual fazia um relato minucioso de todos os ataques, anotava os medicamentos que tomava, que médicos havia consultado, com que frequência haviam ocorrido etc.

Quando parecia que sua estadia em Atenas estava prestes a terminar, a diretora da escola lhe ofereceu realizar a *editio princeps* de uma série de projetos de fortalezas que ela havia comprado em Veneza em 1938. Esses projetos, realizados por Francesco Grimani, comandante destacado em Morea durante o chamado segundo período veneziano (1685-1715), correspondiam a dezessete fortalezas do Peloponeso e a mais duas de Creta e Eubeia. Além de outra bolsa da Escola Norte-Americana, a oferta era acompanhada de uma bolsa Fulbright que lhe permitiria passar mais três anos na Grécia. O acordo consistia em viajar na primavera e verão para examinar os restos das fortalezas, e, durante o inverno, estudar e registrar na biblioteca os achados realizados. Ele não levou nem um segundo para aceitar.

"O voo de Ícaro"

O primeiro ano se havia passado em um agitado piscar de olhos. Andrews não podia esconder sua satisfação enquanto observava seus colegas de curso fazendo as malas para voltar para casa. Ele não só ficaria, como também, pela primeira vez, *pertenceria* a um lugar. Como escreveria mais tarde, quando lhe tiraram a roupa do dia a dia e lhe puseram o pijama no hospital onde passaria vários meses em observação, sentiu que o despojavam de sua condição de *estrangeiro* e que o dotavam de um ponto de referência, de uma pátria e de raízes. Kevin Andrews havia-se tornado grego.

Podemos ler a história dessa metamorfose em *The Flight of Ikaros*, em que ele narra suas aventuras e encontros durante esses quatro anos de vagabundagem juvenil e mostra seu profundo amor pela terra grega e sua gente. Segundo Patrick Leigh Fermor, trata-se de um dos melhores e mais emocionantes livros de viagens sobre a Grécia. Seu trabalho acadêmico, *Castles of the Morea*, hoje um clássico e referência obrigatória para todos os estudiosos da Grécia medieval, foi publicado em 1953 como quarta monografia da prestigiosa Biblioteca Gennadeion de Atenas. Em sua prosa às vezes apaixonada, o petromaníaco Andrews demonstra sua fascinação pela turbulenta história do país:

> Em vez de brilhantes pedras cinzeladas com perfeição, essas fortalezas da Grécia medieval jazem encolhidas nos contornos do terreno, com seus muros construídos sob o signo da pressa, desmoronados e reduzidos a escombros, como se não houvesse havido tempo suficiente entre uma invasão e a seguinte para levantá-los.

Há uma foto de Kevin Andrews em frente à Acrópole de Corinto pouco antes de empreender sua primeira viagem: é a imagem de um rapaz alto, bonito, forte, com um olhar cheio de expectativas. Ninguém diria que os médicos lhe haviam recomendado evitar o café, o álcool, o chá forte, as preocupações, a tristeza, a insônia, a irregularidade nas refeições, dirigir, fazer exercício intenso, nadar longas distâncias, escalar e, especialmente, expor-se ao sol. Curiosa lista para alguém que passaria três anos percorrendo, de preferência a pé e nos meses estivais, todos os povoados do Peloponeso onde restassem ruínas medievais. Seu equipamento consistia de mochila, saco de dormir, bússola, caderno de anotações, fita métrica, câmera fotográfica, uma flauta de bambu e algo imprescindível: salvo-condutos do governo e uma combinação de temeridade, inocência e entusiasmo em partes iguais.

Naquela época turbulenta, as ruínas e escavações relacionadas ao mundo clássico contavam com a proteção do governo e do exército. Por outro lado, os restos pertencentes ao passado medieval e bizantino jaziam no mais completo abandono. O que restava de suas paredes servia, em alguns casos, de refúgio para famílias que haviam perdido tudo. Há bem pouco tempo, viajando pela Grécia, eu mesma encontrei, em um precário mosteiro da ilha de Ioannina, uma velhinha que vivia sozinha entre as ruínas, e que, após interromper um almoço frugal à base de espinafre, mostrou-me uns afrescos maravilhosos que cobriam de cima a baixo todas as paredes.

O primeiro destino de Kevin Andrews foi a cidadela de Mistra. Cinco quilômetros a oeste de Esparta, em um sopé dos montes Taígeto e dominando o vale do Eurotas, encontra-se o último bastião do Império bizantino, um dos lugares mais belos e evocadores da Grécia. Em Mistra foi coroado imperador Constantino XI Paleólogo, o último dos 88 imperadores de Bizâncio herdeiros do césar Augusto de Roma. A cidade foi fundada no século XIII pelo príncipe franco Guilherme de Villehardouin, que a ocupou dezessete anos; durante dois séculos pertenceu ao Império bizantino, e, durante três, ao Império otomano. Seu apogeu se deu em 1740, quando os venezianos a tiraram dos turcos; nessa época, chegou a contar com mais de quarenta mil habitantes e se tornou centro do comércio da seda do Peloponeso.

Mistra possui uma beleza sutil e absorvente que as atuais restaurações estão pondo em perigo. Robert Byron, que foi para lá em 1927 para fotografar os afrescos bizantinos das igrejas e mosteiros, dedicou-lhe palavras comoventes em *The Station*:

> Para aqueles epicuristas da paisagem que exigem não só forma, mas também cor, [...] o Levante é incomparável. E, de todo o Levante, [...] não há um lugar onde a alma

> divina da terra possa de tal modo encher o coração, marejar tanto os olhos de lágrimas [...] como Mistra no vale do Eurotas...

Contudo, quando Andrews chegou, em 1948, Esparta estava coberta de violentas pichações: "Helenos, decidam-se: se não são monárquicos, são comunistas!", ou "Morte aos sérvios, albaneses e búlgaros!". Em Mistra, o povo local acolheu com receio o anglo-norte-americano que passava o dia percorrendo as ruínas, fazendo anotações e tirando fotografias, e que, além de tudo, dormia ao ar livre enquanto eles montavam guarda ao redor de suas casas para o caso de aparecerem comunistas. De manhã, ele tomava café sob a grande bananeira da taberna, onde também passava as horas de mais calor lendo histórias bizantinas e uma longa crônica em verso do século XIV escrita em romaico, como ajuda para datar e identificar os edifícios. Ao longe, colunas de fumaça se erguiam dos montes Párnon. Era o exército queimando aldeias para acabar com a guerrilha.

Esse primeiro verão logo chegou ao fim. Embora ele tivesse pressa de voltar a Atenas, não pôde resistir à tentação de atravessar os montes Taígeto e chegar a Calamata a pé. Havia vivido quase quatro meses sob essa imponente muralha rochosa, e, para um apaixonado montanhista como ele, teria sido doloroso demais ir embora sem fazê-lo.

Atravessou o passo de Langada em companhia de um pastor, e dali prosseguiu sozinho. Chegou ao primeiro povoado de Messênia, de onde já se podiam contemplar o mar e a cidade de Calamata ao longe. Começou a descer a grandes passos para não ser surpreendido pela noite no caminho, e, quando julgava já ter passado o pior, três indivíduos atrás dele gritaram, mandando-o parar. Fizeram-lhe a longa lista de perguntas habituais: de onde era? Com que trabalhava? Por que estava viajando sozinho e a pé?

Dessa vez, não ajudou muito dizer que era estrangeiro e arqueólogo. Seus interrogadores nunca haviam visto um, nem sequer sabiam da existência dessa profissão. Depois de um verão de trabalho ao ar livre, sua aparência era andrajosa, e estava com a cabeça raspada. Acusaram-no de ser um fugitivo da prisão e insistiram em levá-lo à polícia da aldeia. Mais uma vez, ele recorreu a sua estratégia para essas ocasiões: manter-se natural e despreocupado, gentil nas respostas, paciente e não inteligente demais. Para demonstrar sua inocência, foi tirando uma por uma as coisas que tinha na mochila; mas nada disso ajudou. Só quando pegou a flauta foi que os três indivíduos mudaram de atitude, como por encanto. De repente, seus receios de pouco antes se transformaram em gestos gentis e frases que elogiavam o jeito dele de caminhar pela montanha. Mas Andrews aceitou a mudança de atitude com naturalidade, porque já estava acostumado a esse desconcertante comportamento dos gregos. E despediu-se de seus captores como um homem livre.

Depois de mais quatro horas, chegou à periferia de Calamata. Em um quartel próximo, fizeram-no parar e o conduziram ao comandante do posto. Quando este soube que ele chegara a pé de Mistra, submeteu-o a um novo interrogatório. Acaso não sabia que havia um ônibus que ligava Esparta e Calamata diariamente? Por que alguém quereria cobrir a pé os cinquenta quilômetros que separavam as duas cidades? O comandante era apaixonado por história, e testou os conhecimentos da época medieval grega daquele errante que surgira no meio da noite. Satisfeito com suas respostas, não só o deixou ir depois de tê-lo convidado a jantar, como também ordenou que o levassem ao hotel em um carro do exército.

À medida que foram acabando as fortalezas que ele tinha que estudar, também chegou ao fim a estadia na Escola de Estudos Clássicos. Mesmo sem vontade, Andrews entendeu que havia chegado a hora de voltar aos Estados Unidos, e preparou tudo para a partida. Mas ainda lhe restava uma última coisa a fazer: subir o monte Olimpo. Depois de embalar bem o manuscrito de *Castles of the Morea*, dirigiu-se ao Clube de Alpinismo Grego para coletar informações. Seus amigos pastores já o haviam advertido de que não deveria ir para o norte, "porque está cheio de lobos e búlgaros", e, no próprio clube, desaconselharam a viagem, porque nesse mesmo verão ainda chegavam notícias de movimentos de guerrilhas, e a área estava tomada pelo exército. Apesar de tudo, ele pegou o trem de Tessalônica e desceu em plena noite em Litochoro, base para iniciar a subida. Dormiu ao relento, e, quando ainda não havia amanhecido, driblou sem grandes problemas os postos de vigilância e pôs-se a caminho do cume. Não se via uma alma. Passou pelo mosteiro de Dionísio, que até pouco tempo havia sido quartel-general das tropas alemãs, e chegou ao refúgio, lacrado agora; sem parar para descansar, ao anoitecer já havia chegado ao cume, chamado o Trono de Zeus. A seus pés se estendiam a planície da Macedônia e o mar Egeu, de onde começava a surgir uma enorme lua vermelha. Imerso em tal cenário, parecia impossível que poucas semanas depois fosse estar caminhando pelas ruas de Nova York, onde, por sua vez, pareceria impossível que tudo que havia vivido naqueles quatro intensos anos houvesse sido real. Alguém acreditaria quando contasse a história da menina de Calamata que viu seus pais serem enterrados vivos, ouvindo seus gritos até que a terra os sufocou para sempre? Ou daquele pobre mestre que lhe ofereceu sua humilde hospitalidade em uma cidadezinha dos montes Párnon e lhe contou, enquanto compartilhavam um parco jantar, que, durante uma breve ausência sua, uns vizinhos haviam matado sua filha grávida e queimado sua casa, e que não só continuava convivendo com eles, como também os encontrava diariamente nas ruas da pequena aldeia? Acreditariam quando contasse que havia vivido temporadas inteiras na montanha em companhia dos pastores transumantes que o haviam acolhido como a um filho adotivo, ou que um dos seus amigos de Mistra se vangloriava de ter matado com suas próprias mãos mais de sessenta comunistas?

Naquele cume ele se despediu de sua juventude: tinha 27 anos e se sentia muito velho. E, enquanto devorava suas parcas provisões, perguntou-se sobre um futuro que vislumbrava incerto.

Por fim, abandonou a Grécia, mas só para redigir seu livro sobre as fortalezas medievais e, enquanto isso, tentar arranjar emprego no Programa Norte-Americano de Ajuda à Grécia ou qualquer outro que lhe permitisse voltar imediatamente.

Um grego pouco ortodoxo

Ao chegar aos Estados Unidos, Kevin Andrews conheceu Nancy Cummings, filha do poeta E. E. Cummings, divorciada, mãe de dois filhos e também objeto de abandono paterno. Kevin e Nancy se casaram em Nova York, e, em 1955, nasceu a filha de ambos, Ioanna. Durante esse tempo, Andrews tentou, sem sucesso, arranjar um emprego no Programa Norte-Americano de Ajuda à Grécia, e tudo faz pensar que Nancy nunca suspeitou que, sob a afável aparência do jovem arqueólogo formado em Harvard, escondia-se um grego apaixonado cujo desejo de voltar à Grécia a todo custo ocultava um amor desmedido por aquele país, que, como ele mesmo escreveu mais tarde em *The Flight of Ikaros*:

> [...] havia-se transformado em algo assim como uma presença, uma companhia íntima; em algo confiável como uma força magnética [...] toda a Grécia se tornara um ser amistoso. Estar sozinho em um país estrangeiro faz que a pessoa tenda a ver o que a cerca como uma relação pessoal e direta.

Em 1956, a família Andrews por fim foi à Grécia, e, em 1960, já em Atenas, nasceu seu filho Alexis.

Em meados da década de 1960, a situação política grega deu uma guinada radical à direita, e, em 1967, deu-se o golpe de Estado dos Coronéis e o estabelecimento da Junta, que se manteve no poder até 1974. Foram tempos difíceis para Andrews, que se tornou cada vez mais radical, embora nunca tenha chegado a militar em algum partido. Passou a ser contra a Escola norte-americana de Estudos Clássicos, acusando-a de não divulgar a suposta cumplicidade da CIA com o golpe militar, apegando-se a sua tradição de não se envolver na política grega. Antes da Junta, ele já tivera suas desavenças com a escola devido a seus devaneios com a monarquia. Durante esses anos, Andrews publicaria ferozes artigos na imprensa estrangeira reunidos em *Greece in the Dark: 1967-1974*, nos quais, com a veemência de um Byron, recriminava os líderes ocidentais por sua passividade diante da situação grega. Participou do fechamento do Politécnico de Atenas de 14 de novembro de 1973, quando os estudantes convocaram uma greve geral contra a ditadura militar dos Coronéis. Na noite de 17 de novembro, os tanques entraram no *campus*, fazendo incontáveis mortos e feridos. Àquela altura, Nancy já havia ido para a Inglaterra com as crianças. O fracasso de seu casamento, o afastamento de seus filhos e os problemas da Grécia fizeram Andrews mergulhar na tristeza e na solidão. A isso se somava o fato de que se estava transformando em um personagem incômodo, tanto para a colônia anglo-norte-americana, diante da qual fazia esporádicas aparições vestido como um pastor das montanhas, como diante dos próprios gregos, por seu empenho em fazê-los recordar um passado de povo balcânico, distante desse ideal de serenidade e tranquila beleza dos antigos helenos que as autoridades tentavam impor como imagem oficial desde que o país se tornara independente dos turcos. Onde se sentia realmente feliz era entre seus amigos pastores da Geraneia ou na afastada ilha egeia de Cárpatos. Alguns dos versos que improvisava durante as festas passaram a fazer parte do acervo local.

Após a queda da ditadura, ele renunciou a seu passaporte norte-americano e solicitou e obteve a nacionalidade grega: "Este é o lugar que escolhi. A escolha foi feita livremente e deve ser total e para sempre", escreveu em uma carta publicada na imprensa.

Ele participava de tertúlias literárias enquanto continuava escrevendo livros, entre eles, uma espécie de "antiguia" de Atenas, no qual desmontava todas as ideias aceitas sobre a Grécia moderna e constituía uma vigorosa resposta à conversão do país em um parque temático do mundo clássico para a diversão dos turistas.

Kevin sabia que se havia tornado cidadão de uma Grécia desaparecida, a que ele havia amado:

> Cheguei a tempo à Grécia para conhecer uma forma de vida antiga e íntima. É impossível esquecê-la agora que já se foi para sempre. Eu me senti sufocado pela generosidade de sua gente, pelo interesse que o viajante solitário despertava em quem nunca na vida havia visto um estrangeiro, nem aprendido a ler, nem visitado jamais uma cidade, ou que havia emigrado aos subúrbios de Atenas levado por uma necessidade que fugia a minha compreensão... Esquecê-lo seria faltar à palavra, trair aqueles que, em sua grande maioria, já estão mortos,

escreveu em um artigo sobre os motivos que o haviam levado a ser cidadão grego.

Em uma desagradável tarde de novembro de 1988, ele abandonou seu espartano apartamento do centro de Atenas, onde vivia quase afastado do mundo, para assistir à apresentação do livro de

Patrick Leigh Fermor, *Between the Woods and the Water*. Ali se encontrava toda a comunidade literária de expatriados da cidade. Entre os presentes estava Elizabeth Boleman-Herring, jornalista e escritora norte-americana de 37 anos que, como ele, fazia muito tempo que vivia em Atenas. No comovente relato de sua relação intitulado *A Farewell to Ikaros*, Elizabeth recorda Andrews nesse primeiro dia, vestido para a ocasião com *blazer* de *tweed*, blusa de lã, camisa de flanela e um cachecol vermelho em volta do pescoço. Tinha 64 anos e ainda conservava um corpo musculoso e atlético, além de uma abundante cabeleira ondulada. Durante o evento, fizeram planos de se ver de novo. Elizabeth era editora, e, como antiga admiradora dos escritos dele, logo demonstrou interesse em publicar um romance que Andrews confessou ter trancado em uma gaveta desde a década de 1950: *Old Rising Sun*. O relacionamento profissional deu lugar a uma intensa e apaixonada relação amorosa. No primeiro encontro, Andrews confessou que não estivera com nenhuma mulher nem sentira o contato de outra pele nua havia 21 anos. Também reconheceu seu desengano com a Grécia, sua sensação de inutilidade acerca de sua *cruzada literária*, a sensação de não ter nada por que lutar e de um vazio absoluto a seu redor. Achava que o país curtia sua própria podridão, que deixava que seus bosques fossem consumidos pelo fogo, que não tomava medidas para prevenir a crescente poluição. Para ele, a Grécia já era um deus morto, uma paixão extinta, uma forma de vida que havia deixado de ter sentido.

Em fim de agosto de 1989, Kevin e Elizabeth decidiram dar um tempo e abandonar a cidade. Escolheram a ilha de Citera, porque nenhum dos dois estivera ali antes, e ninguém os conhecia. Levavam consigo o romance para concluir, muitos livros para ler e as botas de montanhismo, visto que planejavam uma excursão a pé até o cabo Trachylos, no sul da ilha. Antes da viagem, Elizabeth fez que ele consultasse um médico para se assegurar de que não havia perigo em passar algumas semanas em uma ilha nadando, tomando sol e caminhando. O médico afirmou que Kevin tinha a pressão sanguínea e o corpo de um jovem de vinte anos e que não via razão para que não realizasse todas essas atividades. A medicação que tomava para epilepsia também parecia correta, e lhe pediu que retornasse à consulta na volta.

Hospedaram-se no hotel Margarita, na capital da ilha, e, durante os primeiros dias, mal abandonaram o quarto. Fizeram planos de começar uma nova vida na Inglaterra, contemplaram inclusive a possibilidade de se casar e ter um filho. No dia 1º de setembro, decidiram fazer a excursão até o cabo Trachylos. Dali se divisava a pequena ilhota de Avgó (o ovo), distante uns cinco quilômetros da costa e habitada por colônias de focas. Já fazia anos que o sonho de Kevin era fazer essa travessia a nado, e havia chegado o momento. Já no cabo, Elizabeth bateu uma foto de Kevin, na qual, devido à forte contraluz, mal se distingue um rosto que se adivinha sorridente. O sol inunda tudo, e, atrás dele, aparece a ilhota, convidativa e enganosamente próxima à costa.

Quando se despediu de Elizabeth, às quatro, entregou-lhe um bracelete e a cruz copta que levava ao pescoço. "Guarde-os como se fossem seu talismã", disse-lhe. "Quando estiver no meio do caminho, acenarei para que você veja que estou bem", acrescentou. As recordações que Elizabeth conserva do resto desse dia são confusas. Por volta das seis da tarde, pareceu-lhe vê-lo muito longe, acenando; mas mais tarde confessaria que não sabia se eram movimentos de saudação ou de alguém que se afogava. Nunca saberia. Começou a se erguer um forte vento, e, com ele, o mar começou a se eriçar. Em pânico, ela foi correndo para a cidade em busca de ajuda. No porto, os pescadores se recusavam a sair porque o temporal estava forte, mas um se apiedou e se ofereceu para levá-la em sua lancha. Chegaram à ominosa ilhota. Nada. Só o barulho do vento e do mar cada vez mais ensurdecedor. Já era noite fechada, e o pescador resolveu voltar. Na manhã seguinte, o corpo de Kevin Andrews apareceu boiando em uma praia próxima, quase irreconhecível, exceto pelo relógio que continuava em seu pulso.

***

Quando viajo, gosto de visitar os cemitérios. Costumam ser lugares retirados, remansos de paz e de silêncio, coisa muito apreciável nas grandes cidades. Há alguns anos, durante uma estadia em Atenas, decidi visitar o chamado Primeiro Cemitério e colocar flores no túmulo de Kevin Andrews. Eu havia lido que estava enfeitado com pedras imitando as montanhas que ele tanto amara. Fui ao bairro de Mets, assim batizado por causa da fábrica de cerveja Metz, estabelecida ali por um bávaro em 1870, onde se encontra o cemitério. Não tive sorte. O funcionário me informou que seus restos haviam sido transferidos pela família, mas não sabia dizer-me para onde. Antes de ir, caminhei pelo local em busca dos túmulos de outros conhecidos. Ali repousam, em um ostentoso túmulo em forma de templo, os restos de Schliemann, o descobridor de Troia e do tesouro de Príamo; muito mais discretamente descansam os poetas Giórgos Seféris e Odisséas Elytis, bem como o diretor de cinema Jules Dassin e sua mulher, a maravilhosa atriz e ativista política Melina Mercouri. As flores ficaram com Melina.

A casa de Andrews ficava pertinho do cemitério, em uma rua tranquila de casas térreas e jardinzinho nos fundos. Essa foi sua cabana de eremita no meio da cidade; ali escrevia livros incendiários e incômodos sobre a deriva que a Grécia estava tomando, que não agradavam nem a gregos nem a expatriados; e ali, bem ou mal, ganhava a vida fazendo braceletes e outras joias de bronze e cobre. Era sábado à tarde, e não se via uma viva alma pelo bairro.

Enquanto fotografava a casa, notei que dentro alguém puxava as cortinas. A porta se abriu e apareceu uma jovem grega secando as mãos no avental. Perguntou-me o que eu queria e se estava procurando alguém. Eu lhe disse que fazia tempo um amigo meu havia vivido ali, e que eu fora conhecer a casa dele. Ela não me convidou a entrar, mas, pela porta entreaberta, pude observar um interior primorosamente pintado e limpo, nada a ver com aquela sombria cozinha-oficina cheia de umidade que eu vira em uma foto de Andrews. O bairro havia-se aburguesado, e já não era aquele povoado dentro da cidade habitado por camponeses desarraigados onde ele havia vivido em seu elemento.

O escritor e especialista no mundo balcânico Robert D. Kaplan conta em *Inverno mediterrâneo* que visitou Kevin Andrews em sua casa de Atenas em meados da década de 1980:

> Vestia a samarra de cordeiro preta própria dos pastores gregos dentro de sua casa sem aquecimento, cercado do cheiro mofado das conchas que havia colecionado e das simples joias que havia feito à mão [...] em torno dele havia uma cidade esparramada e poluída que mal se parecia com aquela pela qual ele se apaixonara na década de 1940.

E Kaplan continua:

> Embora eu o admirasse por seus escritos, senti medo de acabar como ele. A beleza de Mistra – e a de alguns outros lugares – o obcecara de tal modo que parecia não ter feito muito mais pelo resto de sua vida além de evocá-la.

LAWRENCE DURRELL, O REI DAS ILHAS

Lawrence Durrell

Sobre Lawrence Durrell – Larry, para os amigos – foram escritos milhares de páginas de ensaios e volumosas e detalhadas biografias que não omitem um ou outro detalhe escabroso. Escreverei sobre o Larry filo-heleno e ilhomaníaco e sobre sua incoerente, por ser poética, trilogia das ilhas gregas: Corfu, Rodes e Chipre, com uma escala, não tão incoerente, em um local que, sem ser uma ilha, ocupa um lugar de honra no imaginário mediterrâneo: Alexandria.

O tempo que Larry Durrell passou naquelas ilhas foi, em suas palavras, anos dourados "cujos fantasmas surgem e me acossam cada vez que vejo uma carta com um selo grego, ou cada vez que em algum remoto porto do mundo encontro um navio-tanque vagabundo que hasteia a bandeira branca e azul do Egeu".

Durrell definia a si mesmo como "ilhomaníaco": "Pessoa para quem as ilhas são irresistíveis. O simples conhecimento de que se encontra em uma ilha, em um pequeno mundo cercado pelo mar, enche-a de uma indescritível embriaguez". No caso de Larry, sua ilhomania só se aplica às ilhas gregas. E o mar que banha as ilhas da Grécia é também o verdadeiro mar Mediterrâneo: "Um mar com profundidade e tom que devora e devolve o céu, um mar que pertence às ilhas sem água e aos moinhos cinzentos, às oliveiras e às estátuas". Os ilhomaníacos costumam ser perseguidos pelo azar. Quando descobrem a ilha que cumula os desejos de seu coração, veem-se obrigados a abandoná-la e a viver como desterrados o resto de seus dias em terra firme.

As três obras que compõem a trilogia das ilhas estão entre o melhor que Durrell escreveu, apesar de que ele as considerasse livros alimentícios para pagar as contas. Os três livros –*Prospero's Cell* (Corfu), *Reflections on a Marine Venus* (Rodes) e *Limões amargos* (Chipre) – têm uma dimensão poética que os torna irresistíveis. O narrador não quer ser objetivo; fala com a mesma tranquilidade tanto da deusa que vive em Rodes como dos oficiais britânicos, membros, como ele, do serviço secreto. Como se pode ser objetivo quando se fala do paraíso terrestre? Encontraram-se no Serviço de Inteligência britânico do Mediterrâneo oriental, na primeira metade do século XX, quase todos os que seriam alguém no mundo literário do pós-guerra: Lawrence Durrell, Patrick Leigh Fermor, Evelyn Waugh, E. M. Forster, Graham Greene, Robert Liddell... só para citar alguns. Ler agora seus relatórios sobre os portos ou sobre o cultivo da beterraba é, necessariamente, uma verdadeira experiência literária: "Nesses relatórios derramávamos os tesouros conjuntos de nosso intelecto nada insignificante", diz o pouco modesto Larry em *Reflections on a Marine Venus*.

As ilhas gregas eram também escolas de frugalidade para Durrell. Mergulhadas em uma perene escassez, ao viver nelas, a pessoa se dá conta de que não precisa de todos esses trastes da civilização para alcançar a felicidade e o bem-estar físico. Chega, inclusive, a considerá-los um verdadeiro estorvo. Em cada ilha houve uma casa especial, bem como uma mulher também especial. Em Corfu, Larry e Nancy, de 21 anos e recém-casados, alugaram uma casa espaçosa de um pescador, a Casa Branca, em uma baía tranquila ao norte da ilha. E lá, como dois deuses em plena estreia, puseram-se a criar. Em Rodes, foi a Villa Cleóbulo, escondida entre espirradeiras e pinheiros no jardim da mesquita de Murad-Reis, de cujas janelas viam-se as lápides do pequeno cemitério turco. Ali ele viveu com Eve "Gipsy" Cohen, que metamorfoseou em Justine, deusa inalcançável para os homens que se podia entregar a todos porque não era de ninguém. A casa turca do Chipre ficava em Bellapais, ao lado da abadia em ruínas dos Lusignan, e naquela ilha conheceu Claude, a mulher tranquila que o acompanhou ao desterro de Provença.

Em cada ilha houve também uma irmandade masculina, um seleto grupo de amigos, apaixonados como Durrell por desentranhar a história do lugar segundo o método da incoerência ilhomaníaca. Os livros de Larry Durrell sobre as ilhas gregas ensinam a ver coisas que passam despercebidas para a maioria dos olhos mal treinados, mas não para o olhar de um poeta. São livros inúteis para quem busca um guia de viagens, mas um tesouro para quem quer conhecer coisas imprescindíveis, como a origem da famosa expressão homérica "aurora de dedos róseos" ou a qualidade única dos pores do sol em Rodes, ou o motivo de amarrar os gatos às portas das casas nas ilhas. Neles, a ideia da Grécia resplandece com um brilho triste, como um capitel quebrado, como o torso de uma estátua desmembrada. Suscitam o desejo de largar tudo e ir para lá, de ver com seus próprios olhos aquela terra milagrosa. Que mais se poderia fazer depois de ler a seguinte passagem de *Prospero's Cell*?

> Todo o Mediterrâneo – as esculturas, as palmeiras, os heróis com barba, o vinho, as ideias, os barcos, a luz da lua, as górgonas aladas, os homens de bronze, os filósofos – parece surgir do sabor acre e picante das azeitonas pretas entre os dentes. Um sabor mais frio que a carne, mais velho que o vinho. Um sabor velho como a água fria.

Expulsão e regresso ao paraíso (1912-1935)

Lawrence George Durrell nasceu em 27 de fevereiro de 1912, em Jalandar, Punjab, ao norte da Índia, perto da fronteira com o Tibete. Seu pai, Lawrence Samuel, engenheiro de estradas de ferro, era um probo funcionário da administração britânica que mantinha colado ao lado do espelho diante do qual se barbeava o poema "If", de Kipling. A mãe, Louisa Florence Dixie, de origem irlandesa, pertencia, como o marido, a uma estirpe de expatriados que considerava a Índia seu lar. Com o tempo, Louisa se tornaria uma das mães mais famosas da literatura britânica graças a *Minha família e outros animais*, obra de seu filho mais novo, Gerald, na qual foi imortalizada como uma mãe abnegada, carinhosa e um tanto distraída. Mas, enquanto viveu na Índia, Louisa estava sempre alerta protegendo seus quatro filhos – Larry, Leslie, Margo e Gerald – de muitos perigos em forma de epidemias de cólera, disenteria, tifo, cobras e escorpiões. Desde muito pequenas, as crianças Durrell tiveram que aprender a observar atentamente a flora e a fauna que as cercava e saber enfrentar o ataque de uma cobra-real, sempre evitando seu olhar hipnótico. Quando já adulto, Larry recordava sua infância, comparava-se a Kim, personagem de Kipling. Como ele, percorria a Índia de trem acompanhando seu pai, enquanto este supervisionava a construção da linha do norte, e, como Kim, acampava na selva à noite e montava em elefantes. A Índia da infância de Larry era um mundo bonito e cruel, no qual a vida e a morte eram vividas com a mesma naturalidade do passar das estações. A Índia era uma festa de cores e cheiros, de visões sublimes e personagens disformes e horrorosos, um cenário de beleza e fealdade extremas, onde a morte impregnava tudo. Esse marco exótico e exuberante permaneceria como uma parte essencial de sua topografia mental, e, mais tarde, levá-lo-ia a desenvolver uma teoria segundo a qual o caráter e a cultura de um país eram o resultado do que ele chamava de *espírito do lugar*.

Aos seis anos, Larry foi estudar no colégio dos jesuítas em Darjeeling, uma escola tolerante na qual conviviam alunos budistas, hindus, taoístas, sufis, protestantes e católicos. O colégio era cercado de plantações de chá, e, ao longe, divisava-se o monte Everest. Quando, aos oito anos, Larry anunciou a seu professor que, quando crescesse, seria poeta e escritor, este o incentivou, elogiando seus primeiros balbucios sobre o papel e fomentando seu já insaciável gosto pela leitura, fornecendo-lhe histórias impregnadas de épica colonial e moral vitoriana. Mas seu pai tinha outros planos para ele. Com apenas onze anos e sem a aprovação de Louisa, mandou-o estudar na Inglaterra para que seguisse seus passos na administração. A última visão da Índia que Larry teve já no vapor City of London foi a de cadáveres boiando no Ganges rumo ao mar. Larry Durrell foi abruptamente arrancado do mundo de sua infância, da proteção e do carinho de sua mãe, da vida que amava e de um colégio onde se sentia valorizado, e jogado com igual violência no mundo adulto da responsabilidade, trabalho e disciplina que às vezes podia implicar castigos físicos. A vivacidade e o colorido da Índia se transmutaram na seriedade do colégio cinzento perto do Tâmisa onde foi trancafiado. Nunca se recuperou do golpe, e, para ele, a Inglaterra seria sempre a "Pudding Island", um lugar lúgubre de onde convém manter-se o mais longe possível.

À medida que ia crescendo, os colégios foram-se sucedendo, sem grandes diferenças, salvo na localização. Em nenhum deles se destacou por boas notas: limitava-se a cumprir o expediente. Em seu coração, já havia tomado a decisão de tornar-se poeta e escritor. Em vez de ir adquirindo as habilidades próprias de um bom funcionário, cultivava as correspondentes a um perfeito menestrel: aprendeu a tocar piano com bastante maestria, era um bailarino consumado, cantava bastante bem, compunha versos e canções e passava a maior parte de seu tempo livre lendo na biblioteca.

Seu pai nunca soube o que seria de seus filhos; morreu de um AVC aos 43 anos enquanto trabalhava. Após enterrá-lo, Louisa abandonou a Índia para sempre com a família e se estabeleceu primeiro em Londres, e, mais tarde, comprou uma casa na cidade costeira de Bournemouth.

Enquanto isso, Larry continuava-se esforçando para passar nas provas e entrar na faculdade, sem nunca conseguir passar em matemática. Paralelamente, suas visitas aos clubes de música de Londres foram-se tornando cada vez mais frequentes. Durante uma viagem que supostamente tinha motivos acadêmicos, fez a descoberta decisiva que lhe permitiria pôr rumo em sua vida, já livre da presença do pai: Europa. Passou uns dias na Suíça, onde a visão dos picos nevados dos Alpes o devolveu às paisagens da infância, e, na volta, teve tempo de passar por Paris, onde o esperava a descoberta do sexo na pessoa de uma estudante que completava sua parca receita com a prostituição. Segundo conta em seu último livro, *Caesar Vast Ghost*, Gabrielle, a quem conheceu nos jardins de Luxemburgo, levou-o a seu sótão, onde fez para ele um excelente jantar regado a vinho antes de seduzi-lo. A seguir, passaram o tempo falando de comida e aquarelas. Larry sempre conservou um enorme carinho pelas prostitutas de Paris e escreveu uma triste elegia sobre elas quando o governo francês mandou fechar os prostíbulos após a Segunda Guerra Mundial.

O estudante submisso, sonhador e solitário deu lugar ao novo Larry Durrell: um jovem de apenas dezoito anos, baixinho, bem louro, vivaz e extrovertido com uma risada tão contagiosa que alguém disse que, quando entrava em um lugar, era como se houvessem aberto uma garrafa do melhor champanhe. Sua aparência também mudou, e, naquela época, ele começou a usar cachecol preto à la Lautreamont, bebia absinto como Baudelaire e só escrevia a partir da meia-noite. De fato, chegou a confessar que, entre os 17 e os 24 anos, mal havia dormido, e não sabia como havia sobrevivido.

Uma vez abandonados os estudos, tentou a sorte no mundo da música. Escrevia canções e arranjou emprego de pianista de *jazz* no Blue Peter Nightclub de Londres, mergulhando de cabeça na vida boêmia da cidade por cujos *pubs* naquela época rondava também gente como Malcolm Lowry e Dylan Thomas. Em 1931, enquanto iniciava aquele que seria seu primeiro romance, *Pied Piper of Lovers*, sobre sua infância na Índia e a noite londrina, um amigo publicou o primeiro livro de poemas de Durrel, *Quaint Fragment*. Mais tarde, Durrell recordaria as duas obras como sendo de um terrorista cultural disposto a acabar com certos ícones e tabus sociais.

No início de 1932, Larry conheceu Nancy Myers, uma garota loura, alta e tímida, com certa semelhança com Greta Garbo, dois meses mais nova que ele e estudante de arte em Slade School. Nancy, a quem Larry chamava carinhosamente de "Poste", devido a sua altura, ficou deslumbrada com a personalidade buliçosa e efervescente dele, e não tardou a se juntar à vida boêmia com ele. Pouco depois de se conhecerem, Larry e Nancy começaram a levar juntos uma desorganizada vida de artistas em um quarto alugado na Guilford Street, onde ele datilografava em sua máquina de escrever, e ela pintava. Não lhes sobrava dinheiro, mas, graças a uma pequena renda anual de Nancy e a empregos esporádicos, iam levando.

Naquela época, Larry levou a sério sua autoeducação e solicitou a carteirinha da biblioteca do Museu Britânico, onde passava longas horas lendo indiscriminadamente sobre temas díspares, como a vida dos autores elisabetanos, medicina, história das religiões, Freud, Wyndham Lewis, marquês de Sade ou teoria da relatividade. Quando seu livro de poemas seguinte, *Ten Poems*, recebeu uma crítica (não muito favorável) no *Times Literary Supplement*, Larry começou a ver a si mesmo como um verdadeiro escritor.

O Mediterrâneo começou a lhe enviar atraentes chamados por meio das cartas provindas da ilha de Corfu, de seus amigos George e Pamela Wilkinson, aspirantes como eles a escritor e pintora. Em comparação com Londres, diziam, a vida ali era muito barata, o clima era delicioso, e a paisagem, uma fonte contínua de inspiração artística. Larry e Nancy se casaram em segredo em Londres. Ambos tinham 21 anos. Estando casados, pensaram, os pais de Nancy não poderiam se opor a uma viagem que já estavam totalmente decididos a realizar. Por outro lado, convencer a mãe de Larry a se mudar com a família para Corfu não levou nem um minuto, e decidiram que os recém-casados iriam antes para encontrar uma casa adequada para todos.

Em 2 de março de 1935, zarparam de Londres em um vapor rumo à Itália. Em Brindisi, ficaram parados devido à interrupção do tráfego marítimo com a Grécia em função de uma tentativa de golpe de Estado contra a restauração da monarquia grega. Perambulando pelo porto, Larry conheceu um capitão grego que concordou em levá-los a Corfu. O trajeto até a ilha foi uma epifania para Larry. Enquanto o navio navegava para leste, ele sentiu que estava atravessando o espelho de novo, dessa vez na direção certa – contrária de quando era menino e o obrigaram a abandonar a Índia. "Em algum lugar entre a Calábria e a Grécia, encontra-se o azul", escreveu mais tarde em *Prospero's Cell*, seu livro de homenagem a Corfu. Esse azul simbolizava os vastos espaços abertos de que sua alma de poeta e escritor precisava e que não havia encontrado na Inglaterra. Quando pisou em solo grego pela primeira vez no porto de Corfu, Larry soube que havia voltado para casa.

Ilha de Corfu: o converso à religião de Pã

A ilha de Corfu, onde Larry e Nancy Durrell desembarcaram naquela primavera de 1935, ainda era a ilha mágica pintada por Edward Lear em meados do século XIX, cheia de imensos bosques de oliveiras salpicados de ciprestes, herança veneziana; de praias onde dizia a lenda que Ulisses havia desembarcado e encontrado Nausícaa; de penhascos, grutas e baías intactas. Ao sul, as ilhas Jônicas apareciam envoltas em neblina e em mitos antigos, enquanto a Albânia, próxima e inquietante, espreitava de seu horizonte de montanhas. Os ingleses haviam partido em 1864 e deixado como lembrança o críquete (que as pessoas ainda jogam no verão em A Espianada) e o banheiro com vaso sanitário, embora as casas que o possuíam eram poucas e custavam o dobro. A ilha mal recebia visitantes, e os que chegavam eram fundamentalmente arqueólogos ou artistas em busca de inspiração. Corfu pertencera a Roma, Veneza, Itália, França e Grã-Bretanha antes de se unir à Grécia em 1864. A antiga cidade veneziana, encantadoramente decrépita, com suas casas pintadas de alegres tons pastel, havia sucumbido a pestes e invasões, mas se conservava milagrosamente intacta graças aos desvelos de seu padroeiro, santo Espiridião, um simpático santo de origem cipriota cujos restos mumificados são levados solenemente em procissão quatro vezes por ano.

Semanas depois, desembarcou a buliçosa família Durrell, com Louisa à frente, seguida de Leslie, Margo, Gerald e de seu terrier Roger. Louisa levava para seu filho Larry um cheque de cinquenta libras da editora Cassell & Co. correspondente a seu primeiro romance, além da melhor das notícias: queriam os três próximos que escrevesse. A família Durrell se estabeleceu na Villa Agazzini, em Pérama, primeira de uma série de vilas que alugariam durante sua estadia em Corfu. Como recém-casados e artistas em flor, Larry e Nancy logo perceberam que precisavam de um espaço próprio. Enquanto exploravam a ilha, descobriram Kalami, uma baía remota e idílica ao norte, mal comunicada por estrada, à qual um caíque levava provisões e notícias do mundo exterior duas vezes por semana. Alugaram dos Athenaios, uma família de pescadores, uma casa espaçosa à beira d'água, e que ainda tinha banheiro. Com os 517 dracmas que lhes davam por uma libra, era fácil sentir-se rico, mas aprenderam a levar uma vida simples: cozinhavam com carvão, iluminavam-se com velas, aqueciam-se com lenha no inverno, seguiam os ritmos impostos pelo sol e se alimentavam com a dieta da ilha: pão caseiro, azeite de oliva, sopa de peixe e verduras. "É evidente que não se precisa de muito para viver", escreveu Larry a um amigo; "você se vira com uma faca, um garfo, uma colher e um copo." Até o fim de sua vida, ele conservaria esse gosto pela simplicidade.

Larry também descobriu o prazer de acordar cedo e dormir cedo, e se levantava com a aurora para escrever. Era uma vida idílica. Eram jovens, artistas e estavam apaixonados. Banhavam-se nus perto da pequena ermida de santo Arsênio, onde sempre brilhava uma lamparina a óleo, como nos tempos pagãos. Viviam espartanamente, mas nunca lhes faltava comida, vinho e cigarros. Aos livros levados da Inglaterra foram-se somando novas aquisições, e também tinham um gramofone, no qual durante uma época tocavam obsessivamente o concerto nº 4 para piano de Beethoven.

Um dia, ao voltar da capital, Nancy o surpreendeu com um pequeno cúter de velas cor de ocre e casco preto, para explorar a baía e poder chegar às enseadas mais remotas. Larry foi aceito em um círculo de intelectuais da ilha que se reunia uma vez por semana em um restaurante de Corfu, composto por Theodore Stephanides, médico, cientista e poeta, nascido na Índia, assim como Larry, e a quem este pediu que cuidasse da educação de seu irmão pequeno Gerald, para poupá-lo das experiências traumáticas que ele mesmo havia sofrido. Também Constant Zarian, poeta armênio; Max Nimiec, um rico poeta polonês; e o doutor em direito Constantinos Palatianos, o rico e boêmio conde D. de Prospero's *Cell*, dono de uma linda vila italiana no vale de Ropa, onde o grupo se reunia uma vez por mês – mas as mulheres não eram convidadas. Nessas reuniões, o grupo de amigos falava de filosofia, de literatura e da história de Corfu, e também fazia expedições em busca de ruínas arqueológicas. Stephanides introduziu Larry ao círculo de poetas e intelectuais venizelistas de Atenas: George Katsimbalis, Seféris, Sikelianós etc., que, por sua vez, iniciariam-no na obra de um poeta que seria decisivo em sua vida: Kaváfis.

Em Corfu conviviam Larry, o fauno, e Larry, o escritor. O primeiro era o amante de Nancy, o amigo de seus amigos que dava intermináveis almoços e jantares em Kalami regados a vinho e conversas substanciosas; o que nadava, desenhava, bebia e passava as noites pescando com seus vizinhos ou contemplando as estrelas. Anos depois, Henry Miller descreveria Larry em Corfu assim:

> Lembro-me de você no terraço de sua casa em Corfu, com seu lápis e seu caderno, rabiscando, rabiscando, polindo seu estilo, escrevendo outra vez, escrevendo um pouco mais, nadando, bebendo, cantando, rindo, mas sempre voltando ao lápis e ao caderno...

Com esse Larry epicurista convivia um espírito agônico, que construía a si mesmo como escritor e aspirava a ser reconhecido como artista; da mesma maneira que desanimava diante de uma crítica morna ou condescendente e pensava em abandonar tudo, deixava-se levar pelo entusiasmo e esquecia o mundo quando estava envolvido na escrita de um novo poema de que gostava.

Em Corfu, começou a desenvolver o que ele denominava seu universo heráldico, incompreensível para o mundo, menos para o próprio Larry, sempre interessado no que acontecia nas dobras da realidade, nos estados alterados de consciência e nos estados de percepção que vão além da mera cognição. Resultado de seus estudos autodidatas, essa teoria heráldica que ele tentava aplicar a sua literatura misturava ciência (teorias de Einstein) com budismo e, mais tarde, com gnosticismo. O relato de Dickens e Dostoiévski, resultado de uma concepção linear do tempo e do espaço, devia dar lugar a outro tipo de narração, capaz de mostrar uma realidade fragmentada que respondia à crença em um espaço curvo e em uma dimensão, o tempo, que era *maya*, ou ilusão. Sem dúvida, os críticos não podiam acessar esse âmbito privado que pertencia só ao artista. Era um mundo que só podia ser experimentado, não explicado. Em *Minha família e outros animais*, seu irmão mais novo, Gerald, apresenta com carinho e ironia a imagem de um Larry presunçoso e pedante, imerso na definição de seu universo heráldico, segundo o qual não se podia caçar grous, porque são heráldicos, mas sim patos, porque não o são.

Em seu segundo romance, *Panic Spring*, um grupo de pessoas (nórdicos) se retira a uma ilha grega. Ali, têm oportunidade de refletir sobre a vida e adentrar outra realidade libertadora. Nesse romance, em consonância com sua teoria sobre o espírito do lugar e a importância da paisagem sobre a personalidade humana, o jovem Durrell vê seus personagens quase como produtos de uma paisagem configuradora do caráter e da cultura. Enquanto avançava a duras penas, insatisfeito com o que escrevia, ocorreu um fato que seria decisivo em sua vida e obra. Um amigo norte-americano, Barclay Hudson, emprestou-lhe *Trópico de Câncer*, de Henry Miller, recentemente publicado em Paris pela Obelisk Press, editora especializada em livros pornográficos e proibidos em outros países. Larry o leu de uma vez só. Leu-o uma segunda vez, e ficou deslumbrado com o Miller rabelaisiano e provedor de gozosas obscenidades. "Não há palavras para descrever sua excelência" – escreveu a um amigo, urgindo-o a ler a obra –, "é o livro mais importante dos tempos modernos, o livro que esta geração estava esperando. Digo-lhe que esse livro me libertou das limitações impostas por uma educação inglesa mais que nenhuma outra coisa." Em seus dois primeiros romances, Larry havia imitado seus escritores favoritos: Huxley, Graves, Lawrence, Aldington. Depois de ler Miller, ansiava mais que nunca encontrar sua própria voz. Em Miller descobriu um espírito livre e cheio de entusiasmo, pegou a pena para enviar uma elogiosa carta ao autor de *Trópico de Câncer*, proclamando-o digno sucessor de Lawrence e de sua *lady* Chatterley. Miller se sentiu honrado pelo entusiasmo do jovem inglês e lhe respondeu com uma longa carta, dando início, assim, a uma amizade e a um prolífico intercâmbio epistolar que duraria até a morte de Miller.

Trópico de Câncer foi um marco para Larry. Seus dois primeiros romances passaram a lhe parecer insossos, e imensamente ridículas as objeções que haviam feito seus editores a algumas passagens consideradas escabrosas. Influenciado por Miller, ele começou a escrever *The Black Book*, uma perturbadora experiência pessoal, uma viagem de autodescoberta e de autoterapia.

"Foram necessários o alho, o vinho e o mar azul para tirar de mim tudo aquilo e me tornar escritor", disse Durrell em uma entrevista a uma publicação francesa quando já era um escritor consagrado. Mas escrever *The Black Book*, no qual Durrell lutou para matar seu velho eu e descobrir se havia algo dentro de si que valesse a pena expressar, foi uma luta que o deixou exausto e à beira da loucura. Sua relação com Nancy foi gravemente afetada, e as brigas entre eles começaram a ser constantes. A convivência com um gênio em ebulição devia ser qualquer coisa menos simples. *The Black Book* foi publicado pela Obelisk Press em Paris em 1938. Devido a seu conteúdo sexual, só foi publicado na Inglaterra em 1973 – nada estranho, se levarmos em conta que até 1960 não seria publicada a versão integral de *Lady Chatterley*, de D. H. Lawrence, devido à lei sobre publicações obscenas –, mas Larry conseguiu o que buscava: T. S. Eliot, o homem de letras mais prestigioso da Inglaterra, fez uma crítica muito elogiosa, apresentando Durrell como a promessa literária do momento. E o prestigioso crítico Cyril Conolly se somou aos elogios.

A publicação de *The Black Book* representou o final do idílio em Corfu. Nuvens negras de guerra se acumulavam sobre a

Europa: depois da invasão da Etiópia, a Itália ameaçava invadir também a Grécia, pela Albânia. Corfu havia deixado de ser um paraíso, tornando-se um lugar perigoso. No início de setembro de 1939, estourou a guerra, e, com extraordinário senso de oportunidade, no dia 28 do mesmo mês, a revista inglesa *New English Weekly* publicou a tradução de Durrell e Stephanides de "À espera dos bárbaros", de Kaváfis.

Talvez em uma última tentativa de salvar seu casamento, Nancy engravidou, e Larry começou a procurar um emprego fixo em Atenas. Teve a ajuda de seu amigo Robin Fedden, adido de imprensa e tradutor da legação britânica de Atenas. A tarefa que lhe atribuíram consistia em reunir informações sobre a opinião popular e fornecer propaganda britânica à imprensa grega. Era um trabalho de espionagem que implicava escutar às escondidas conversas nos cafés, manter reuniões clandestinas nas esquinas e editar um boletim informativo, tarefa que nem sempre era simples. Quando seu amigo Fedden renunciou a seu cargo declarando-se pacifista, o novo diretor de propaganda, Mackworth Young, decidiu que a seção de Durrell não era necessária e o demitiu. Em 18 de junho de 1940, nasceu em Atenas Penelope Berengaria Nausícaa, mais conhecida como Pinky. Em 28 de outubro de 1940, a Grécia entrou na Segunda Guerra Mundial quando o exército italiano invadiu o país, pela Albânia. Nessa época, Larry e Nancy haviam acabado de se estabelecer em Calamata, onde ele lecionava inglês no British Council. Pairava no ar uma sensação de mundo acabado, de grupo de amigos que se dispersava para sempre, reforçada pela constante ansiedade dos bombardeios dos aviões italianos. Larry enviou uma solicitação à RAF e também pensou em se alistar no exército grego: "No intervalo, ando como um homem livre, aspiro o ar e torno a viver minhas encarnações anteriores como cabra, árvore e centauro", escreveu de Calamata a seu amigo Miller. Continuou dando aulas enquanto seus cadernos de anotações começavam a fervilhar com ideias para um novo livro que provisoriamente denominou *O livro dos mortos*. Em 6 de abril de 1941, o exército alemão invadiu a Grécia e a Iugoslávia, e, no dia 25 do mesmo mês, Larry, Nancy e a pequena Penelope abandonaram Calamata com a roupa do corpo e foram depressa a Navarino, de onde realizaram uma perigosa fuga a Creta a bordo de um caíque em mau estado cujo motor não parou de soltar faíscas durante a noite, o que o transformou em um alvo fácil para os Stuka. Navegavam de noite, o mais perto possível da costa. Apesar da situação dramática, não faltaram fatos divertidos, como quando os passageiros do abarrotado caíque confundiram um bando de patos selvagens com uma formação de aviões inimigos, ou quando, na ilha de Citera, os insulares mataram os dois únicos cordeiros que lhes restavam e celebraram um banquete com os fugitivos, seguido de uma festa animada. Quando deixavam para trás o cabo Matapan em direção a Creta, deitado na ponte escura do caíque, Larry se encontrou pensando na vida que deixava:

> [...] com um pesar tão luxurioso e profundo que nem agitava as emoções. Visto pela lente transformadora da memória, o passado parecia tão encantado que até mesmo o pensamento era indigno dele [...]. Só penso que a pequena ermida com os três ciprestes negros e a diminuta piscina natural de rochas onde nos banhávamos devem estar ainda [...] a trêmula paisagem ainda deve jazer nas longas tardes, resplandecente e variável como uma aquarela chinesa atravessada pela luz do céu. Mas podem acaso estas páginas apressadamente escritas recriar algo mais que uma fração de um todo?

Creta estava sob o constante ataque aéreo dos alemães, de modo que não era prudente parar lá. Após muitas dificuldades, conseguiram ser admitidos em um dos navios de passageiros que partiam para o Egito, tripulado, segundo Larry, por soldados australianos bêbados. Quando disseram que não tinham leite para Pinky, os australianos invadiram uma loja e roubaram leite em pó suficiente para várias semanas. Dois dias antes de os tanques alemães ocuparem Atenas e içarem a bandeira com a suástica no Partenon, os Durrell chegaram a Alexandria. Após um curto período no Egito, Nancy foi para a Palestina com a menina, desaparecendo para sempre da vida de Larry. Demoraria muito tempo para ele tornar a ver a filha, e começava para Durrell uma etapa que lhe propiciaria a fama literária que tanto ansiava.

Alexandria: escura, úmida e sensual (1941-1945)

Instalado provisoriamente no Cairo, Larry começou a auscultar o espírito do lugar, analisando os sinais que este lhe enviava. Não era um espírito curador como o da Grécia, e sim cheio de eflúvios escuros e misteriosos, que o atraíam e repeliam na mesma medida, provocando-lhe uma reação alquímica que, de início, só resultava em refugo.

Em tempos de guerra, Cairo era uma cidade de contrastes brutais. Junto com os mendigos com as deformidades mais monstruosas, os piolhos, a miséria, a sujeira e os bordéis baratos, coexistia uma cidade de opereta que todas as noites acendia todas suas luzes e pela qual corriam o champanhe e o caviar; os cassinos funcionavam à força máxima, e havia orquestras e balés europeus para um público composto de oficiais e soldados de licença, farsantes, assassinos, *femmes fatales*, pervertidos e aproveitadores de todo tipo. A primeira reação de Durrell foi de rejeição. Sentia falta da beleza e vivacidade da Grécia. No Egito, porém, tudo lhe parecia exausto, decadente, plano e sem feições. A Grécia continuava sendo um ressonante céu azul, uma paisagem maravilhosamente configurada às dimensões de uma existência humana. Decididamente, Larry Durrell julgava-se encontrar na margem errada do Mediterrâneo.

Depois da vitória aliada de El Alamein e da retirada dos alemães do Egito, o exército britânico transferiu seus quartéis de inverno para Alexandria. Durrell foi nomeado adido de imprensa nessa cidade pelo Foreign Office. Seu cargo consistia em dirigir a Agência de Informação britânica na *rue* Toussoun Pacha, responsável por fazer que a Grã-Bretanha e seu esforço bélico tivessem uma imagem favorável perante a imprensa local. Quando Larry foi tomar posse de seu cargo, alojou-se no lendário hotel Cecil, em cujos espelhos Darley – seu *alter ego* em *O quarteto de Alexandria* – veria Justine refletida pela primeira vez. Logo depois se mudou para um apartamento rematado por uma torre, onde escrevia, recebia visitas e começava a levar uma despreocupada vida de solteiro.

Nas primeiras cartas que escreveu a seus amigos, Alexandria era descrita sem entusiasmo, ou inclusive conspurcada. Para Henry Miller, por exemplo, escreveu:

> Não, acho que você não gostaria [...] esta sórdida, derruída e acabada cidade napolitana, com seus montículos levantinos de casas descascando ao sol. Um mar liso, sem ondas, de um marrom sujo, roçando o porto. Há árabes, coptas, gregos, franceses; não há arte nem verdadeira alegria [...] e a infelicidade pessoal e a solidão refletidas em todos os rostos.

Mas Alexandria tinha para Larry uma qualidade muito especial: era uma cidade heráldica. Tudo nela adquiria uma dimensão mítica, e tudo que dela se extraía transformava-se em ouro literário. Explorou a cidade pela mão do velho poeta Kaváfis, que havia imortalizado sua época bizantina, e de outro grande escritor, E. M. Forster, que viveu nela durante a Primeira Guerra Mundial e era autor de *Alexandria: a History and a Guide*.

A Grécia havia-lhe dado a beleza da paisagem. Alexandria lhe deu o que necessitava nesse momento: "Uma atmosfera de sexo e morte que assusta por sua intensidade". Uma atmosfera criada pelos personagens que pululavam por suas ruas e bares, arrastados pela guerra, restos de naufrágios procedentes de todos os cantos da Europa e que Larry ia transformando em atores da obra que ia crescendo em sua cabeça. Quando Larry ia ao barbeiro, passeava pelas ruas, tomava café em Pastrudis, amava uma mulher, ou falava dos coptas com um dos seus funcionários, estava trabalhando em sua obra. E também havia as mulheres de Alexandria:

> [...] mais bonitas que as de nenhum outro lugar além de Hollywood. Incomparavelmente mais bonitas que as de Atenas ou Paris; a mescla de coptas, judeus, sírios, egípcios, marroquinos e espanhóis dá esses olhos de olhar profundo, a pele sardenta e azeitonada, os lábios e narizes aquilinos e um temperamento que é como uma bomba.

Assim as descreve a seu amigo Miller, urgindo-o a ir conhecê-las.

Certa noite, em uma festa, ele conheceu a mulher que se tornaria personagem principal de seu romance *Justine* e, mais tarde, sua segunda esposa. "Neste momento, estou no meio da correnteza, abrindo caminho entre as águas furiosas de uma história amorosa com Gipsy Cohen, uma grega judia atormentada", escreveu Larry a Henry Miller. Eve "Gipsy" Cohen era a filha mais velha de um judeu de Cartago e de uma grega de Esmirna, de origem sefardi. Em suas cartas a Miller, ele a descreve como uma mulher fabulosa e estranha, de olhos pretos, totalmente perdida naquele mar de venalidade e dinheiro que era Alexandria.

Eve Cohen gostava de fazer como Sherazade e passar as horas sentada na cama contando-lhe vivas experiências e histórias sobre a vida sexual dos árabes, suas perversões, o haxixe, o incesto, a crueldade e o crime, que Larry escutava com deleite. Como confessou a Miller, Eve havia conhecido "até a última camada de escória e putrefação da obscenidade. Suas experiências infantis deixam qualquer um arrepiado". Larry estava fascinado e a deixava falar; achava que era a maneira de ajudá-la a superar suas experiências, de curar seus terrores. O que transmitiu nas cartas a seu amigo foi que Eve era uma mulher frágil, que havia sofrido e estava ferida. Mas, especialmente, estava fascinado com a relação sexual com ela: "Foi uma experiência incrível encontrar uma mulher cujas respostas sexuais vão subindo desde a sola dos pés, sem nenhuma dessas bobagens do romantismo anglo-saxão que as corrompe. Ela me curou das mulheres inglesas para sempre". Larry estava apaixonado, e Gipsy Cohen estava-lhe ensinando como as alexandrinas amam:

> O sexo aqui é violento até a loucura... não é preconcebido, mas profundamente aceito como em uma espécie de guerra; não como a lânguida amizade da gente do norte, e sim como uma luta de abutres e águias, feroz e apaixonada, com unhas e dentes.

Essa última parte era literal, porque Eve o deixou marcado depois de descobrir certas infidelidades com uma prostituta inglesa e com uma garota com *quadris de acrobata*.

Acabou a guerra, e, depois de quatro anos, Durrell havia obtido tudo que Alexandria poderia dar-lhe. Começou a sonhar com voltar a Grécia, a uma ilha onde pudesse escrever tudo que tinha a dizer "com uma garota que realmente ama com o coração, a alma e as nádegas; uma oliveira, uma máquina de escrever e alguns amigos verdadeiros".

Rodes: idílio na ilha da Vênus marinha (1945-1947)

> *Seu prêmio é a vida livre de cuidados [...] Uma vida na qual não há mais lágrimas. Em torno dessas ilhas bem-aventuradas suaves brisas sopram, e flores de ouro brilham nas árvores, e também nas águas.*
>
> *Píndaro,* **Ode olímpica** II, *versos 61-73*

O sonho de se estabelecer em uma ilha grega com sua nova musa e sua máquina de escrever realizou-se em julho de 1945, quando Durrell foi nomeado diretor de Relações Públicas do Serviço de Informação na ilha de Rodes, recém-liberada da ocupação alemã. Eve o acompanhava como secretária, mas existiam dois importantes obstáculos para isso: ela não tinha passaporte, e seu pai estava decidido a casá-la com um membro da comunidade judaica. A fuga de ambos de Alexandria pareceu saída de um roteiro de filme em preto e branco. Com a desculpa de ir ao Cairo a trabalho, Eve pegou o trem e desceu na estação alexandrina de Sidi Gabir, a poucos quilômetros do centro urbano. Ali a esperava um amigo de Larry, de carro, para escondê-la em seu apartamento por alguns dias até que pudesse ir para o do amado em Muharram Bey. No último instante, quase que tudo foi a pique por causa de um policial meticuloso que fazia perguntas demais; mas, por fim, conseguiram chegar a Rodes em um navio-tanque norueguês, com Eve escondida no porão.

A situação da ilha, devastada pelos efeitos da guerra, semeada de tanques destruídos, alambrados, minas e edifícios desmoronados, não ofuscou o júbilo que Durrell sentiu ao voltar à Grécia. A experiência readquiriu a categoria de epifania. Enquanto subia para a recepção do outrora glamoroso Albergo della Rosa, na capital de Rodes, "os degraus pareciam intermináveis... era como subir ao céu", escreveu em *Reflections on a Marine Venus*, seu livro dedicado a Rodes. Antes de assumir seu cargo – que agora dependia do exército –, e em meio a uma penosa escassez de alimentos, Larry e Eve curtiram alguns dias de férias nadando e descansando na "que devia ser uma das praias mais belas do mundo", em frente ao hotel. A beleza do Egeu tornou a exercer seu efeito benéfico sobre o ânimo de Durrell, de novo em seu elemento. No início de *Reflections on a Marine Venus*, podemos ler esta passagem:

> Faz tempo que tento descrever [a Eve] a paisagem do Egeu, mas sempre tive consciência de uma expressão de desconfiança em seus olhos enquanto me escutava. Era evidente que ela pensava que eu me permitia uma licença poética. Mas agora está muda, e diz: "Por que você não me disse que era tão maravilhoso?". "Eu tentei, mas você não acreditou."

Para salvar as aparências, cada um ocupava um quarto no Albergo della Rosa, até que, um dia, Larry descobriu uma pequena casinha meio escondida em um jardim de espirradeiras na mesquita de Murad Reis. Pelas janelas da casa, cuja entrada era guardada por uma grande bananeira, viam-se os remates das lápides do cemitério turco. Larry se mudou para essa casa, que batizou de Vila Cleóbulo – em memória ao tirano de Lindos que governou exemplarmente a ilha no ano 600 a.C. –, enquanto Eve permanecia no hotel, do outro lado da rua.

Larry Durrell começou a trabalhar na sede do Ministério de Informação, um austero edifício de silhares adornado com seis arcos ogivais pelos quais subiam enormes arbustos de buganvílias. Dispunha de um espaçoso escritório com varanda, de onde se via o mar, e cuja tranquilidade só se via ocasionalmente interrompida pelos gritos procedentes de um hospital psiquiátrico próximo. Seu trabalho consistia em receber a imprensa estrangeira e editar três periódicos: dois diários em inglês e grego e um semanal em turco. Puseram a sua disposição um carro alemão novo abandonado durante a evacuação, e ele conseguiu que o nomeassem "passageiro oficial" em todos os barcos do exército que navegavam pelas ilhas do Dodecaneso, o que lhe permitiu conhecer a fundo o arquipélago do qual chegaria a se sentir governador oficioso. A essa altura, o Egeu era um mar semeado de minas. Às vezes, era preciso navegar com uma lentidão desesperadora, seguindo um curioso instrumento chamado *paravan*, que ia a centenas de metros à frente do navio para se enroscar nas minas e fazê-las explodir. Um tipo de operação que justificava algumas rodadas de gim a bordo.

Apesar da situação caótica, Larry conseguia levar uma vida agradável. Chegava pontualmente a seu escritório, editava os periódicos, e, quando as prensas estavam desocupadas, publicava poesia, própria ou de seus amigos. A ortodoxia e a disciplina militares impunham um freio ao romance gestado em Corfu que fora tomando corpo em Alexandria. Em seu estúdio na Vila Cleóbulo, ele conseguiu terminar *Cefalù*, romance que considerava um fracasso, mas que lhe permitiu pagar o divórcio de Nancy para que ela se casasse com alguém que havia conhecido na

Palestina. *Prospero's Cell* estava recebendo boas críticas, e isso o animou a escrever um livro sobre Rodes. Como havia sido o livro sobre Corfu, *Reflections on a Marine Venus* é uma celebração da beleza da Grécia, uma obra feliz escrita por um homem que, como os primitivos, era capaz de ter uma experiência numinosa e intuitiva do mundo que o cercava. É também a crônica dos estranhos meses de transição da desolação da guerra à recuperação da normalidade. Após a ocupação alemã e italiana, a ilha havia sido abandonada e estava coberta de minas que os sapadores explodiam, acrescentando mais destruição ao caos. Os que não haviam fugido estavam desnutridos e doentes e reviravam latas de lixo. Não havia serviços públicos, nem luz, nem água corrente. O paraíso grego estava destruído, mas continuava sendo belo. A visão de Rodes, dispersa em um milhão de fragmentos esperando ser reconstruída e simbolizada na estátua de uma Vênus resgatada por uns pescadores do fundo do porto, serviria de inspiração a Durrell para evocar sua história. A Rodes de Larry Durrell é essa paisagem ensolarada e azul "cujo vinho e cujas frutas só podem conduzir um homem à preguiça, a dar rédea solta a todas as coisas, inclusive a mentir". Mas também nos recorda que o Mediterrâneo é um cenário sangrento, um dos encraves mais violentos da Terra, onde, ao longo dos séculos, conquistadores, piratas, comerciantes, mercenários e corsários deixaram sua marca.

A essas duas últimas estirpes pertencia a Ordem Militar dos Cavaleiros Hospitalários de São João de Jerusalém, que se transferiu a Rodes em 1310 d.C. para estabelecer sua poderosa frota, e, dali, poder vigiar a costa da Anatólia. Pouco depois de se assentarem em Rodes, o papa Clemente V deu-lhes um inusitado presente: entregou aos cavaleiros hospitalários as enormes riquezas da Ordem dos Templários que havia acabado de abolir. Mas foi um presente de grego: a estrutura moral da organização se debilitou, e as irregularidades começaram a se acumular por trás dos grossos muros de suas fortalezas. Segundo suas regras, os cavaleiros deviam respeitar seus votos de castidade, pobreza e obediência. Mas, no século XIV, a Ordem era tão rica quanto a Igreja inteira. Diziam que os próprios cavalheiros, disfarçados de turcos, assaltavam os navios venezianos e praticavam o tráfico de escravos. Mais de duzentos anos depois, em 1522 d.C., Solimão, o Magnífico, conquistou Rodes depois de seis meses de cerco com um exército de duzentos mil homens. Os cavaleiros foram autorizados a partir com armas e bagagem, e, no dia de Ano-Novo de 1523 d.C., rumaram a Chipre com sua frota maltrapilha. Segundo Durrell, Rodes havia incorporado o islamismo à verde e doce personalidade da ilha, mas não o legado nortista dos cavaleiros, "cujas torres e alcáceres se erguiam ao céu, obscuros de premonições de uma terra e costumes estranhos". A cultura da qual os cavaleiros eram herdeiros se arraigou muito debilmente e mal sobreviveu à partida deles. Jamais penetrou o modo de vida mediterrâneo, e hoje subsiste apenas em algumas canções populares e superstições de uma ilha que, por outro lado, é rica em lendas sobre o deus Pã. Segundo Durrell, em Rodes, foi a paciente paisagem mediterrânea que quase conseguiu domesticar o norte gótico,

> lançando onda após onda de tangerineiras ao ataque dos negros penhascos de pedra do castelo do grão-mestre. Fechou o fosso com brotos de amendoeiras e pessegueiros. Cobriu os severos revelins com o brilho iriado do musgo mantido úmido por alguma fonte oculta que se infiltra pelas pedras...

Em Rodes, ele também se cercou de um seleto grupo de amigos, dentre os quais se destacava Mills, médico militar cuja erudição e infinita curiosidade intelectual fazem recordar Theodore Stephanides. Durrell escreve:

> Cada vez que se abria uma janela de seu escritório, voavam pelo ar manuscritos de ensaios sobre sexo, sobre bioquímica, sobre poesia elisabetana. Sua mulher o considerava um problema encantador.

O grupo empreendeu uma viagem a pé às ruínas de três cidades extintas da época clássica: Ialysos, Lindos e Camiros. Com a mochila nas costas e dormindo ao relento, os caminhantes tinham que avançar com cuidado em certos lugares onde ainda restavam grandes áreas minadas. Em uma casa de campo, encontraram a estranha visão de um piano de cauda que havia sido caiado para espantar o azar. Chegara ali pelo costume adquirido durante a guerra pelo povo da cidade de dar objetos e móveis aos aldeões em troca de comida.

Na antiga cidade de Camiros, onde na época clássica havia existido um lindo acesso arborizado enfeitado com estátuas para dar as boas-vindas ao viajante, a então descarnada encosta mostrava as horríveis marcas de canhões antitanques e um cemitério de soldados alemães, construído, segundo Durrell, com vandálica precisão. O equilíbrio se restabeleceu quando os caminhantes chegaram à cidade em ruínas, "dourada como o mel à luz da tarde". Enquanto passeavam pela pequena necrópole e examinavam as inscrições das lápides, encontraram repetidamente a palavra Χαιρετε: "Sede felizes". Essa palavra, escrita nos modestos túmulos, servia tanto de despedida quanto de advertência aos vivos. Para Larry Durrell, simbolizava a atitude grega diante da vida e da morte, em claro contraste com a fé dos cavalheiros nórdicos que encaravam a morte da mesma forma sombria como enfrentavam a vida na Terra.

Em cumprimento à inexorável lei da ilhomania, segundo a qual quando a pessoa por fim encontra a ilha que atende aos desejos de seu coração é obrigada a abandoná-la, Larry Durrell se viu desterrado de Rodes dois anos após chegar. A ilha seria devolvida à Grécia, e seus serviços como oficial de imprensa deixariam de ser necessários. Após infrutíferas medidas para permanecer no Dodecaneso ou arranjar um cargo em Atenas, ofereceram-lhe um destino em Istambul, que ele recusou, talvez por fidelidade a sua terra de adoção. A única coisa que conseguiu foi um contrato de dois anos como professor e palestrante do British Council em Córdoba, Argentina.

Antes de abandonar Rodes, Eve e Larry se casaram, para que ela pudesse ter um passaporte e os documentos regularizados. A partir de então, começou uma desastrosa etapa no continente e hemisfério errados. A Argentina o desagradou desde o primeiro momento, e não havia-se passado um ano quando Durrell decidiu que não aguentava mais: "Eu trocaria uma vida inteira na Argentina por três semanas na Grécia", escreveu a Miller. Ao se demitir do British Council, o Ministério de Relações Exteriores o contratou como responsável de Assuntos Culturais e Comunicados de Imprensa em Belgrado, capital da Iugoslávia do marechal Tito. Os três longos anos que passou nos Bálcãs os resumiu como "uma queda total: não escrevo, não penso, só trabalho sem parar". Em seu caderno de anotações da época, ao lado de poemas como "Cartas da escuridão" ou "Lesbos", começou a intercalar passagens em prosa com o nome de "Justine" ou "Balthazar": havia nascido *O quarteto de Alexandria*. Em 30 de maio de 1951, Eve deu à luz Sappho-Jane, em Oxford, enquanto o insatisfeito Larry alcançava o zênite como funcionário do governo: ou se libertava, ou sucumbia, pelo menos como escritor.

O Foreign Office facilitou as coisas. Quando acabou seu terceiro ano em Belgrado, seu contrato não foi renovado. Havia chegado a hora de se tornar escritor em tempo integral.

Chipre: a ilha dos limões amargos (1953-1956)

"Fugi para esta ilha com alguns livros e a menina... vim curar-me", escreveu Larry Durrell na primeira página de *Justine*, o livro que abre a tetralogia *O quarteto de Alexandria*. Como um desgastado Ulisses, Durrell desembarcou em 26 de janeiro de 1953 no porto de Limassol, Chipre, acompanhado de Sappho, de um ano e meio de idade, e de sua máquina de escrever. Aquele que deveria ser seu ano dourado, cuidadosamente planejado em Belgrado, começou com o pé errado. Eve havia adoecido e se recuperava de uma crise nervosa que foi diagnosticada como um surto de esquizofrenia, seguido de depressão profunda. Estava internada no hospital militar de Hannover, e, depois de os médicos afirmarem a Durrell que sua presença e a da menina não ajudariam Eve a se restabelecer, ele decidiu seguir adiante com seu plano. Larry havia escolhido Chipre por questões puramente práticas. Com o Durrell boêmio e artista coabitava um homem organizado que acreditava nas virtudes do império, e Chipre, sendo uma colônia britânica, devia ter pelo menos um serviço de correios confiável, algo de que precisava para manter contato com amigos e editores da Inglaterra.

Enquanto se dirigia a Cirênia, um pitoresco porto ao norte da ilha onde se pretendia estabelecer até comprar uma casa, as manobras do arcebispo Makarios e seus partidários a favor da Enosis, ou união com a Grécia, ainda não faziam parte das preocupações de Larry. Em fevereiro, comprou uma casa turca na aldeia de Bellapais, situada a uns oito quilômetros de Cirênia. A casa tinha três andares, um jardim de árvores frutíferas e um espaçoso terraço com uma vista espetacular da costa e dos distantes montes Tauro. Situava-se na parte superior da aldeia, não tinha eletricidade nem, evidentemente, banheiro. A casa era vizinha de uma abadia gótica do século XIII construída pela dinastia Lusignan, um valor agregado que deve ter sido irresistível para Larry no momento de decidir estabelecer-se nessa remota aldeia de Bellapais (corruptela de "Abbaye de la Paix"). A abadia estava em ruínas, de modo que ele podia passear entre as laranjeiras e limoeiros que cresciam silvestres no claustro e davam uma nota sensual aos túmulos onde repousavam cavaleiros havia muito esquecidos. Em seu livro *Limões amargos*, Larry Durrell conta que ficou tão espantado com seu achado que começou a se sentir culpado por se estabelecer em um lugar tão fantástico. Seria possível trabalhar tendo um cenário daqueles para se maravilhar?, perguntava-se. Porém, as primeiras impressões de Chipre que transmitiu a seu amigo Miller não eram muito entusiasmadas:

> É uma ilha misteriosa e bastante maléfica, *nada* a ver com as ilhas gregas. Palmeiras, camelos, cheiro da Síria [...] ainda não entendi por que Afrodite nasceu aqui, com este clima nada sensual e esses habitantes de lânguido aspecto mongol [...] Agora estou tentando escrever um bom livro sobre Alexandria, à noite, depois de fazer a menina dormir...

Mas restaurar uma casa à qual tinha que levar tudo em lombo de mula e cuidar de uma menina de dois anos não propiciava o ambiente mais adequado para escrever. Além do mais, o regimento de pedreiros e encanadores e os gastos para manter Eve na Inglaterra, aonde havia ido para se recuperar, iam consumindo suas economias. Quatro meses após sua chegada a Chipre, Larry deu por encerrado seu ano sabático e arranjou um emprego de professor de inglês na escola de Nicósia. Em fins de maio, sua mãe, Louisa, foi ajudá-lo a cuidar da menina e na supervisão das obras. Os três se instalaram como puderam na casa de Bellapais, cuja restauração prosseguia com lentidão desesperadora. Os habitantes da aldeia receberam de braços abertos aquele inglês que falava grego perfeitamente, a quem chamavam de "senhor Darling", que estava sempre disposto a se sentar com eles na taberna à sombra de uma grande bananeira conhecida como a "árvore da folga", porque quem se sentava sob seus galhos perdia para sempre a capacidade de trabalhar. Louisa também alcançou grande popularidade entre os pedreiros que restauravam a casa graças a sua generosa tendência de alimentá-los em excesso e distribuir constantemente docinhos e café, como se estivessem em uma *garden party*.

A árvore não exerceu sua influência sobre Larry, que deu início a uma etapa de frenética atividade. Dava aulas em Nicósia, distante cinquenta quilômetros, das sete da manhã às duas da tarde. Levantava-se todos os dias às quatro e meia, escrevia alguma carta, e, enquanto dirigia para Nicósia, via o amanhecer nas montanhas e elaborava mentalmente seu romance. Escreveu para Miller dizendo que dedicava cada minuto de vigília a "seu livro sobre Alexandria" e, a cada semana, ia acrescentando umas 1.500 palavras. À medida que destilava o livro gota a gota, sua euforia ia crescendo por se sentir escritor de novo. Uma vez que Louisa o havia liberado das tarefas domésticas, seu apreço por Chipre foi aumentando: "Não é tão bonito quanto a Grécia", escreveu a Miller, "mas é muito exótico, muito voluptuoso [...] essa mistura de templos e fortalezas dos cruzados é realmente especial". E, com Eve longe, também havia começado a apreciar o elemento feminino da ilha. Escreveu a seu amigo:

> Todas as esposas do exército inglês estão aqui e morrem de tédio como ostras. Se eu levasse minha vocação a sério, abriria um pequeno estúdio para elas. Mas sou tão feliz voltando a ser artista que só muito de vez em quando, e

com fins puramente medicinais, dou uma mordida na fruta, só para dormir melhor.

A tarefa de dar trinta horas semanais de aulas de inglês aos alunos do ensino médio era árdua, mas extremamente interessante, porque ali ele podia medir a verdadeira temperatura do sentimento nacionalista entre os estudantes que um ano depois integrariam os grupos terroristas. Na escola de Nicósia, Larry viveu a angústia dos jovens divididos entre seu fervor pela união com a Grécia e seu irracional amor pela Inglaterra, personificado nos enormes retratos de Byron e Churchill que presidiam a sala do diretor.

Em fins de 1953, a casa já estava praticamente terminada, e, em abril de 1954, Eve voltou da Inglaterra curada. Mostrou-se encantada com a casa e por reencontrar sua filhinha, que já havia completado três anos. Louisa, uma vez cumprida sua missão em Chipre, voltou para sua casa em Bournemouth. Apesar das iniciais tentativas de reconciliação, o casal estava partido, e se limitava a manter uma relação "educada e fria", como confessou Eve a uma amiga. Além dos problemas conjugais, a vida de Larry em Chipre começou a se enroscar perigosamente com os acontecimentos que se avizinhavam quando o Instituto Norte-Americano de Relações Internacionais pediu uma série de artigos sobre a situação política da ilha, e, embora ele detestasse escrever sobre política, aceitou a encomenda. Suas relações com Eve haviam-se deteriorado por completo e passado a ser tormentosas. Ele deixara de mencioná-la em suas cartas. Inclusive confessou a seu amigo Miller que seu círculo de amizades femininas ia-se ampliando pouco a pouco, embora em suas cartas também deixasse transparecer que sua principal obsessão era acabar seu romance.

Em julho de 1954, aceitou o delicado cargo de diretor dos Serviços de Informação do governo britânico. Uma vez mais, o dinheiro deve ter pesado bastante no momento da decisão. O salário era muito superior ao que ganhava na escola, e sua tarefa era encarregar-se dos comunicados de imprensa e publicações oficiais, bem como dos serviços de radiodifusão da ilha. Seu novo emprego exigia ter sempre uma boa comunicação, motivo pelo qual teve que se estabelecer em Nicósia permanentemente. Os amigos gregos de Larry não ficaram nem um pouco contentes com sua nomeação e compartilhavam uma sensação de traição por parte de quem havia proclamado tantas vezes seu amor pela Grécia, mas que agora, segundo eles, isso se revelava como mero sentimentalismo útil para compor alguns poemas. Alguns greco-cipriotas se perguntavam se essa transformação de escritor e professor de inglês em chefe dos Serviços de Informação não fora planejada desde o início, se suas aulas na escola não haviam sido uma mera fachada para sondar os sentimentos nacionalistas da juventude. Os jornais locais publicaram cartas que questionavam sua nomeação e inclusive ameaçavam com uma rejeição do Parlamento de Londres.

Seu novo cargo também exigia que Larry dirigisse a revista *Cyprus Review* e a transformasse em um instrumento útil para o governo. Em outras palavras, a missão de Larry era convencer os greco-cipriotas a aceitar a perpetuação de um benevolente mandato britânico, em vez de lutar pela união com a Grécia. Os gregos críticos a Larry dão como exemplo a condescendente atitude colonial que transpira em *Limões amargos*, embora seja preciso dizer que o livro também contém muita crítica à política seguida na ilha pelos britânicos. Larry amava e admirava muitas coisas dos gregos: sua coragem, generosidade, atitude perante a vida; mas, fosse por egoísmo – pensava em se estabelecer na ilha – ou por ideologia, naquela época tinha certeza de que para os cipriotas seria muito melhor se continuassem sob comando britânico – ou, talvez, como sugeriam suas cartas a Henry Miller, simplesmente não achava que

Chipre fosse grego. Muitos anos depois, comentaria que "a desagradável situação do Chipre foi totalmente maquinada por nós", e admitia sua parte na política de enganos e hipocrisia.

O governo britânico abriu fogo contra uma manifestação de estudantes em Limassol em dezembro de 1954, ferindo três deles. Essa ação pôs em marcha a EOKA, organização anticolonialista e anti-imperialista cuja declaração de intenções foi propagada por toda a ilha em 1º de abril de 1955, quando Makarios deu o sinal para que começasse a insurreição. Nesse mesmo dia, estouraram bombas por todo Chipre. Em *Limões amargos*, Larry conta que começou a ter indícios de que as coisas iam assumir um caráter violento quando detectou, em uma praia solitária aonde gostava de ir nadar, um caíque que descarregava mercadorias no meio da noite. De volta a casa, entre os olivares, encontrou dois caminhões cheios de homens que esperavam em silêncio, e nenhum deles *fumava*.

Não tardaram a cair as primeiras vítimas, soldados e policiais que no geral eram turcos. Diante da escalada de violência, que começou a afetar também civis acusados pela EOKA de colaboracionistas, o governo britânico nomeou como governador da ilha o duro veterano das duas guerras mundiais e herói de Tobruk, *sir* John Harding, que recentemente havia sido assessor na revolta dos Mau Mau. Harding tomou uma série de medidas sem precedentes que incluíam o toque de recolher, o fechamento de escolas e a abertura de campos de concentração, a prisão incondicional de suspeitos sem direito a julgamento e a pena de morte para quem fosse descoberto portando armas ou explosivos. Uma das execuções mais controversas foi a de Michalis Karaolis, que, em plena luz do dia, havia assassinado um oficial da polícia cipriota. Harding decidiu anunciar a sentença no dia 28 de outubro, uma das datas mais importantes do calendário grego, por comemorar a recusa da Grécia a se render ao Eixo. Os distúrbios e manifestações se propagaram como pólvora por toda a Grécia. Só em Atenas, houve sete mortos e mais de duzentos feridos. Para piorar as coisas, Harding desterrou e confinou Makarios durante dois anos nas ilhas Seychelles.

Em agosto de 1955, Eve e Sappho abandonaram a ilha e foram viver na Inglaterra, o que representou a separação definitiva do casal. A ruptura de seu casamento e, segundo seu amigo próximo Maurice Cardiff, a subsequente campanha de sedução que Larry empreendeu criaram uma espécie de pânico na comunidade inglesa: "As esposas foram enviadas para a Inglaterra apressadamente por maridos que, de repente, não viam nenhum motivo para que ficassem ali".

Em novembro de 1955, Larry narrava a Henry Miller sua situação em Chipre:

> Estamos no meio de uma pequena e horrível revolução, com bombas e assassinatos ao estilo palestino [...]. Eve e a menina estão na Inglaterra. Tive que fechar a casa turca, mas à beira do mar há uma mesquita abandonada (Os Sete Adormecidos) aonde costumo ir aos fins de semana para refrescar a cabeça [...]. Quase acabei meu segundo romance, *Justine*, [...] acho que é muito bom [...] É provável que me divorcie de Eve e vá viver um tempo na mesquita [...] onde sete túmulos de soldados turcos dormem seu sonho de pedra sob uma marquise verde. É possível alcançar a felicidade; o que acontece é que este trabalho está-me matando. Terei que o largar em breve e acabar o romance meio morto de fome.

Pouco depois de escrever essa carta, Larry conheceu Claude Vincendon, uma jovem loura, miúda e aventureira que apareceu em seu escritório pedindo emprego. Foi imediatamente contratada para a seção francesa da rádio cipriota. Claude, de origem francesa, havia nascido em Alexandria, viajado muito, e estava escrevendo um romance sobre a época em que dirigiu um *pub* na Irlanda. Era casada com um fuzileiro naval inglês e tinha dois filhos. Na época em que conheceu Larry, vivia sozinha, longe da família. Parecia uma das personagens do romance que Durrell estava escrevendo. A presença de Claude teve a enorme virtude de tirar Larry da caótica realidade que a ilha vivia e transportá-lo a seu universo literário privado – as ruas e os cheiros de Alexandria –, incitando-o a terminar o livro. À noite, cada um em sua máquina de escrever, diante de um mapa da cidade, percorriam com os dedos as ruas,

> tentando recuperar o que eu havia esquecido, os prostíbulos e os parques, os amanheceres no lago Mareótis [...]. Foram dias estranhos e de estremecer, tristes, cheios de repugnância e de inutilidade; porém, é maravilhoso poder viver imerso em um livro enquanto tudo desmorona a seu redor e os toques de recolher se apoderam das cidades mortas.

No começo de 1956, Larry comunicou a seu amigo Henry Miller que havia acabado o romance e que estavam pensando – Claude e ele – em ir morar na França.

O começo da aventura cipriota foi marcado pelo desânimo, mas o recuperado prazer de escrever socorreu Larry e o ajudou a suportar todas as caóticas experiências que a ilha lhe ofereceu. Encontrou a beleza do Mediterrâneo na aldeia de Bellapais ao lado de uma abadia gótica salpicada de escudos de esquecidos cavaleiros e em uma praia solitária onde se erguia uma mesquita turca.

Em Chipre, escreveu seu romance nas circunstâncias mais adversas e planejou mais três, descobriu o *zen* budismo, e se apaixonou de novo. Jamais voltou a Chipre, nem nunca mais viveu em uma ilha grega. Viveu o resto da vida no sul da França, alcançou a fama literária com que tanto havia sonhado e não teve que se preocupar com dinheiro nunca mais. Apesar de que, segundo um amigo que o conhecia bem, seu riso se tornara um pouco mais amargo.

Larry Durrell morreu em sua casa em Sommières, em 1990, mas seus amigos do mosteiro budista que costumava frequentar na França dizem que reencarnou como vinheiro e que agora vive feliz em Borgonha.

Uma visita a Corfu, a ilha "durrelliana"

"Os nórdicos sempre encontram o mistério na escuridão, na noite, enquanto nós, gregos, o encontramos na luz, que, para nós, é algo absoluto", disse em uma entrevista Odisséas Elytis, poeta e prêmio Nobel de Literatura de 1979. Poucos escritores e poetas não gregos souberam captar e transmitir a beleza da luz mediterrânea como Lawrence Durrell, que qualificava os habitantes das ilhas do Egeu de "bebedores de luz". Na hora de expressar sua adoração pelas ilhas gregas, Durrell não mostrava nenhuma moderação, e recordava a si mesmo – recém-chegado das brumas do norte – eletrizado pela luz grega, intoxicado para sempre pela branca luminescência do sol sobre o mar. Reconhecia, sem dúvida, que há no mundo ilhas tão belas como as do Egeu, mas que têm a característica de estar "vazias". "Existe um tipo especial de presença aqui, nestas terras, nesta luz, e não raro o visitante com sensibilidade tem a incômoda sensação de que o mundo antigo está aí ainda, bem perto, quase ao alcance da vista", escreveu

Durrell em *As ilhas gregas* (1978). O escritor norte-americano Don DeLillo, que viveu alguns anos em uma ilha grega, põe as seguintes palavras na boca de um de seus personagens: "Um dos mistérios do Egeu é que as coisas parecem possuir ali uma significação maior, mais profunda, mais completa em si mesma [...] É uma sensação inquietante. Metempsicose".

Das aproximadamente 1.900 ilhas que há no Egeu, Larry Durrell confessou conhecer bem apenas as três onde vivera, embora, fosse por prazer ou a trabalho, pusera o pé em muitas delas. Tinha uma clara lista de favoritas, como Ítaca, Santorini, Patmos e Paros. E outra de ilhas de que não gostava ou que inclusive qualificava como "lugarzinhos". Mas não tenho a menor dúvida de que a ilha durrelliana por excelência é Corfu. Os irmãos Durrell, cada um à sua maneira, haviam-me feito acreditar que Corfu era o mais parecido ao paraíso na Terra. E, cada vez que eu contemplava as telas e aquarelas de Edward Lear no museu Benaki de Atenas, não podia evitar perguntar-me se essas paisagens realmente existiriam.

Em outubro de 2007, tive por fim oportunidade de visitar Corfu, mas não posso dizer que recebi triunfais boas-vindas. Eu havia acabado de passar dias maravilhosos no monte Olimpo com meus amigos Giórgos e Xaris. Havíamos subido até o cume – que tem o sugestivo nome de Mítikas –, dormido em seu confortável refúgio e conversado com montanhistas do mundo todo, atraídos, como nós, pela aura de mitos e lendas da montanha. Depois de visitar as ruínas da antiga cidade de Dion e de nos banharmos em uma praia próxima, despedimo-nos. Meus amigos voltaram para Atenas, e eu segui viagem para Ioannina, capital do Epiro. Nessa solitária região montanhosa do norte da Grécia, na fronteira com a Albânia, realizei a travessia com que havia muito tempo sonhava: a do desfiladeiro de Vikos, um dos lugares mais agrestes e espetaculares da Europa. Durante alguns dias, percorri os deliciosos povoados da região chamada Zagori, como Monodendri ou Papingo, e dali me dirigi à costa.

Larry Durrell costumava dizer que não havia maior deleite que chegar a uma ilha por mar, avistar sua silhueta rochosa e antecipar seus sóbrios prazeres. Depois da paz das montanhas, meu ânimo não estava preparado para a gritaria das pessoas na balsa que faziam o trajeto de Igoumenitsa a Corfu. A embarcação estava lotada: além de turistas e dos nativos que voltavam para casa, estava lotada de famílias russas que iam à ilha, conforme eu soube mais tarde, para participar de uma homenagem a Ioánnis Kapodístrias, diplomata grego do Império russo e primeiro chefe de Estado da Grécia independente, oriundo de Corfu. Assim que atracamos, toda essa multidão de mulheres cheias de joias, maridos robustos com Rolex de ouro e crianças gritando desapareceu como em um passe de mágica. Em poucos minutos, o porto ficou deserto. Nem um ônibus, nem um táxi à vista. Os passageiros deviam ter alguma informação privilegiada da qual eu carecia. Depois de esperar cerca de quinze minutos em um cais deserto, peguei minha mochila e percorri a pé os quilômetros que me separavam do centro. No caminho, liguei para alguns hotéis que havia em meu guia, sem sucesso. Por fim, encontrei um deprimente quarto com vista para o muro de um pátio interno em um hotel erguido sobre um McDonald's. Uma greve de lixeiros dava uma nota catastrófica à cidade. Eu me entrincheirei em meu quarto, e, para me animar, reli *Prospero's Cell* enquanto esperava a chegada de um novo dia.

Na manhã seguinte, pude mudar-me para o hotel Cavalen, um dos melhores da cidade. Depois de uma temporada na montanha, achei que uma dose de luxo moderado não seria ruim. Ao me instalar em um quarto com vista para a baía e tomar um copioso café da manhã na varanda, já me senti preparada para visitar a capital de Corfu. Declarada patrimônio da humanidade no verão de 2007, Corfu, ou Kérkyra, em grego, é um intrincado labirinto de vielas estreitas que esconde um impressionante legado arquitetônico veneziano de casas pintadas em diversos tons pastel. Durante sua breve passagem pela ilha, os franceses tiveram tempo de construir a elegante avenida Liston, cujas arcadas recordam a *rue du* Rivoli em Paris, onde se encontram os melhores cafés e terraços da cidade. A herança britânica continua viva na paixão pelo críquete, que as pessoas ainda jogam a cada verão em A Espianada, a maior praça de Corfu, ao lado do passeio marítimo. Essa encantadora mistura veneziana, francesa e britânica está devidamente temperada com um toque de especiarias gregas que concluem a tarefa de torná-la irresistível.

A primeira coisa que a pessoa tem que fazer quando chega a Corfu, Durrell *dixit*, é ir apresentar seus respeitos a santo Espiridião, verdadeiro *capo* da ilha. Dizem que se você gritar "*Spiros*!" (diminutivo de Espiridião, em grego) em qualquer lugar da ilha, quase todos os homens que estiverem por ali aparecerão. De origem cipriota, Espiridião levou uma vida relativamente tranquila em sua ilha natal, primeiro como pastor, e depois como bispo. Sua condição de santo se revelou quando abriram o sepulcro que continha seus despojos e encontraram seu corpo incorrupto, do qual brotava uma planta de alfavaca. A partir de então, sua vida como múmia passou a ser bastante agitada. Venerado primeiro em Chipre, os restos de Espiridião foram levados para Constantinopla, de onde foram tirados *in extremis* em 1453 d.C. – antes que os turcos conquistassem a cidade – por um monge grego que traficava relíquias. Em lombo de mula e em companhia dos restos de uma dama virtuosa de nome Teodora Augusta, Espiridião percorreu Epiro até acabar na capela de São Miguel de Corfu, onde foi adquirido pela família Voulgari. Aí começou a meteórica carreira do santo como protetor da ilha. Sua primeira proeza foi livrá-la da peste, proveniente de Nápoles sob a forma de um gato preto. Ao abandonar a ilha, em um gesto de raiva, a peste arranhou as pedras da velha fortaleza, onde ainda se podem encontrar as marcas de suas unhas. Quando os turcos quiseram apoderar-se de Corfu, santo Espiridião atemorizou a soldadesca dos barcos adotando a forma de um monge que, de tocha em mãos, percorria os penhascos da ilha. Como esse estratagema não foi suficiente, o santo decidiu adotar a forma de uma terrível tempestade a sudoeste, que acabou dispersando a frota turca, que desistiu para sempre da tentativa. Sobre Teodora, conta-se que salvou o bairro armênio de um surto de epilepsia, até que pouco a pouco foi caindo no esquecimento, ofuscada por seu intrépido companheiro. Em 1590 d.C., o povo de Corfu construiu uma igreja no centro da capital para ele, graciosamente rematada por uma cúpula bizantina em forma de cebola pintada de vermelho, onde hoje se encontra a praça do mercado.

De manhã cedo, quando entrei na igreja do santo, pude comprovar que Espiridião ainda é querido. Na capela, onde repousa em um elaborado sarcófago de prata, já havia uma considerável fila de pessoas dispostas a cumprir o ritual: beijar três vezes o sepulcro e acender uma vela em um dos enormes candeeiros que o cercam. No dia do santo, o ataúde abandona a capela e é levado com grande pompa pela cidade. Através de um visor de vidro pode-se ver sua cabeça enegrecida apoiada sobre o ombro esquerdo, com a boca levemente entreaberta em expressão de dor. Em ocasiões menos solenes, abre-se o sarcófago para que os fiéis beijem seus sapatos. Embora sua tarefa seja enfrentar as grandes catástrofes, Espiridião também atende a pedidos pessoais. Eu me sentei na penumbra dos últimos bancos para observar com discrição os fiéis que murmuravam suas preces com fervor. A tremeluzente luz das velas acentuava o dramatismo da capela, criando uma densa atmosfera na qual era possível sentir o peso da condição humana.

Quando abri a porta da igreja para sair à luz do sol que inundava a praça do mercado, senti que voltava ao século XXI depois de uma viagem ao passado. Para me recompor, sentei-me em um terraço para tomar o segundo café da manhã e folhear o jornal: a primeira página anunciava o fim da greve dos lixeiros. Obrigada, santo Espiridião.

A segunda visita programada da manhã era ao museu arqueológico. Ali me aguardava a Górgona, ou Medusa, guardiã do antigo mundo grego, como Espiridião o é do mundo bizantino e moderno. A visita a Corfu já está mais que justificada pela visão dessa arcaica figura de pedra. Medusa era a escultura central do frontão ocidental do templo de Artemísia construído em 600 a.C., onde atualmente é o bairro de Garitsa na capital. Os restos do templo e o frontão foram descobertos durante as guerras napoleônicas por soldados franceses enquanto escavavam trincheiras para se proteger do inimigo. Do templo restam apenas alguns vestígios, mas seu prodigioso frontão é a joia do museu arqueológico de Corfu. Apesar dessa tristeza que emana de todo objeto extraído do entorno para o qual foi criado, a Medusa de Corfu, de tamanho maior que o natural, continua exercendo uma fascinação tão poderosa que emudece a mente do observador e o transporta inconscientemente ao distante mundo dos mitos, fazendo-o esquecer que se encontra na fria sala de um museu – totalmente desprovida de visitantes quando eu entrei.

Considerada um monstro, a história de Medusa é bem desafortunada. Ovídio conta que ela era uma linda jovem sacerdotisa do templo de Atena e dona de uma invejável melena. Após ser violentada por Poseidon no chão do recinto sagrado, Atena pegou birra dela e transformou seus cabelos em uma réstia de serpentes sibilantes. Não contente com isso, a deusa virgem a castigou fazendo que qualquer pessoa que olhasse para ela se transformasse em pedra, e, para arrematar, encarregou Perseu de matá-la. Grávida de Poseidon, Medusa tentou esconder-se do semideus, mas ele a perseguiu e lhe cortou a cabeça. Do sanguinolento pescoço de Medusa nasceram dois filhos: Pégaso, o cavalo alado, e o gigante Crisaor. A Medusa de Corfu foi congelada em pedra pelo escultor enquanto fugia de Perseu. Suas pernas formam um grande passo, e seu rosto mostra uma expressão demente, com enormes olhos esbugalhados e uma terrível careta no lugar de um sorriso. Apesar de não estar morta ainda, está cercada por seus filhos Pégaso e Crisaor. De cada lado dessa família excêntrica, duas leoas deitadas montam guarda, à espreita. A cabeça de Medusa – li em meu guia – se transformou, na antiga Grécia, em um importantíssimo elemento apotropaico, ou seja, algo que, por seu caráter mágico, afastava o mal e propiciava o bem, e era essa, justamente, sua função no templo de Ártemis: conjurar os espíritos malignos e afastá-los de lá.

Larry Durrell, cujo entusiasmo pela Medusa de Corfu havia-me levado até aquele museu, entregou-se a divagações junguianas enquanto contemplava aquela estranha figura, e julgou achar reminiscências hindus nas duas serpentes entrelaçadas que cercavam a cintura dela, lembrança de antigos meios de aperfeiçoamento dos homens e dos perigos que há que se enfrentar para alcançar um estado de consciência superior. De qualquer maneira, Medusa constitui uma intensa experiência, e é difícil desembaraçar-se da lembrança de seu sorriso demente. Até que se percebe que ele não está ali para provocar a loucura, e sim para preveni-la.

Há outras coisas interessantes no museu, como uma cena de simpósio – essa outra grande invenção grega que significa literalmente "beber em companhia" –, na qual um jovem nu compartilha um triclínio com um adulto barbado e lhe oferece uma bebida. Mas até essa maravilha fica ofuscada pela forte vibração de Medusa. É em momentos assim que temos consciência da magia que emana do antigo mundo grego e compreendemos por que voltamos repetidamente a essa terra, para entrever, talvez, durante alguns instantes, a sombra daquele mundo antigo desaparecido para sempre na roda do devir.

De volta ao hotel, sentei-me para recuperar as forças em um dos terraços sob as arcadas da avenida Liston, o centro da vida social de Corfu e lugar onde há que se sentar para ver e ser visto. Apesar de ser outubro, havia muita animação, e grande número de turistas, especialmente aposentados britânicos, desembocavam na ampla rua provindos das vielas da cidade antiga. A meu redor, as mesas foram-se enchendo pouco a pouco. Enquanto saboreava uma cerveja, e talvez influenciada pelo ambiente, em vez de me perder em divagações sobre as implicações psicanalíticas ou feministas do mito de Medusa, encontrei-me lançando olhares críticos a algumas turistas, já de idade avançada, que, ao que parecia, aproveitavam a trégua das férias para se vestir como adolescentes e desfilar de minissaia, *shorts* e blusinhas tomara que caia. Daí, passei a meditar sobre a patética tirania que nossa aparência física impõe às mulheres. Atena sabia bem o que estava fazendo ao pôr um cabelo de serpentes ondulantes na pobre Medusa! O som de meu celular também me tirou dessas divagações. Minha família queria saber se estava tudo bem em Corfu. Bem, muito bem, respondi. Não poderia estar melhor. Até a greve dos lixeiros havia acabado. E, para comemorar, pedi outra cerveja.

A terceira visita do dia foi a pessoas de carne e osso. Com a ajuda do mapa, não foi difícil encontrar o número 11 da rua dos Filo-helenos, onde fica a Durrell School of Corfu, em pleno coração da cidade antiga. A Durrell School organiza seminários todos os anos para aprofundamento na cultura e história do Mediterrâneo, e, evidentemente, nas figuras dos irmãos Durrell. Assim que me identifiquei como durrelliana, fui gentilmente convidada a passar pelo escasso, mas entusiasta, pessoal que se encontrava ali naquele momento. Desde sua inauguração em 2002, informaram-me, todos os anos botânicos, professores, cientistas, escritores, jornalistas e estudantes do mundo todo vão para lá interessados no particular universo dos dois irmãos Durrell. Xeretei livremente pela biblioteca e me despedi prometendo ir a alguns dos seminários celebrados todos os verões.

De volta ao hotel, pude notar que algumas casas estavam prestes a desabar de tão velhas, e, de alguns cantos, exalava um acre cheiro de lixo e urina. Os cães de rua, onipresentes em toda a Grécia, pareciam virar-se bem. Nessa noite, caiu um enorme pé d'água sobre Corfu, acompanhado de tempestade elétrica. Na segurança confortável de meu quarto, pensei em santo Espiridião. Estaria atento em seu leito de prata caso ocorresse uma emergência no mar? Entre trovões e relâmpagos, adormeci recordando que, na manhã seguinte, visitaria os *santos lugares durrellianos*.

Aluguei um carrinho para ir até Kalami, o Éden onde habitaram Larry e Nancy nos anos anteriores à guerra. A chuva havia parado, mas o céu estava plúmbeo e ameaçava voltar a desabar. No caminho, recordei a carta que Larry dirigiu a Henry Miller contando-lhe sua primeira visita a Kalami depois da guerra e sua consternação ao saber que a caseira, Eleni, havia-se deixado morrer de fome para salvar os filhos. Ele se perguntava se haviam feito bem em escrever aqueles livros que descreviam uma Grécia paradisíaca.

Kalami já não é aquele universo fechado e quase autossuficiente, aquela terra de leite e mel que Durrell evoca em *Prospero's Cell*. Desde que ele alcançou a fama com *O quarteto de Alexandria*, quem visita Corfu vai de barco a Kalami para observar do mar a

Casa Branca. A família Athenaios, proprietária da casa, decidiu comprar uma geladeira e a encheu de Coca-Cola para vender aos cada vez mais abundantes turistas literários. Logo começaram a mostrar o quarto onde Larry escrevia, e mais tarde o alugaram. Agora, possuem um pequeno complexo hoteleiro composto de cinco estabelecimentos, e o térreo da Casa Branca é um restaurante onde há fotos da família Durrell e Henry Miller. As demais famílias de pescadores seguiram o exemplo dos Athenaios e, ou venderam suas propriedades e foram embora, ou construíram novos edifícios de apartamentos. Agora há um supermercado, uma agência de aluguel de carros e lojas onde comprar um jacaré de plástico verde para singrar a baía. Decididamente, Kalami já não é um lugar heráldico.

No restaurante dos Athenaios, perguntei como se chegava a Santo Arsênio. Então, conheci Mona e William, um simpático casal de escoceses que vivem em Corfu. Ao me ouvir perguntar por Santo Arsênio, Mona se aproximou de mim e me perguntou se eu era durrelliana. Surpresa, eu não sabia o que responder. "É que é um lugar que só *nós* conhecemos", disse em tom conspirador. Ficamos conversando um tempo, e prometi encontrar-me com eles se, quando voltasse, ainda estivessem no restaurante, aonde haviam ido com uns amigos. Comprei uma *spanokopita* (torta de massa folhada com espinafre e queijo *feta*) para fazer um piquenique em Santo Arsênio, a pequena ermida à beira do mar e a enseada dos banhos felizes de Larry e Nancy. Larry Durrell voltou a Santo Arsênio em 1966, última vez que visitou Kalami, e encontrou o lugar intacto. Já imaginando que a chama da lamparina votiva estivesse apagada, ele havia levado consigo azeite de suas oliveiras do *midi* francês. De minha parte, à falta de oliveiras próprias, eu havia comprado uma garrafinha na loja de *souvenirs* do aeroporto de Atenas. Após caminhar uns vinte minutos para o sul seguindo a costa, avistei ao longe a pequena igreja cercada pelos ciprestes-sentinelas. O céu estava-se abrindo, estava calor de novo, e a pequena enseada de areia branca refulgia convidativamente com sua água transparente de uma vívida cor turquesa. Entrei no pequeno recinto religioso. Para minha surpresa, a lamparina estava acesa e iluminava a severa imagem de Santo Arsênio, monge anacoreta do deserto e segundo padroeiro de Corfu. Isso é algo que sempre me chama a atenção na Grécia. Você pode encontrar ermidas no cume das montanhas, nas profundezas de um desfiladeiro de rio ou na costa, e, quando entra nelas, por mais remotas que sejam, estão como se alguém houvesse acabado de limpá-las e reabastecido o óleo das lamparinas.

Conta-se que o aparecimento da estátua de Santo Arsênio boiando por essas águas motivou a construção da ermida, mas o aspecto da paragem permite pensar que, naquele lugar, nossos antepassados levavam lamparinas votivas acesas desde tempos imemoriais para diferentes divindades que são sempre a mesma: aquela que nos ajuda a esconjurar nossos medos. Deixei a garrafinha de azeite do lado do acendedor e as mechas e me despedi do santo. Fora, tirei a roupa e pulei na água. Mergulhei em busca da gruta onde Larry e Nancy guardavam os trajes de banho para vestir caso algum indiscreto barco de pescadores se aproximasse. A pequena gruta também tinha abrigado uma estátua de Pã que fora esculpida em argila, mas fazia muito tempo que o mar a havia levado. Depois do mergulho, minha torta de massa folhada estava deliciosa, e lamentei não ter comprado mais. Deitada ao sol sobre uma rocha plana, de olhos fechados, não era difícil evocar as vozes, os risos, o som dos corpos mergulhando na água. Também não era difícil imaginar a esbelta silhueta de Nancy, excelente nadadora, lançando-se ao fundo para recolher com a boca as cerejas que jogavam no leito de areia.

Desandei o caminho e voltei ao restaurante. Meus novos amigos continuavam lá. Estavam-me esperando. Comentamos sobre a magia que ainda conserva aquele canto remoto, quinta-essência da paisagem grega. A esse primeiro e agradável encontro, seguiram-se outros. Na companhia deles, descobri lugares que de outra forma não teria conhecido, e comprovei que ainda existem os bosques de ciprestes e oliveiras que Edward Lear teria reconhecido como seus. Graças à hospitalidade de William e Mona, pude conhecer uma dessas deliciosas vilas de herança veneziana, discretamente empoleirada nas colinas do fértil vale de Ropa, que eles mesmos haviam restaurado com carinho. Também soube que ainda existem seis milhões de oliveiras em Corfu, e pude passear por bosques onde se encontram exemplares dessas árvores de quatrocentos anos de idade que têm a característica de ser altíssimas.

Em minha última tarde em Corfu, fui-me despedir de santo Espiridião e lhe agradecer por a ilha ter-me tratado tão bem. Dessa vez, entrei na fila e cumpri o ritual, beijei três vezes seu sarcófago e acendi uma vela, pedindo-lhe para voltar a Corfu. Quando me sentei na capela, chamou-me a atenção uma mulher ainda jovem, vestida de preto de cima a baixo, em pé, com os olhos bem abertos. De seu rosto sobressaía um enorme tumor, um volume impressionante e desproporcional. O que ela estava fazendo ali, em vez de estar em um hospital ou no consultório de um médico? Estaria desenganada e recorria a Espiridião como último remédio? Um terrível castigo, pensei, como o infligido à pobre Medusa. Impressionada e envergonhada pela frivolidade de meu pedido, abandonei a igreja e me dirigi ao restaurante onde meus amigos me esperavam para celebrar minha despedida. Brindamos a Lawrence Durrell, que nos havia reunido ali. Alguém destacou um dos pontos obscuros que se encontram em uma das biografias de Larry Durrell, mas, felizmente, ninguém lhe deu muita atenção.

Cada um dos ali presentes tinha sua própria e intransferível imagem de Larry Durrell. Para mim, pensei, ele sempre seria aquele que me ensinou, como ninguém, a apreciar a beleza da paisagem grega; e, na paisagem, a história grega; e, na história, a perceber, nos meandros de seus caminhos, o espírito do lugar, que mantinha acesas as lamparinas naqueles recantos remotos. Foi ele, especialmente, quem me ensinou que "toda a beleza do mundo está contida em uma gota de azeite grego recém-prensado"; a ver as coisas além das coisas.

Enquanto o avião sobrevoava Corfu rumo a Atenas, busquei com o olhar a costa onde se encontra a pequena capela cercada de ciprestes. Enquanto as lamparinas votivas continuarem a iluminar seu interior, o espírito do Mediterrâneo continuará vivo.

EPÍLOGO COM PERSONAGEM CONVIDADO

Na cidade adriática de Rímini, encontra-se um dos edifícios mais singulares da Europa. Trata-se do templo Malatestiano, mandado erigir em 1446 d.C. por Sigismundo Malatesta. Quem o construiu foi Leon Battista Alberti, para que encarnasse os ideais clássicos de beleza e a busca desinteressada da verdade. O papa Pio II Piccolomini não gostou do projeto e excomungou Malatesta, acusando-o de mandar construir um templo pagão para oficiar ritos sacrílegos.

O flanco exterior direito do templo contém sete sarcófagos. No terceiro deles, está enterrado o filósofo bizantino Giórgos Gemisto Pletão. Embora agora seja uma figura mal conhecida, quando tinha mais de oitenta anos protagonizou em Florença fatos que o transformaram em um dos principais inspiradores do Renascimento.

Tudo começou no concílio de Florença, organizado, em 1438, pelas Igrejas do Oriente e Ocidente em uma nova tentativa de resolver as diferenças que as separavam havia séculos. O imperador bizantino João VIII Paleólogo, mais interessado em arrecadar ajuda para deter o avanço otomano que nas questões religiosas, reuniu uma comitiva de mais de setecentos eruditos e clérigos para que recepcionassem o patriarca de Constantinopla. O solene acontecimento ficou imortalizado nos belíssimos afrescos de Benozzo Gozzoli no palácio Médici-Riccardi de Florença, popularmente conhecidos como *O cortejo dos Reis Magos*.

Um pagão se infiltrou na comitiva: o sábio e erudito de 83 anos Giórgos Gemisto Pletão, que, na cidadela bizantina de Mistra, secretamente difundia as ideias dos antigos filósofos gregos para um grupo de adeptos, e celebrava ritos em homenagem a Apolo. Sabedor da fome de manuscritos clássicos e do quase total desconhecimento que tinham os estudiosos do Ocidente acerca das obras de Platão, o velho sábio não hesitou e encheu sua bagagem de obras desse filósofo. Gosto de imaginar os baús do velho Pletão, abarrotados dos germes infecciosos que propagariam o Renascimento na Itália, desembarcando no cais de São Marcos, em Veneza, em uma inclemente noite de abril de 1438 d.C., após – segundo contam as crônicas – uma azarada travessia. Também gosto de imaginar o olhar de muda censura que o sábio dirigiria aos quatro lindos cavalos que adornam a fachada da basílica de São Marcos, roubados em 1204 d.C. em Constantinopla – cidade natal de Pletão – por Enrico Dandolo, doge de Veneza e perpetrador de um dos maiores saques artísticos da história.

Embora Florença já fosse um dos centros de estudos humanistas mais importantes da Europa, dir-se-ia que a cidade estava esperando o sábio bizantino. Eximido de tarefas religiosas, Pletão era livre para circular à vontade e se reunir com eruditos e humanistas, um dos quais era Sigismundo Malatesta. Durante os dois anos que durou o concílio, sucederam-se em Florença, com frequência, duas cenas bem diferentes. Por um lado, o papa se entregava a intermináveis discussões com o patriarca de Constantinopla sobre a procedência do Espírito Santo, a conveniência de pôr ou não levedura no pão da missa e de os clérigos usarem ou não barba, acompanhadas, diz a lenda, dos ininterruptos latidos dos cães do imperador. Enquanto isso, Pletão e os humanistas florentinos se reuniam na linda Villa Careggi, onde, presididos por Cosme de Médici, retomaram a gratificante prática do simpósio. Reuniam-se ao entardecer em volta da mesa e ali comiam, bebiam e praticavam a suprema arte grega da conversa. Falavam de arte, ciência, política, religião e filosofia em um ambiente descontraído e respeitoso. Animado pelo interesse de seus interlocutores, Pletão escreveu em Florença *De differentiis*, que difundiu em forma de palestras diante de um absorto auditório. Marsílio Ficino deixou registro de sua influência:

> Cosme de Médici escutava com frequência um filósofo grego de nome Gemisto, que, como um Platão redivivo, falava dos mistérios platônicos [...] e ficou tão inspirado, tão profundamente conquistado que a partir daquele momento concebeu criar uma Academia Platônica em Florença na primeira oportunidade favorável.

Pletão também teve oportunidade de conhecer o geógrafo Paolo Toscanelli, a quem apresentou a até então desconhecida geografia de Estrabão que tão decisiva seria no planejamento das viagens de Colombo. De Florença, as ideias humanistas propagadas pelo Renascimento irradiaram para toda a Europa, impregnando as consciências e assentando as bases do mundo moderno.

O velho Pletão voltou a Mistra, onde morreu em 1452 d.C. aos 97 anos, um ano antes da queda de Constantinopla. Seus inimigos queimaram grande parte de suas obras, e o que se salvou – mais de setecentos manuscritos – foi depositado pelo cardeal Bessarion na biblioteca Marciana de Veneza, onde são conservados hoje em dia. Foi o próprio Malatesta que, após abrir uma brecha na muralha de Mistra, arrebatou os restos de seu mestre que estavam enterrados na catedral e os transferiu para o templo de Rímini para que "o grande mestre pudesse encontrar-se entre homens livres".

A escrita deste livro me levou a incontáveis recantos e lugares da Grécia e Itália, alguns deles mal tocados pelo tempo; outros, devastados pela cobiça humana. Se tivesse que escolher um só, eu me inclinaria, sem dúvida, ao templo Malatestiano de Rímini.

O belo edifício inacabado, transfigurado agora em catedral católica, para o qual Alberti havia desenhado uma cúpula que devia superar em grandeza a de Florença, constitui, a meu entender, o símbolo mais eloquente desse ideal inalcançável de perfeição física e espiritual que brilhou fugazmente nas estátuas de Fídias e nas palavras de Sófocles, e que surgiu há séculos nas margens do Mediterrâneo.

AGRADECIMENTOS

Enquanto escrevia este livro, meu sonho era que fosse publicado pela editora Acantilado. Meu eterno agradecimento a Jaume Vallcorba por tê-lo tornado realidade.

Obrigada a Javier Fernández de Castro, a Juan Pedro Bator, a Félix de Azúa, a Albert Padrol, a David Fernández de Castro, a Ferrán Lobo, a Jordi Ibáñez, a Sandra Ollo, a Jacinto Antón, a Eugenio de la Plaza e a Josu Belmonte, meu irmão, pela parte que cabe a cada um.

Meu agradecimento a Ito Lewis e Elizabeth Boleman-Herring por haverem tido a gentileza de me ceder as fotografias de Norman Lewis e Kevin Andrews, respectivamente.

E obrigada, muito obrigada a Montse Cuxart, Alison Anderson e Dolores Payás, companheiras de aventuras e caminhadas pela Grécia e Itália.

BIBLIOGRAFIA

Geral

BRILLI, Attilio, *El viaje a Italia, historia de una gran tradición cultural,* Madri, Antonio Machado Libros, 2010.

CONSTANTINE, David, *Los primeros viajeros a Grecia y el ideal helénico,* México, D.F., FCE, 1989.

DUCHÉNE, Hervé, *Le voyage en Gréce. Anthologie du Moyen Age à l'époque contemporaine,* Paris, Robert Laffont, 2003.

EISNER, Robert, *Travelers to an Antique Land,* Ann Arbor, University of Michigan Press, 1993.

FORSTER, Edward Morgan, "Gemistus Pletho", em *Abinger Harvest,* Londres, Edward Arnold & Co, 1946.

GIBBON, Edward, *Autobiografía,* Buenos Aires, Espasa-Calpe, 1949.

GOETHE Johann W., *Viaje a Italia,* Barcelona, Ediciones B, 2009.

GÓGOL, Nikolái, *Roma,* Barcelona, Minúscula, 2001.

HAMILTON, Edith, *El camino de los griegos,* Madri, FCE, 2002.

HIBBERT, Christopher, *The Grand Tour,* Londres, Methuen, 1987.

JAEGER, Werner, *Paideia, los ideales de la cultura griega,* México, D.F., FCE, 1974.

LANE FOX, Robin, *El mundo clásico. La epopeya de Grecia y Roma,* Barcelona, Crítica, 2007.

MATVEJEVIC, Predrag, *Breviario mediterráneo,* Barcelona, Anagrama, 1991.

OLALLA, Pedro, *Atlas mitológico de Grecia,* Barcelona, Lynx, 2002.

___, *Historia menor de Grecia,* Barcelona, Acantilado, 2012.

PEMBLE, John, *The Mediterranean Passion, Victorian and Edwardians in the South,* Oxford, Clarendon Press, 1987.

ROMILLY, Jacqueline de, ¿Por qué Grecia?, Barcelona, Debate, 1997.

SAVINIO, Alberto, *Capri,* Barcelona, Minúscula, 2008.

STONEMAN, Richard, *Land of Lost Gods,* Londres, Hutchinson, 1987.

TSIGAKOU, Fanni-Maria, *Redescubrimiento de Grecia. Viajeros y pintores del Romanticismo,* Barcelona, Ediciones del Serbal, 1985.

WOODHOUSE, C. M., *Gemistos Plethon: The Last of the Hellenes,* Oxford, Clarendon Press, 1986.

Itália

Johann Winckelmann, paixão romana

ALDRICH, Robert. *The Seduction of the Mediterranean*: Writing, Art and Homosexual Fantasy. Londres: Routledge, 1993.

BUTLER, E. M., *The Tyranny of Greece over Germany*. Cambridge: Cambridge University Press, 1955.

CASANOVA, Giacomo. *Historia de mi vida*. Vilahur: Atalanta, 2009.

FERNANDEZ, Dominique. *Signor Giovanni*. Paris: Balland, 2002.

GREENBLATT, Stephen. *El Giro (de cómo un manuscrito olvidado contribuyó a crear el mundo moderno)*. Barcelona: Crítica, 2012.

WINCKELMANN, Johann. *Reflexiones sobre la imitación de las obras griegas en la pintura y la escultura*. Madri: FCE, 2008.

Wilhelm von Gloeden, fotógrafo da Arcádia

Alinari Archives, www.alinariarchivesit. As fotografias de Wilhelm von Gloeden podem ser vistas online no arquivo fotográfico.

LESLIE, Charles. *Wilhelm von Gloeden, photographer*: A Brief Introduction to His Life and Work. Nova York: Soho Photographic Publishers, 1977.

National Geographic Magazine. Italy, the Gifted Mother of Civilization, outubro de 1916.

PEYREFITTE, Roger. *Les amours singulières*. Paris: Flammarion, 1949.

WEIERMAIR, Peter. *Wilhelm von Gloeden*. Colonia: Benedikt Taschen, 1994.

Axel Munthe, o exilado de Capri

JAMES, Henry. *El amante de Italia*. Oviedo: Trabe, 2009.

JANGFELDT, Bengt. *Axel Munthe*: The Road to San Michele: Londres: I. B. Tauris, 2008.

MUNTHE, Axel. *La historia de San Michele*. Barcelona: Editorial Juventud, 2007.

______. *Letters from a Mourning City*: Naples, *autumn* 1884. Londres: John Murray, 1887.

MUNTHE, G. e G. Uexküll. *La historia de Axel Munthe*. Barcelona: A.H.R., 1954.

D. H. Lawrence, o adorador do sol

CARSWELL, Catherine. Obituário. *Time and Tide*, 6 mar. 1930.

DOUGLAS, Norman. *South Wind*. Londres: Martin Secker & Warburg, 1942.

LAWRENCE, D. H. "Twilight in Italy", "Sea and Sardinia" e "Sketches of Etruscan Places". Em: ______. *D. H. Lawrence and Italy*. Londres: Penguin, 2007.

______. "Sun". Em: *Selected Short Stories*. Harmondsworth: Penguin, 1982.

MADDOX, Brenda. *D. H. Lawrence: the Story of a Marriage*. Nova York: Simon & Schuster, 1994.

SQUIRES, Michael; TALBOT, Lynn K. *Living at the Edge, a biography of D. H. Lawrence and Frieda von Richthofen*. Londres: Robert Hale, 2002.

Norman Lewis, a selvagem poesia da guerra

EVANS, Julian. *Semi-Invisible Man: The Life of Norman Lewis*, Londres: Picador, 1996.

LEWIS, Norman. *I Came, I Saw: An Autobiography*. Londres: Picador, 1996.

______. *In Sicily*. Londres: Picador, 2001.

______. *La honorable sociedad*. Barcelona: Alba Editorial, 2009.

______. *Nápoles 1944: Un oficial del Servicio de Inteligencia en el laberinto italiano*. Barcelona: Muchnik Editores, 2000.

ROBB, Peter. *Medianoche en Sicilia*. Barcelona: Alba Editorial, 2000.

Grécia

Henry Miller, "Satori" *na Grécia*

DEARBORN, Mary V. *The Happiest Man Alive: A Biography of Henry Miller*. Nova York: Simon & Schuster, 1991.

DURRELL, Lawrence; MILLER, Henry. *Cartas Durrell-Miller (1935-1980)*. Barcelona: Edhasa, 1991.

MILLER, Henry. *Big Sur y las naranjas de Hieronymus Bosch*. Buenos Aires: Losada, 1960.

______. *The Colossus of Maroussi*. Nova York: New Directions, 1988.

SEFÉRIS, Giórgos. *Días (1925-1968)*. Madri: Alianza Editorial, 1997.

Patrick Leigh Fermor, a alegria do viajante

BEEVOR, Antony. *La batalla de Creta*. Barcelona: Crítica, 2003.

COOPER, Ártemis. *Cairo in the war*. 1939-1945. Londres: Hamish Hamilton, 1989.

LEIGH FERMOR, Patrick. *El tiempo de los regalos: A pie hacia Constantinopla*. Barcelona: Península, 2001.

______. *Entre los bosques y el agua: Desde el curso medio del Danubio hasta las Puertas de Hierro*. Barcelona: Península, 2004.

______. *Mani: Viajes por el sur del Peloponeso*. Barcelona: Acantilado, 2010.

______. *Roumeli: Viajes por el norte de Grecia*. Barcelona: Acantilado, 2011.

______. *Words of Mercury*. Londres: John Murray, 2003.

MOSS, William Stanley. *Ill Met by Moonlight: The Abduction of General Kreipe*. Atenas: Efstathiadis, 2007.

PSYCHOUNDAKIS, George. *The Cretan Runner: History of the German Occupation*. Londres: Penguin, 1998.

SHAKESPEARE, Nicholas. *Bruce Chatwin*. Barcelona: El Aleph Editores, 2000.

Kevin Andrews, o voo de Ícaro

ANDREWS, Kevin. *Castles of the Morea*. Princeton: The American School of Classical Studies at Athens, 2006.

______. *The Flight of Ikaros: Travels in Greece during a Civil War*. Londres: Penguin, 1984.

BOLEMAN-HERRING, Elizabeth. *Greek Unortodox: Bande à Part and A Farewell to Ikaros*. Riverdale, Nova Jersey: Cosmos Publishing, 2005.

KAPLAN, Robert D. *Invierno mediterráneo: Un recorrido por Túnez, Sicilia, Dalmacia y Grecia*. Barcelona: Ediciones B, 2004.

Lawrence Durrell, o rei das ilhas

BOWKER, Gordon, *Through the Dark Labyrinth: A Biography of Lawrence Durrell*. Londres: Pimlico, 1998.

CARDIFF, Maurice. *Friends Abroad: Memories of Lawrence Durrell, Freya Stark, Patrick Leigh Fermor, Peggy Guggenheim and others*. Londres e Nova York: The Radcliffe Press, 1997.

DELILLO, Don. *Los nombres*. Barcelona: Seix Barral, 2011.

DURRELL, Lawrence; MILLER, Henry. *Cartas Durrell-Miller (1935-1980)*. Barcelona: Edhasa, 1991.

______. *La celda de Próspero*. Barcelona: Edhasa, 1988.

______. *Limones amargos*. Barcelona: Edhasa, 1987.

______. *Reflexiones sobre una Venus marina*. Barcelona: Península, 1998.

______. *Spirit of the Place: Mediterranean Writings*. Londres: Faber and Faber, 1988.

______. *The Alexandria Quartet*. Londres: Faber and Faber, 1968.

LAGOUDIS PINCHIN, Jane. *Alejandría: Cavafis, Forster, Durrell*. Granada: Almed, 2004.

MACNIVEN, Ian. *Lawrence Durrell: A Biography*. Londres: Faber and Faber, 1998.

CRÉDITOS DAS IMAGENS

Reiteramos que todos os esforços foram feitos para creditar devidamente os detentores dos direitos autorais das imagens aqui reproduzidas. No caso de eventuais equívocos ou omissões inadvertidamente cometidos, nos prontificamos a corrigi-los em futuras edições.

Página 21: [Johann Winklemann, por Raphael Mengs]. Domínio público.
Página 47: [Wilhelm von Gloeden]. Domínio público.
Página 62: [Retrato de um jovem siciliano com a cabeça rodeada por uma coroa de flores]. Fotógrafo: Gloeden, Wilhelm von; Data da fotografia: circa 1890-1900. Alinari Archives, Florença. Coleção: Alinari Archives. Von Gloeden archive, Florença.
Página 71: [Axel Munthe]. Domínio público.
Página 137: [Norman Lewis]. Reproduzida com a permissão do filho.
Página 175: [Henry Miller e George Katsimbalis]. NY Review of Books. Autoria desconhecida.
Página 218: [Paddy Leigh Fermor, Billy Moss, guerrilheiros cretenses]. © The Estate of William Stanley Moss. © Sir Patrick Leigh Fermor Archive / National Library of Scotland.
Página 228: [María Belmonte em Mistra]. Foto da autora.
Página 233: [Kevin Andrews]. Reproduzida com a permissão do proprietário.
Página 255: [Lawrence Durrell]. © Shutterstock.